经济周期和债务周期

朱一平　著

中国经济出版社
CHINA ECONOMIC PUBLISHING HOUSE
北 京

图书在版编目（CIP）数据

经济周期和债务周期 / 朱一平著．-- 北京：中国经济出版社，2021.1

ISBN 978-7-5136-6070-9

Ⅰ.①经… Ⅱ.①朱… Ⅲ.①中国经济-经济周期-研究 ②债务危机-经济周期-研究-中国 Ⅳ.①F124.8②F812.5

中国版本图书馆 CIP 数据核字（2021）第 003803 号

责任编辑 邓媛媛
责任印制 马小宾
封面设计 任燕飞工作室

出版发行 中国经济出版社
印 刷 者 北京柏力行彩印有限公司
经 销 者 各地新华书店
开　　本 710mm×1000mm 1/16
印　　张 16.75
字　　数 186 千字
版　　次 2021 年 1 月第 1 版
印　　次 2021 年 1 月第 1 次
定　　价 49.00 元
广告经营许可证 京西工商广字第 8179 号

中国经济出版社 **网址** www.economyph.com **社址** 北京市东城区安定门外大街 58 号 **邮编** 100011

本版图书如存在印装质量问题，请与本社销售中心联系调换（联系电话：010-57512564）

PREFACE
前言

传统的经济周期理论大多诞生于1929年大危机之前，例如基于库存变动的基钦周期、基于设备投资的朱格拉周期、基于地产投资的库兹涅茨周期，以及由技术进步带动的康德拉季耶夫周期。每一轮经济周期或者商业周期，经济都经历复苏、繁荣、衰退和萧条四个阶段，而当以上这四类周期在时间上重叠时，则呈现周期共振现象，此时经济增长的周期性波动更为显著。

两次世界大战和全球经济大萧条的来临，迫使经济学家和政策制定者们思考，如何通过逆周期的经济货币政策，促使经济走出衰退和萧条的泥潭。各国经济政策制定过程中或多或少不同程度地采纳凯恩斯主义政策建议。战后经济金融秩序重建和国际货币体系框架设计中，凯恩斯作为总设计师奠定了凯恩斯主义作为现代宏观经济和政策研究的基石地位，成为探索消灭经济周期的理论和实践的重要工具。凯恩斯主义所创造的繁荣随着滞胀的到来而被反思，哈耶克主义所崇尚的自由市场理论重新获得推崇。然而20世纪80年代奉行哈耶克主义的里根供给学派经济学的减税政策，最终走向宽财政、紧货币的政策组合，则被经济学家们认为是事实上的凯恩斯主义。

债务周期理论的代表人物主要有欧文·费雪和雷·达里奥。费雪的《繁荣与萧条》一书指出货币实质就是债务，债务循环承载着经济中至少九个主要的循环趋势。达里奥的《经济如何运行》提出经济体去杠杆的方式决定债务周期对经济增长的影响，债务货币化导致央行发行货币去杠杆，宽货币、紧信贷，实际经济增速下行，利率期限结构曲线陡峭化，货币继续宽松的结果导致资本外逃或涌入抗通胀资产，债市期限利差开始大幅走低，货币政策失灵，政府或将选择破产、重组的方式降低私人部门债务率。

2008 年金融危机爆发后，全球主要国家无一例外地采取积极财政政策和量化宽松货币政策以刺激经济增长。如何创造合理的投资机会以吸收过剩的储蓄，成为全球经济共同面对的难题。宽松货币政策下，全球包括发达国家和发展中国家在内的主要经济体，先后开启超级债务周期。不同经济体采取的去杠杆方式存在差异，央行货币政策也存在总量、方式和结构上的区别。即便如此，世界经济仍然陷于长期增长停滞。不仅发展中经济体和发达经济体存在周期错位现象，发达经济体之间也存在债务周期特征的差异。这些错位和差异推动着国际间资本流动，影响着各国经济周期和债务周期，并触发主要经济体间的贸易和金融冲突。

中国作为一个发展中的新型经济体，近十年来实际经济增速表现出弱周期特征，房地产周期和具备逆周期属性的基建周期则贯穿始终。2008 年以来中国房地产业经历三轮周期，三轮地产周期各有其特点。2009—2012 年第一轮周期，以投资和销售同步增长为其特征；第二轮周期以两大博弈，即政策和市场的博弈、供给与需求的博弈为主要特点；第三轮周期始于2014年的地产调控政策全面放松，这轮周期内地产去库存，土地购置费大幅上行，房企加速扩张。基础设施建设投资一直以来是中国政府逆周期、稳增长的重要抓手，2008年金融危机后中国已经经历两轮完整的基建投资周期。2008年“四万亿”经济刺激政策开启金融危机后第一轮稳增长的基建投资周期；2011年下半年受欧洲主权债务危机的影响，中国经济增速再度放缓，2012年底、2013年初中国再度推出大型基建投资计划，从而开启后危机时代的第二轮基建投资周期。2019年初开启的第三轮新的基建投资周期，则是以5G、人工智能、工业互联网、物联网等为主要特征的“新型基础设施建设”。

2020年初全球爆发百年一遇的新型冠状病毒疫情，主要央行货币政策和财政政策均面临史无前例的挑战。各国央行先后开启超级宽松周期，各国政府同期出台财政刺激政策托底经济增长，超级债务周期由此开启。

CONTENTS
目 录

1 导 论

传统的经济周期理论，大多诞生于1929年大危机之前。传统的经济周期理论将经济周期区分为以下几类：基于库存变动的基钦周期、基于设备投资的朱格拉周期、基于地产投资的库兹涅茨周期，以及由技术进步带动的康德拉季耶夫周期。每一轮经济周期或者商业周期，经济都经历复苏、繁荣、衰退和萧条四个阶段。而当以上四类周期在时间上重叠时，就会出现周期共振现象，此时经济增长的周期性波动更为显著。

两次世界大战和大萧条的来临迫使经济学家和政策制定者们思考，如何通过逆周期的经济货币政策促使经济走出衰退和萧条的泥潭。各国经济政策制定过程中或多或少不同程度地采纳凯恩斯主义政策建议，战后经济金融秩序重建和国际货币体系框架设计中，凯恩斯作为总设计师更是奠定了凯恩斯主义作为现代宏观经济和政策研究基石的地位，成为探索消灭经济周期的理论和实践的重要工具。凯恩斯主义所创造的繁荣随着滞胀的到来而带来反思，哈耶克主义所崇尚的自由市场理论重新获得推崇。然而 20 世纪 80 年代奉行“哈耶克主义”的里根供给学派经济学的减税政策，最终走向宽财政、紧货币的政策组合，则被经济学家们认为是事实上的凯恩斯主义。

2008 年金融危机爆发后，全球主要国家无一例外地采取积极财政政策和量化宽松货币政策以刺激经济增长。但是即便如此，世界经济仍然陷于长期增长停滞，如何创造合理的投资机会以吸收过剩的储蓄，成为全球经济共同面对的难题，宽松货币政策下，全球包括发达国家和发展中国家在内的主要经济体先后开启超级债务周期。

1.1 经济周期

约瑟夫·基钦（Joseph Kitchin）1923 年在 MIT 的《经济学与统计学评论》（*Review of Economics and Statistics*）上发表《经济因素中的周期与趋势》（*Cycles and Trends in Economic Factors*），提出基钦周期理论。基钦根据美国和英国 1890 年到 1922 年的利率、物价、生产和就业等统计资料，研究厂商存货波动的周期性特征，发现了这种在 40 个月中出现的、有规则的、上下波动的短周期。他从厂商生产过剩时就会形成存货、从而减少生产的现象出发，把这种短期调整称为“存货周期”。基钦周期通常为 40 ~ 59 个月，被认为是代表厂商存货波动的周期。

基钦周期基于新古典主义对于市场均衡的定义，由于信息的传递具有时滞，而厂商基于具有时滞的信息而做出决定。厂商根据市场状况改进而增加投资和劳动力雇佣，从而增加产出。结果是，在一定时期内，市场被逐渐过剩的商品所充斥。需求下降，价格下滑，生产出来的商品则充斥库存，这些信息反过来又促使厂商减少投资和产出。然而由于信息存在一定的时滞，因此供给超过需求的信息需要一定时间才能传递到厂商那里。而且，企业家也需要一定时间核实信息并据此做出减产决定，甚至企业家有时也需要一定的时间执行这一决定。因此，时滞的存在，产生基钦周期。另一种时滞，存在于实现上述的决定和库存实际下降之间。当库存开始下降，新一轮的需求、价格和产出增长的周期才开始启动。

如果说基钦周期仍然是经济学家基于对微观主体厂商的行为而提出的周期理论，那么首先提出宏观经济周期理论的则是法国医生、经济学家克里门特·朱格拉（Clement Juglar）。他于1862年出版《论法国、英国和美国的商业危机以及发生周期》一书，首次论述经济周期的原因在于经济体系内在的不稳定现象。朱格拉在研究人口、结婚、出生、死亡等统计时注意到经济事物存在着有规律的波动现象。他认为，危机或恐慌并不是一种独立的现象，而是社会经济运动的三个阶段——繁荣、危机与萧条，反复出现的结果。周期波动是经济内在不稳定的现象，与人们的行为、储蓄习惯以及他们对可利用的资本与信用的运用方式有直接联系。危机好似疫病，是发达工商业的一种社会现象，在某种程度上，这种周期波动是可以被预见或采取某种措施缓和的，但并不可能完全消失。

朱格拉周期首先是由投资和创新因素决定的，因此相较于基钦周期，朱格拉周期又多了一重时滞。在周期的初始上升时期，过度需求甚至无法通过现存固定资产的充分就业来得以满足，因此有必要通过增加固定资产投资促使固定资产存量规模的扩张来满足。当就业和固定资产增长促进产出增加时，需求的下降对产出的影响就会存在一定时滞。如果产出的增加主要通过固定资产投资增长来实现，那么下降的需求对产出影响的时滞则更为显著，因为要终止一项在建工程的进展，比减少现有固定资产的使用率更加困难。从另一个方面来说，通过增加现有厂房的产能利用率要比新建厂房快得多。因此，朱格拉周期比基钦周期更长，通常9～10年为一个周期，而朱格拉周期的识别，一般通过设备投资占GDP的比例变动来观测。

1930年西蒙·库兹涅茨（Simon Kuznets）出版《生产和价格的长期波动》（*Secular Movements in Production and Prices—Their Nature and Their Bearing upon Cyclical Fluctuations*），基于对美国房地产市场周期的研究，提出经济增长具有一个中等长度的16.5～18年的周期性规律。他将人口增长、移民以及建筑密度的变化和经济周期相联系，探讨经济周期性规律，因此将经济周期定义为人口周期或者建筑周期，也有人将之定义为基建投资周期。库兹涅茨“由于对经济增长的实证解释引致对经济和社会结构以及增长进程的崭新而深入的见解”获得1971年度诺贝尔经济学奖。

尼古拉·康德拉季耶夫（Nikolai Dimitrievich Kondratiev）研究了资本主义经济行为，认为，经济以极低频率振荡发展，其波长超过50年。1926年康德拉季耶夫在德国《社会经济学文献》上发表研究成果，通过对英、法、美等资本主义国家18世纪末到20世纪初100多年的批发价格水平、利率、工资、对外贸易等36个时间序列进行分析，发现其中很多时间序列显示资本主义的经济发展过程与周期理论相符，其时，资本主义已经经过三个长波。

第一个长波周期始于包括蒸汽机等技术发明的第一次工业革命。第二个长波周期始于1843年铁路业的繁荣时期，终结于1869年杰伊·古尔德（Jay Gould）做空袭击的“黑色星期五”。第三个长波周期始于1893年电厂建造，其后受到自动化、钢铁、玻璃、公路以及纺织业发展的推波助澜，而1926年这个周期已经接近高潮。在50年左右的周期中，最初15年是衰退期，接着20年是大量再投资期，在此期间新技术不断采用，经济增长加速进入繁荣期，其后10年是过度建设导致的混乱期，并且孕育了下一次大衰退的出现。

康德拉季耶夫虽然认为，经济长波的存在与技术发明和技术进步有关，但是新的发明并不是经济上升的唯一驱动力，实际上是一个触发器。资本过度投入是导致经济波动的罪魁祸首，过度投资会造成市场供给过多，然后便是衰退，直到有新的技术发明最终带来新一轮投资的增长。点燃经济繁荣引擎的要素主要有，高储蓄倾向、低利率水平上的相对大规模流动性借贷资本供给、累积的资本掌握在有能力的企业家与金融集团手中，以及较低的价格水平。

1.2 逆周期经济政策

以上传统的经济周期理论都诞生于1929年大危机之前，两次世界大战和大萧条的来临，迫使经济学家和政策制定者们思考如何通过经济货币政策，刺激经济走出衰退和萧条。危机期间各国经济政策制定过程中或多或少不同程度地采纳凯恩斯主义的政策建议，而在战后经济金融秩序重建和国际货币体系框架设计的过程中，凯恩斯作为总设计师所做出的贡献，更是奠定了凯恩斯主义作为现代宏观经济和政策研究基石的地位，凯恩斯主义也成为人类社会探索消灭经济周期的理论和实践的重要工具。但是凯恩斯主义所创造的繁荣，随着滞胀的到来面临反思，哈耶克主义所崇尚的自由市场理论重新获得推崇。然而即便是20世纪80年代的美国宽财政、紧货币的政策组合，也被认为是事实上的凯恩斯主义，更不用提2008年金融危机爆发后所有国家无一例外地对主要企业进行救助，并且通过宽松货币政策刺激经济增长。战后以来的经济和社会发展提出的问题似乎并没有得到解决：商业周期是否能被人为控制吗？但是，可以确定的是，当我们观察经济周期表现时，逆周期经济政策的影响将是一个不可忽视的维度。

1924年是凯恩斯反对自由市场运作的论点被广泛认可的关键一年。凯恩斯提出，在经济周期的底部，需求长期短缺会导致经济活动放缓，从而带来不必要的失业，因此，政府应该通过增加公共项目投资的方式提供需求。

凯恩斯1930年在《货币论》中提出，需要清楚区分储蓄和投资，二者经常出现不平衡，一旦投资额大于储蓄额，就会因价格上行的通货膨胀而产生繁荣；反之，如果储蓄多于投资，就会出现萧条，并伴随失业和通货紧缩。经济体的总收入来自消费和资本货物的规模之和，如果没有储蓄，总收入都用于消费，则商品价格会急剧上涨，相反如果所有收入都储蓄起来，消费品的价格就会下降，企业则会破产。因此，对于管理商业周期而言，价格上涨可以通过增加储蓄来控制，萧条也可以通过投资来治愈。商业周期中，繁荣和萧条交替出现的原因在于银行的活动，银行创造信贷时，并不考虑社会的储蓄愿望或能力，银行并不根据储蓄的水平来制定借贷决策，而是根据其现金储备与资产负债的比例来决定信贷的总额。因此，如果中央银行通过控制自己的授信额度的方式间接影响银行的投资决策，储蓄和投资平衡是可以实现的。

1932年出版的凯恩斯著作——《就业、利息与货币通论》其核心要素在于总需求管理。凯恩斯认为，宏观经济政策不能只看财政的收入和支出是否持平，而是要看国家总收入水平，也即总需求。总收入等于所有就业者的收入总和。总体产出并不是固定的，而是随着投资的增加而增加，直至经济增长提高到经济体内充分就业的程度。公共支出存在“乘数效应”，也即通常所说的投资乘数和公共支出乘数。由于乘数效应的存在，公共支出很快可以达到自我清偿的目的。公共投资有助于提升企业家信心，政府直接创造工作岗位弥补私人企业所创造的岗位不足问题，失业工人得到工资而不是失业救济，有效购买力提升，最终可以通过刺激贸易的方式推动经济增长。政府也可以通过减税来刺激经济增长。面对全世界普遍存在的妨碍商业活动的通货紧缩，各国需要采取统一行动，提高全球需求，提供价格，刺激企业家投资和私人消费。

所谓“自然利率”，是指个人储蓄等于投资时的利率水平。自然利率是新古典主义经济学理论框架的核心，由奥地利学派代表维塞尔（Friedeich von Wieser）提出。奥地利学派认为，自然利率水平，也即货币的价格，是由银行体系来决定的，商业周期则来源于市场利率和自然利率的差异。

新古典主义对逆周期货币政策批判的代表人物，是奥地利经济学家哈耶克（Friedrich von August Hayek）。哈耶克研究了大危机之后美联储货币政策及其对经济的影响，发表题为“*The Monetary Policy of the United States after the Recovery from the* 1920 *Crisis*”的论文，文中指出，大危机后美联储试图消灭经济周期波动的努力都是徒劳，问题的症结在于中央银行降低利率，干预了储蓄和投资之间的关系。他认为，随着时间的推移，所有的市场，包括货币市场，都会达到一种均衡状态，商品供给和需求相互匹配，价格机制走向均衡，而任何人为地改变价格的尝试，都会带来可怕的后果。中央银行设定利率的行为，扰乱了市场利率形成机制，人为地将市场利率设定在一个不恰当的水平，则导致商业周期的繁荣和萧条。只有在真正的自然利率水平上，经济体中的货币才将是中性的，而商业周期的波动将来自其他的因素，如产品和技术创新。厂商可以通过银行贷款获得资金，生产出资本货物，一旦借给厂商的资金开始缩水，对设备的投资就会出现损失，而这种向低资本生产法的过渡，必然会以经济危机的形式出现。无根据的借贷增加，随着时间的推移，导致资本物品生产过程的混乱，反过来使得商业周期彻底崩溃。

1929 年股灾后的大萧条，为凯恩斯主义理论的发展提供了肥沃的土壤。1933 年罗斯福入主白宫推行新政，通过挽救银行危机、放弃金本位制、建立社会保障体系等一系列政策措施，对抗经济危机。新政规定，联邦储备银行根据各银行资产发行货币，授权复兴金融公司用购买银行优先股票的办法，为银行业提供流动资金。宣布美元与黄金脱钩，放弃金本位制，宣布禁止私人储存黄金和黄金证券，美元贬值。通过格拉斯—斯蒂格尔法加强对银行、证券及货币市场改革和管理。通过联邦紧急救济法，制定《社会保险法》，建立社会保障制度。罗斯福新政被认为是对凯恩斯主义最大规模的尝试。

新政有力支撑了大萧条之后的经济复苏。1937 年美国经济增长和工资增速都恢复到大萧条前的水平，显示经济增长重回正轨。罗斯福及其经济顾问认为，经济刺激政策已经发挥效力。之后，罗斯福重新“回归正统”，开始削减开支、紧缩信贷、增加税收。然而好景不长，不久美国重新进入新一轮衰退。此轮“罗斯福衰退”在 1938 年持续了一整年，其间工业生产萎缩 1/3，价格下跌 3.5%，经济进入通缩，失业率大幅攀升至 19%。

1938 年罗斯福重返凯恩斯主义经济政策。提出经济的主要问题在于消费需求不振，让经济好转的关键则在于政府。他宣布将提供3亿美元用于清理贫民窟，1亿美元用于公路等基础设施建设，另外推出改善公共设施的计划，通过为失业者提供帮助的方式保护美国，不至于出现类似德国的极端主义。推出这些民生计划的同时，罗斯福于1940年开始一轮庞大的重整军备计划，当年美国国防开支为22亿美元，次年即激增6倍至137亿美元。但是，即便实施这一轮经济刺激政策，也没有帮助美国经济重新回到1937年的增长水平。

1945年杜鲁门总统接替总统职位，推出“补偿性融资”立法，通过赤字刺激经济，并在劳动力出现短缺状况时减少支出。签署《就业法》，将充分就业视为基本人权。设立总统经济顾问委员会，配合国会联合经济委员会工作。20世纪50年代朝鲜战争结束后，美国经历所谓的第一轮“艾森豪威尔衰退”，作为总统经济顾问委员会成员的伯恩斯，建议通过大幅减税的方式刺激经济，联邦政府预算出现赤字。1956年艾森豪威尔推出“国防高速公路”项目，开始庞大的跨州公路网络的修建工程，被称为美国历史上凯恩斯主义基建项目的完美案例。“冷战”时期国防开支也是突飞猛进，美国国家航空航天署和五角大楼的预算总额，甚至超过第二次世界大战期间美国的军费。20世纪50年代美国经济的繁荣带来的民生体验则是，冰箱、洗衣机、汽车成为美国家庭必需品。在任期即将结束的1960年，艾森豪威尔开始考虑削减公共开支，以免将一笔庞大的预算赤字作为政治遗产留给继任者，新一轮经济衰退开始。

20世纪60年代肯尼迪政府时期，毕业于哈佛的肯尼迪不仅在商业周期触底时采取凯恩斯主义经济刺激政策，甚至将之作为提供全要素劳动生产力的政策工具加以使用。肯尼迪政府执政期间军事和航天经费开支占据政府支出的3/4，空间战略方面的投资增长尤其明显。大量的军备和空间战略支出，并未能减少失业，因此在增加支出之外，肯尼迪听取萨缪尔森的建议，敦促国会削减所得税，因为凯恩斯主义认为减税可以让资金进入实体经济，和公共开支增长一样可以推动增长。在凯恩斯主义经济政策下，20世纪60年代是美国经济史上一个无与伦比的时代，普通家庭全面实现小康，彩电、飞机和第二辆私家车成为这个时代的典型标志。

1969年尼克松入主白宫，先是宣称打算逆转凯恩斯主义浪潮，然而在数月后的一轮经济衰退中，却彻底放弃紧缩政策。首先取消美元对黄金的挂钩并宣布美元贬值，然后通过刺激性更强的减税和增加开支两手同时上的财政政策，并向主要飞机军工制造商洛克希德提供低息联邦贷款，通过法律禁止物价和工资上涨，并征收10%的进口税。1973年石油危机来临，滞胀时代开启。凯恩斯主义者相信的通胀和失业不会同时上升的菲利普斯曲线失灵，滞胀宣告凯恩斯主义时代结束。

1974年哈耶克由于在“货币和经济波动理论上做出的开创性工作”而获得诺贝尔经济学奖，而其最著名的成名作即为《通往奴役之路》（*The Road to Serfdom*）。1974年诺贝尔经济学奖由哈耶克和瑞典凯恩斯主义经济学家默达尔（Gunnar Myrdal）共享，这次诺奖颁发给哈耶克是标志着凯恩斯主义全面撤退，哈耶克主义正逐步影响世界对经济增长和经济政策的思维方式。1979年撒切尔夫人当选英国首相，撒切尔信奉货币主义，着手缩减公共部门规模，减少货币供应量，削减税收，变卖国有资产，偿还国家债务，实行私有化。

1980年里根总统竞选时采取一个哈耶克式的口号，“我们可以不受政府干预”，并许诺实施减税，缩小联邦政府规模，巩固国防。里根经济政策推行“供给学派经济学”（Supply - side Economics），通过减少行业管制和企业税收，促使厂商供给更多更廉价的商品，来实现经济繁荣，而不是依靠凯恩斯主义增加公共开支，刺激总需求推动经济增长。里根减税政策，1981—1988 年，将累进税制下的最高税率从 70% 削减到 28%，企业所得税从 28% 降到 20%。在此期间，美国经济增速从零增长的边缘提高到 4.8%，失业率降到 5.3%。然而很难将里根经济学定义为新古典主义经济学的实证范例，因为正是在里根政府期间，高赤字的财政政策将美国从世界上最大的债权国转变成为世界上最大的债务国。因此，MIT 经济学家罗伯特·索洛称“1982—1990 年持续的经济繁荣，是靠里根政府以增加支出、降低税收这一明显的凯恩斯主义的方式设计出来的，是典型的财政预算赤字扩张性增长案例”（韦普肖特，2015）。

里根政府时期的货币政策深受哈耶克主义的影响。弗里德曼受邀加入总统经济政策咨询委员会，美联储主席保罗·沃尔克坚信奥地利学派的资本理论，相信调节货币供给量是货币政策的关键，采取紧缩性货币政策治理高通胀。20 世纪 80 年代美国货币政策中间目标经历了从盯住 M1 增速到盯住 M2 增速的转变，其间在紧缩和宽松之间来回切换，并且最终于 1994 年正式放弃将货币供应量作为货币政策中间目标，改用实际利率作为货币政策中间目标。

1.3 长期增长停滞和超级债务周期

2015 年春 IMF 召开第三届宏观政策反思会议，会议核心议题是经济增长的“新常态”，讨论的核心问题集中于未来的经济政策框架。会议对宏观经济增长、经济周期和宏观政策框架的观点，有两种截然不同的看法（布兰查德·拉詹，罗格夫·萨默斯，2015），一种是美国财政部前部长劳伦斯·萨默斯提出的长期增长停滞理论，一种是以 IMF 前首席经济学家肯尼斯·罗格夫为代表的超级债务周期理论。

美国财政部前部长劳伦斯·萨默斯指出，金融危机后的低利率、经济低增长和低通胀等种种情况，进一步确认了我们正在面对长期经济增长停滞问题。所谓长期增长停滞，是指在未来很长时间内，由于慢性的全球需求不足而导致的人均收入增长缓慢的现象（Summers，2019）。增长停滞问题的根源，在于储蓄多于投资。政府应致力于鼓励公共设施建设方面的投资，以此来提供总需求和均衡实际利率。

长期停滞的开放经济体效应研究表明，只要世界实际利率低于零，长期停滞现象就可能在全球范围内长期存在，国内投资机会吸引力较高的国家对外资保持警惕，因为外部资本的流入将导致国内利率降到零以下，从而进一步加剧国内的长期停滞问题。长期停滞具有传染效应，欧日输出长期停滞的方式就是设定极低的政策利率，导致资本外流和货币贬值，促使世界性的需求转向欧洲和日本。未来宏观经济政策的重中之重，是如何创造高产出的投资机会来吸收过剩储蓄。促进生产的投资政策是重点，而且当前联邦基础设施的净投资为零，增加基础设施投资在目前的环境下很有吸引力。而过度强调货币政策的外生性将是一个错误，因为负利率会伴随十分严重的风险，当利率显著低于经济增长率时，就存在金融不稳定和资产泡沫风险，货币政策的国际外溢效应，将带来全球性的金融风险。因此，未来十年内解决全球经济增长问题的重点，是创造合理的投资机会来吸收过剩的储蓄。

IMF 前首席经济学家肯尼斯·罗格夫认为，我们正处于债务超级周期中的调整期，金融危机后有一个较长时间的去杠杆阶段，美国和英国已经率先迎来了去杠杆过程的尾声，欧盟去杠杆周期尚未结束，中国则刚刚开始面对近年来债务堆积所产生的挑战。2008 年金融危机的状况类似 1929 年大萧条（Reinhart & Rogoff，2009），有别于 20 世纪 20 年代，此次危机独有的特点在于欧洲主权债务危机的爆发。债务周期和经济危机的逻辑关系体现在，信贷的繁荣推动资产价格上升，导致这些资产作为抵押物的价值上升，促使信贷扩张和资产价格的进一步攀升。最终当实体经济受到潜在的不利冲击时，资产泡沫开始破灭，以上的整个过程转变为逆向螺旋机制，而这个逆向螺旋机制发生和发展的过程与速度，却又远超上行过程。从政策制定者的角度来说，应该更大力度地减免债务，比如美国的次级债和欧洲边缘国家的主权债务，同时将更多的政策关注于银行重组和产业资本重组。央行不应过于拘泥于通胀目标，财政政策也不可过早收紧。超级债务周期不会永远持续，随着经济的复苏，抵押物价值回升，最终经济体会进入杠杆周期中的新的上升阶段，金融创新会再次突破监管的限制，实际利率上升，总体信贷则变得更为平缓。

2

中国房地产周期

2008 年以来中国房地产业经历三轮周期。第一轮地产周期是 2009—2012 年，房地产开发投资、销售都呈现爆发式增长，2011 年欧债危机爆发，国内经济增长再次陷于困境。2012 年末地产投资增速见底并开启第二轮地产周期，此轮地产周期持续三年并于 2015 年末结束。2014 年下半年全球通缩形势严峻，国内地产政策开始全面宽松时期。2015 年下半年的股灾之后，供给侧结构性改革地产去库存政策出台，第三轮地产周期于 2016 年启动，此轮地产投资周期持续至 2019 年末。

金融危机后的三轮地产周期各有其特点。2009—2012 年的第一轮周期，房地产固定资产投资大幅增长，同期地产销售持续三年高增长，此轮周期以投资和销售同步增长为其特征。第二轮周期的特点是两大博弈：政策和市场的博弈、供给与需求的博弈。在财政、货币刺激政策下，房地产销售增长，地产调控政策决定了地产新开工增速下滑，金融创新表外融资增长和基建增速助推土地成交，商品房市场基本处于一个紧平衡状态。第三轮周期的地产调控政策全面放松始于 2014 年，这轮周期内地产去库存，土地购置费大幅上行，房企加速扩张。

这三轮房地产周期，房地产开发投资、商品房供需、土地供需、房地产调控政策等方面，表现出不同的阶段性特征。第一个特征是，房地产开发投资增速均值在三轮地产周期内逐级下行，第一轮地产周期内房地产开发投资增速均值 24%，第二轮地产周期内地产投资增速均值 17%，第三轮地产周期内地产投资增速均值 8%。第二个特征是，第三轮地产周期和前两轮周期一个本质的不同，在于这一轮周期是一轮房地产去库存周期。经过这一轮去库存，第二轮地产投资周期内所有的新增存量住宅已经被市场完全消化。第三个特征是，在第三轮地产周期的后半场，土地购置费在房地产开发投资中占比大幅提升至 30% 左右，而建筑工程、安装工程和设备工器具购置增速则持续下行。第三轮地产周期是地产企业拿地扩张的周期。龙头企业债券市场融资成本下降，商业银行信贷扩张，支持居民部门加杠杆，商品房销售回款加速，兑现之前两轮周期的地产投资收益，同期地产企业拿地扩张。

三轮地产周期，地产调控从未缺席，而中国式地产调控有两大特点。第一个特点是，在经济下行阶段出台刺激政策，房价短期飙升后，随即出台地产调控政策，政策力度伴随房价进一步上行而不断加码。第二个特点是，调控政策不仅紧缩需求，同时收缩供给，实际效果则是供给向需求的传导阻滞。从地产调控政策工具来看，限购、限售、限价、限贷、预售证管理、土地供应、棚改政策等手段，都在这三轮地产周期中或多或少发挥了政策作用。无论是房价还是地价，根本的逻辑还是供需和融资，供给紧平衡、融资扩张，是推动房价和地价上行的关键因素。

房地产开发资金来源结构在过去的十年里已经发生明显变化，非银金融机构和影子银行占比远超商业银行表内信贷。银行表内信贷主要包括商业银行对房地产开发企业贷款和居民个人住房按揭贷款，在开发资金来源中占比目前总计30%左右。包括房地产企业信用债、股权融资、非标融资等的表外信贷和资本市场融资，主要体现在自筹资金和定金及预收款项下，在房地产开发资金来源中占比预计达到50%左右。

中国房地产周期受诸多因素影响，从宏观经济层面看，首先会受到逆周期宏观经济政策的推动，甚至在大多数时候，地产政策本身就是政府逆周期调控的政策工具。这意味着，地产供给受到国内逆周期经济政策的直接影响，而地产调控对需求的作用，则在周期向上的趋势中压制总需求的过快增长。后金融危机时代的地产周期基本都遵循了这一政策逻辑。

2.1　房地产开发投资

2008年以来中国房地产业经历三轮小周期：2009—2012年第一轮地产周期；2013—2015年第二轮地产周期；2016年至2019年末第三轮地产周期。第一轮地产周期，房地产开发投资、房地产销售都呈现爆发式增长。2012年末地产投资增速阶段性见底回升，第二轮地产周期持续三年并于2015年末见底。2015年股灾后的供给侧结构性改革地产去库存政策出台，第三轮地产周期启动，此轮地产投资周期持续到2019年末。三轮地产周期内，房地产开发投资、房地产供需、土地供需、房地产调控政策等方面，都表现出不同的特征。

金融危机后三轮房地产周期房地产开发投资增速均值逐级下行。2008 年以来地产投资经历三轮小周期，2009—2012 年第一轮地产投资周期，房地产开发投资增速均值 25%；2013—2015 年第二轮地产投资周期，投资增速均值 15%；2016—2019 年第三轮地产周期，投资增速均值 8%。

中国的地产投资周期滞后基建 3 ~ 4 个季度。2008 年初基建投资首先见底，2009 年初地产投资回落至零增长，地产投资见底滞后基建投资 4 个季度，该轮地产周期持续四年并于 2012 年末见底，此轮周期房地产开发投资增速均值 25%。2012 年初基建开始第二轮投资周期，基建投资的第二轮周期中，地产投资实际上经历了两轮小周期：第一轮小周期是 2012 年末地产投资增速阶段性见底回升，此轮周期仍然滞后基建投资 4 个季度，该轮地产周期持续三年并于 2015 年末见底，此轮周期增速均值降至 15%；第二轮小周期始于 2015 年股灾后的放松地产调控，11 月习近平主持召开中央财经领导小组第十一次会议时强调，化解房地产库存，促进房地产业持续发展，此轮地产投资周期持续到 2019 年末，其间房地产开发投资增速均值 8%。

从结构上看，房地产开发投资完成额可以分为土地购置费和建筑安装工程支出两大部分。

建筑安装工程支出大致由三部分构成，包括建筑工程、安装工程和设备工器具购置（图 2 - 1：建筑安装工程支出结构）。建筑工程，指各种房屋，建筑物的建造工程和土地开发工程，这部分投资额必须兴工动料，通过施工活动才能实现。建筑工程投资在房地产开发投资中占比近一半。安装工程，指购置各种设备、装置的安装费用，包括设备工器具的安装费用，不包括设备工器具本身的价值。

设备工器具购置，指工业企业生产的产品转化为固定资产的购置活动，包括建设单位或企、事业单位购置或自制的，达到固定资产标准的设备、工具、器具的价值，设备分需要安装和不需要安装两种，需要安装的设备，必须在设备开始安装时，才能计算设备的投资，不需要安装的设备，在运达建设单位经验收合格，即可计算完成投资。

图2－1　建筑安装工程支出结构

数据来源：Wind、国家统计局

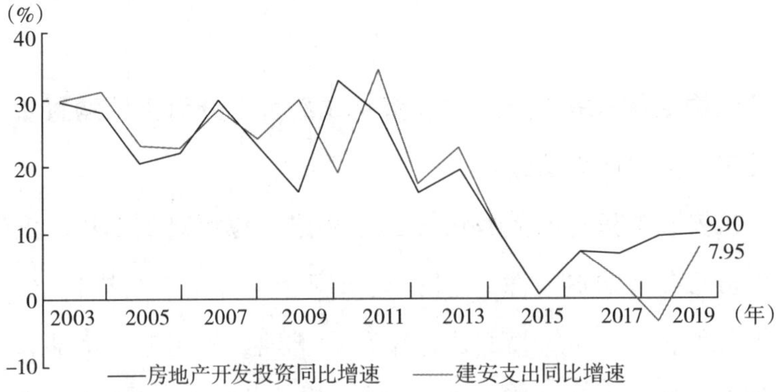

图2－2　房地产开发投资增速VS建筑安装支出增速

数据来源：Wind、国家统计局

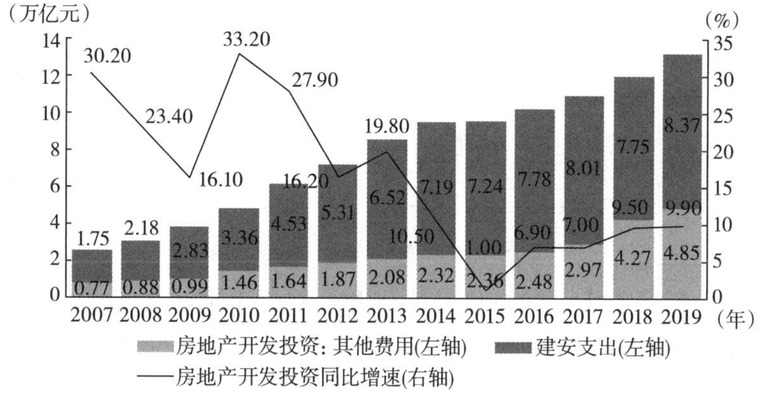

图2－3　房地产开发投资结构

数据来源：Wind、国家统计局

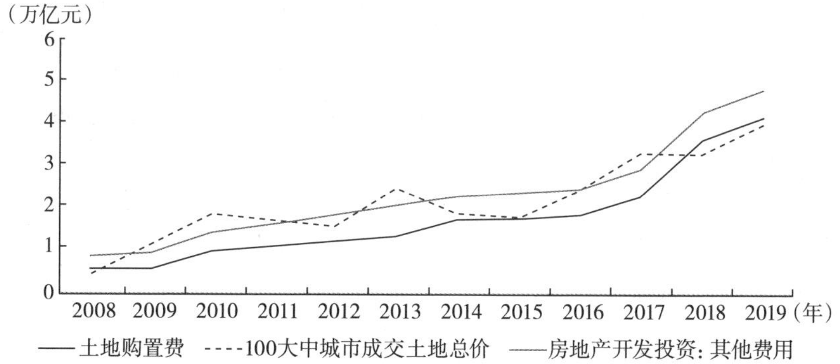

图2－4　土地购置费、成交土地总价和房地产开发投资

数据来源：Wind、国家统计局

土地购置费是房企通过各种方式取得土地使用权而支付的费用，包括通过划拨方式取得的土地使用权所支付的土地补偿费、附着物和青苗补偿费、安置补偿费及土地征收管理费等；通过出让方式取得土地使用权所支付的出让金；通过“招、拍、挂”方式取得土地使用权所支付的资金。房地产开发投资统计数据中的土地成交价款，是基于开发商通过出让方式取得的国有土地使用权而发生的费用，是“土地购置费用”的一种形式。我国土地取得方式有三种：划拨、出让和“招、拍、挂”，通过出让方式获得土地发生的费用计为土地成交价款，通过三种方式取得土地所发生的费用均计入土地购置费。

划拨和出让的区别。根据《中华人民共和国城镇国有土地使用权出让和转让暂行条例》，土地使用权出让是指国家以土地所有者的身份将土地使用权在一定年限内让与土地使用者，并由土地使用者向国家支付土地使用权出让金的行为；划拨土地是指土地使用者通过各种方式依法无偿取得的土地使用权。首先，使用期限不同。划拨土地使用权没有使用期限的限制，出让土地使用权则有土地使用年限的限定，土地使用权出让最高年限按下列用途确定：居住用地七十年；工业用地五十年；教育、科技、文化、卫生、体育用地五十年；商业、旅游、娱乐用地四十年；综合或者其他用地五十年。其次，权利义务不同。划拨土地的土地权人和土地使用权人的权利义务没有明确的界定，使用权人在行使财产权利时要受土地权人的控制或干扰，还不能成为一种完全意义上的独立物权。根据《划拨土地使用权管理暂行办法》第十二条规定，土地使用者需要转让、出租、抵押土地使用权的，必须持国有土地使用证以及地上建筑物、其他附着物产权证明等合法证件，向所在地市、县人民政府土地管理部门提出书面申请。就出让土地来说，土地所用权人和土地使用权人的权利义务进行了明确的法律形式的界定，它是一种独立的物权，使用权人具有法定范围内任意的处置权，如转让、出租和抵押等。最后，费用和成本不同。获取出让土地使用权要向国家支付土地出让金，比如开发商取得的土地一般都是出让的。获取划拨土地使用权无须缴纳土地出让金，比如现在的经济适用房所用土地就是划拨的，但是这类房屋在出让时要向国家补交土地出让金。

2018—2019 年房地产开发投资结构性变化体现在，建筑安装工

程支出占比下降，土地购置费占比大幅上行。房地产开发投资增速小幅上行，而建筑安装工程支出增速大幅下滑后，虽然反弹，但是仍然低于房地产开发投资增速（图 2－2：房地产开发投资增速 VS 建筑安装支出增速）。2018—2019 年土地购置费加速上涨，土地购置费在房地产开发投资中占比大幅提升（图 2－3：房地产开发投资结构）。土地购置费作为房地产开发投资其他费用的主要组成部分，2018—2019 年在房地产开发投资中占比超过 30%，2017 年该比例仍为 20% 左右。土地购置费加速上行的原因主要在于三方面：一是房地产投资统计口径的改变，从按形象工程进度改为按实际财务支出，土地款记账提前；二是拿地保证金比例提升，土地款收缴提前；三是房企对推盘回款的诉求提升，希望尽快取得土地证开工建设。

土地购置费与 100 大中城市成交土地总价高度相关，土地成交总价的变化趋势可以作为判断土地购置费变化的先行指标（图 2－4：土地购置费、成交土地总价和房地产开发投资）。土地购置费按当期实际发生额计入，如为分期付款的，应分期计入房地产开发。由于土地购置费可延期支付，而土地成交总价为成交时土地总价款，因此，土地成交总价的变化趋势相对土地购置费具有一定领先效应。根据国土资源部关于土地出让金分期支付的规定，土地出让成交后，必须在 10 个工作日内签订出让合同，合同签订后 1 个月内必须缴纳出让总价 50% 的首付款，余款要按合同约定及时缴纳，最迟付款时间不得超过一年。所以理论上说，土地成交总价较土地购置费领先约 12 个月。2016 年下半年以来为抑制土地市场持续高温的现象，部分热点城市纷纷缩短土地出让金的缴纳时间，如厦门地区需于拿地后 1 个月内缴纳土地出让金全款，苏州、上海等地需于拿地后 3 个月内缴纳土地出让金全款等，热点城市土地出让金的缴纳期限被缩短，受此影响，预计近期土地成交总价领先土地购置费时间缩短至 8 个月左右。

根据土地成交价款变化趋势判断，未来土地购置费用大概率呈下降趋势。从目前 100 个大中城市土地成交价款呈下行趋势判断，未来土地购置费用大概率呈下行趋势。土地购置受供应端限制较小，主要受由行业现金流及库存货值决定的土地购置意愿影响，随着销售面积增速持续放缓，外部融资环境持续收紧，未来行业现金流水平将有所下降，总体看来房企土地购置意愿下降。

2.2　房地产供需

近十年来中国房地产供给事实上始终处于紧平衡状态，这是房价上涨的根本原因。和房价走势相去甚远的是，中国房地产新开工面积直至2018 年11 月才恢复到2011 年末的历史高位。第一轮地产周期中，房屋新开工面积恢复性的上升趋势，第二轮地产周期中新开工面积增速大多数时间是下降的。即便在现行第三轮地产周期，新开工面积自 2018 年初以来持续恢复，仍相当于 2011 年末的历史高位。

2018—2019 年　**新开工面积连续两年超 20 亿平方米，新开工面积增速 2019 年已触及本轮地产周期顶部**（图 2 –5：地产新开工、施工、竣工面积）。第二轮地产周期房屋新开工面积大多数时间都低于 2013 年的 20 亿平方米的峰值，甚至在这一轮周期内，由于地产调控对供给端的影响，房屋新开工面积大多数时期都处于负增长区间。直至 2016 年初，新开工面积才开始回升，尤其是 2018 年以来，增速上行比较明显。2019 年房屋新开工面积 22. 7 亿平方米，连续两年超过 20 亿平方米。新开工面积为新开工建设的房屋建筑面积，其规模受土地成交规模及开发商新开工意愿两个因素影响。通常而言，土地成交规模领先新开工3～6个月，基于土地成交数据2018年6月见顶的判断，新开工面积增速至2019年也即见顶。

施工面积自2018年下半年以来持续回升。2019年房屋施工面积总计近90亿平方米，达到历史最高水平。2012年以来地产施工面积增速始终处于下行通道，2018年6月以来开始出现小幅回升趋势。2018年6月另一个重要的宏观事件是美国发起与中国的贸易摩擦，经济增长压力下，政府决定增加地方政府专项债的发行，通过推动在建基建项目稳增长，同时，放松了5月份出台的资管新规对于机构持有非标资产以及资管新规过渡期的相关规定，地产融资约束出现松动。

竣工面积相当于2012年的水平，2019年末开始出现回升趋势（图2－6：地产竣工面积增速回升）。第二轮地产周期中，和新开工以及施工面积趋势类似，竣工面积始终处于下行趋势中。此轮地产周期启动以来，竣工面积先升后降，持续位于负增长的历史底部区域。2019年房屋竣工面积10亿平方米，相当于2012年的水平，为7年新低。

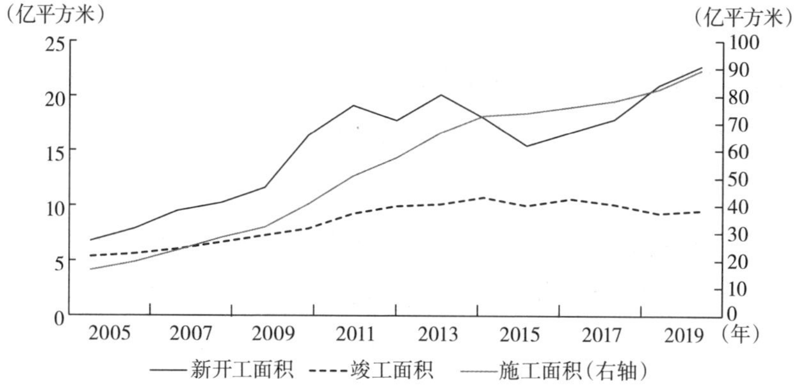

图2－5　地产新开工、施工、竣工面积

数据来源：Wind、国家统计局

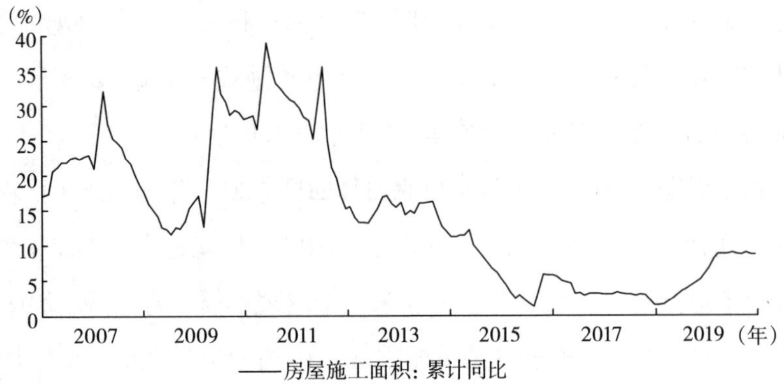

图 2－6　地产竣工面积增速回升

数据来源：Wind、国家统计局

金融危机后的第三轮地产周期，是一轮地产去库存周期，此轮去库存已经完全消化了金融危机后第二轮地产投资周期以来所有新增存量住宅。

销售面积连续四年 17 亿平方米（图 2－7：地产销售、待售面积）。从时间跨度上看，2016 年初以来的第三轮地产周期持续四年销售增长。2009—2011 年的第一轮地产周期，销售增长持续三年。第二轮周期事实上从 2014 年起地产销售就已经进入零增长，也就是说，第二轮地产周期中，地产销售增长仅持续 24 个月。第三轮周期中地产去库存的时间跨度明显短于第一轮和第三轮地产周期。目前的第三轮地产周期销售持续增长四年（图 2－8：地产销售面积增速）。

房地产去库存成果显著，尤其是住宅类地产，本轮去库存已经完全消化本轮和上一轮地产周期新增存量。商品房待售面积连续四年下滑，2019 年商品房待售面积 5 亿平方米，相当于 2013 年水平，较 2016 年初的 7.35 亿平方米下降 2.35 亿平方米。住宅待售面积 2.2 亿平方米，相当于 2012 年水平，是 2015 年的 4.5 亿平方米的近一半。也就是说，过去的四年，房地产去库存主要是住宅地产，而且本轮去库存已经完全消化了本轮以及上一轮地产周期新增的存量住宅。

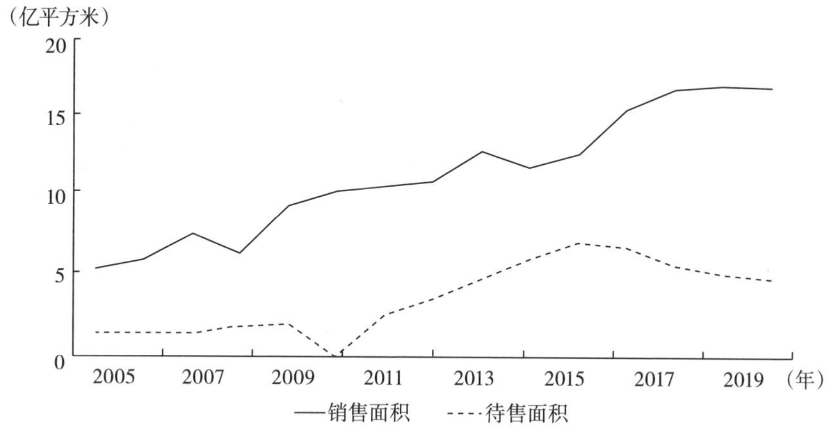

图2－7 地产销售、待售面积

数据来源：Wind、国家统计局

图2－8 地产销售面积增速

数据来源：Wind、国家统计局

无论是房价还是地价，根本的逻辑还是供需和融资。供给紧平衡、融资扩张，是推动房价和地价上行的关键因素。从本质上来说，所谓的需求，只有成为有效需求才是对市场最有意义的，在这一过程中，信用扩张及其向房地产业的传导，是潜在需求转化为有效需求的核心作用机制。二手房价格趋势与新房价格趋势基本一致，涨幅略低（图2－9：70个大中城市新建商品住宅价格指数同比增速、图2－10：70个大中城市二手住宅价格指数同比增速）。一线城市房价自2018年以来基本持平（图2－11：一线城市二手住宅价格指数），二三线城市补涨后增速开始放缓。中原领先指数显示（图2－12：中原领先指数），上海房价增速自2017年以来显著落后于北京、广州，深圳房价则持续领跑。

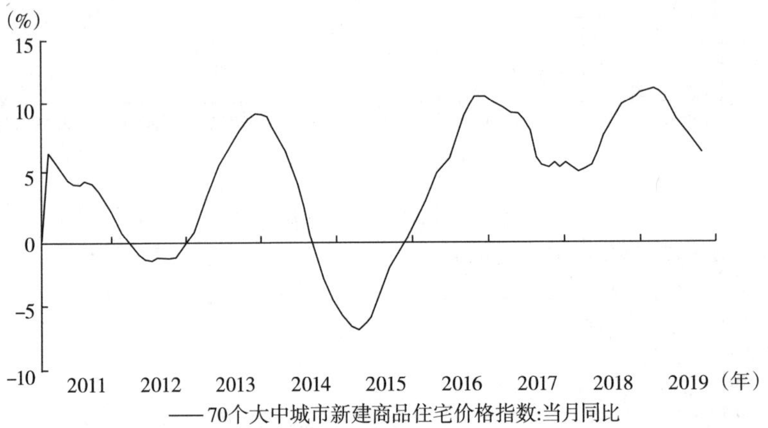

图2－9　70个大中城市新建商品住宅价格指数同比增速

数据来源：Wind、国家统计局

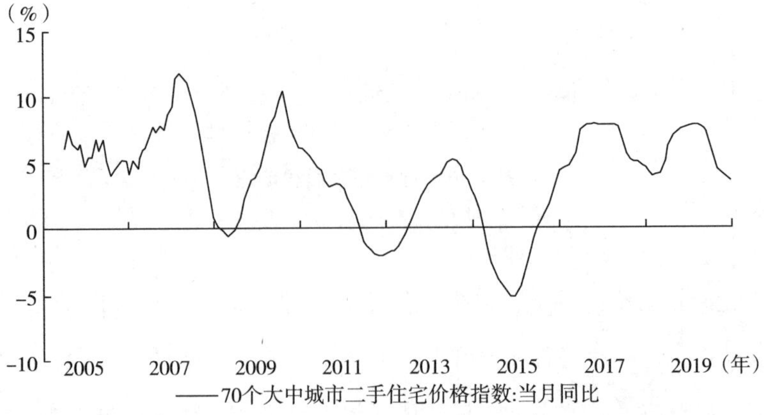

图2－10　70个大中城市二手住宅价格指数同比增速

数据来源：Wind、国家统计局

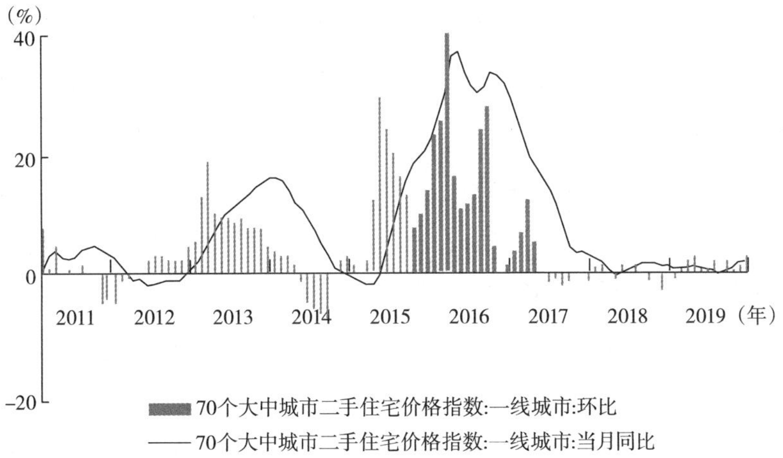

图 2－11　一线城市二手住宅价格指数

数据来源：Wind、国家统计局

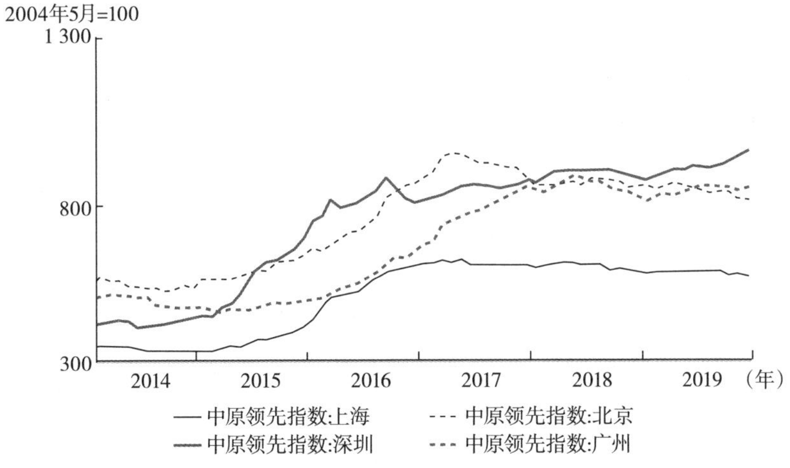

图 2－12　中原领先指数

数据来源：Wind、国家统计局

2.3　土地供需

和新开工面积增速走势较为一致的是，地方政府土地供给紧平衡。第三轮地产周期，还是一轮地产企业拿地扩张的周期，土地成交面积恢复。第三轮地产周期后半场，地方政府土地供给加速。

中美贸易摩擦发生后，土地成交价格于2018年6月出现拐点，2019年恢复上行。第三轮地产周期的一个显著特征是，虽然土地成交面积仅是前两轮周期的七、八成（图2－13：100个大中城市土地成交面积），但是土地成交价格已较前两轮周期翻番。相较于前两轮地产周期，此轮周期中成交土地均价涨幅更甚。前两轮周期，成交土地楼面均价涨幅50%左右，而此轮周期中，均价从1500元/平方米涨至近3000元/平方米，几乎翻了一番，2016年9月成交均价曾一度达到3600元/平方米的历史峰值。从趋势上看，此轮地产周期土地成交面积和成交价格均在2018年6月出现拐点，但是2019年以来成交均价恢复上行趋势，并将续创新高（图2－14：100个大中城市土地成交均价）。

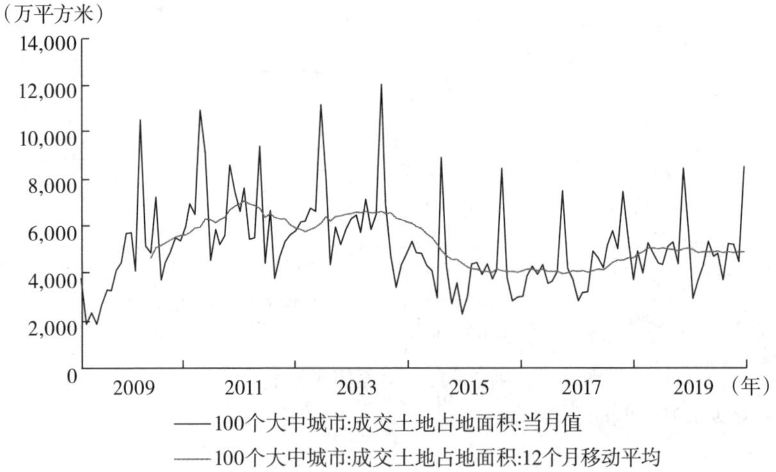

图2－13　100个大中城市土地成交面积

数据来源：Wind、国家统计局

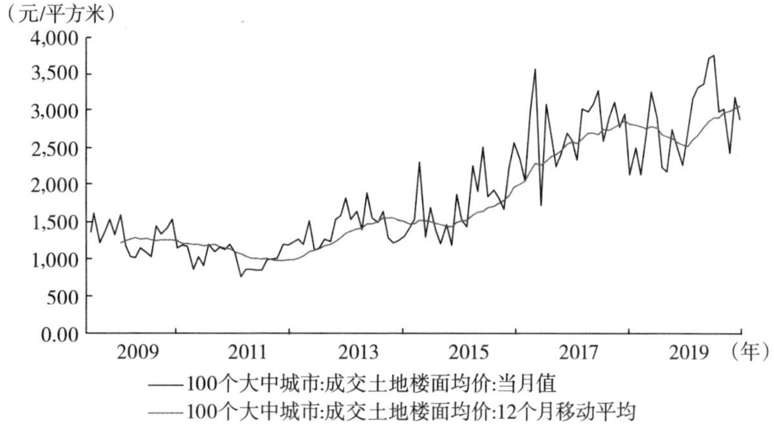

图 2－14　100 个大中城市土地成交均价

数据来源：Wind、国家统计局

土地供应面积和挂牌均价走势，和土地成交面积以及成交均价趋势基本一致。土地供应面积自 2017 年下半年以来持续回升，2018 年底，土地供应面积超过 1 亿平方米，为 2014 年 6 月以来新高（图 2－15：100 个大中城市土地供应面积）。土地挂牌均价涨势未止。从 12 个月移动平均数据看，前两轮周期土地挂牌均价波动不大，2011—2013 年涨幅有限。2016 年下半年以来，土地挂牌均价加速上行，2018 年 6 月突破 3000 元/平方米，涨幅超过 120%，2019 年以来土地挂牌均价涨势未止，12 个月移动平均值趋势向上（图 2－16：100 个大中城市供应土地挂牌均价）。

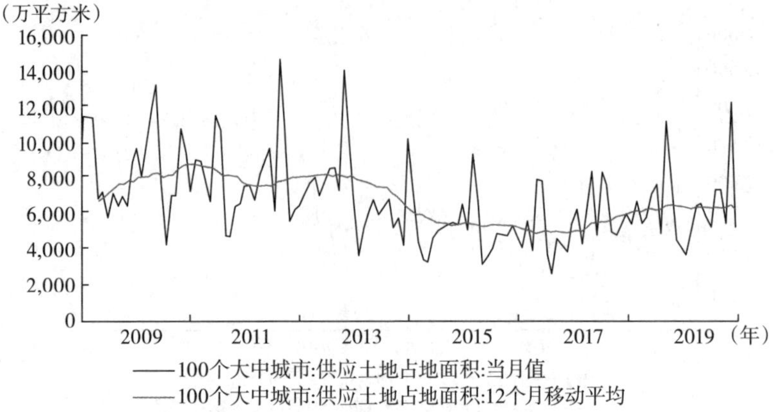

图 2－15　100 个大中城市土地供应面积

数据来源：Wind、国家统计局

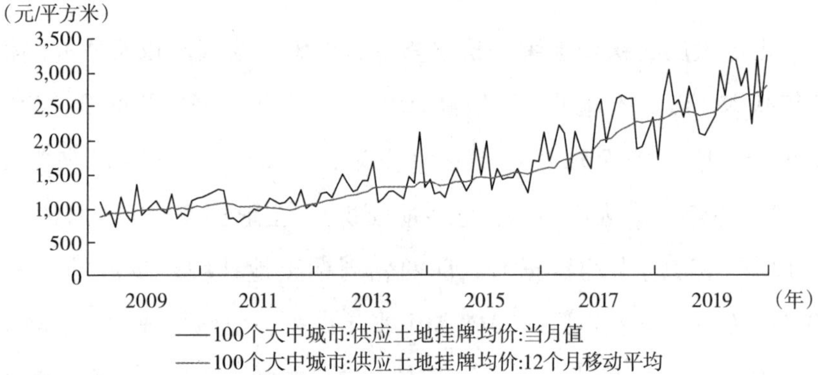

图 2－16　100 个大中城市供应土地挂牌均价

数据来源：Wind、国家统计局

政府性基金收入中的土地使用权出让收入增速 2018 年 6 月见顶。 土地使用权出让收入是地方政府性基金收入的主要构成部分。第二轮地产周期土地出让金收入增速持续下滑，但是第三轮地产周期内，尤其是 2016 年以来，土地出让金收入增速回升，并于 2018 年 6 月见顶（图 2－17：国有土地使用权出让收入增速回升）。2019 年政府土地出让金收入达到 7.3 万亿元，较 2015 年低谷时期 3.3 万亿元增长 120%（图 2－18：国有土地使用权出让收入）。

图 2-17　国有土地使用权出让收入增速回升

数据来源：Wind、国家统计局

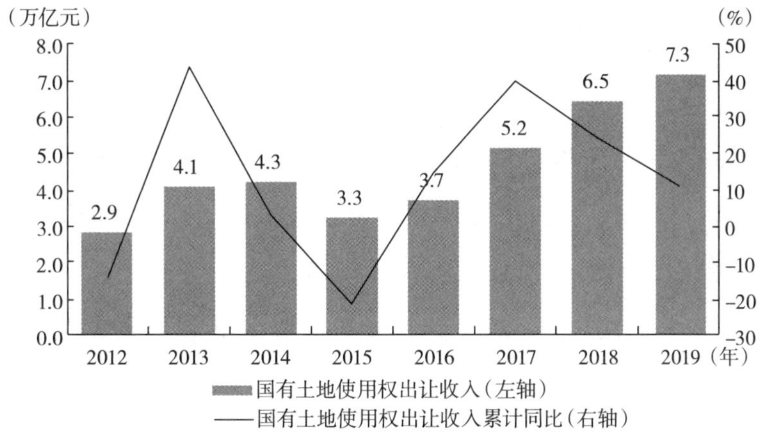

图 2-18　国有土地使用权出让收入

数据来源：Wind、国家统计局

2.4　房地产开发资金来源

地产开发投资资金增长分为三个阶段：第一阶段是 2009—2013 年的低基数增长期；第二阶段是 2014—2015 年的平台期；第三阶段是 2016—2019 年的高基数增长期。2019 年全年房地产开发资金来源总额17.86万亿元，是2009年5.78万亿元的近三倍。

金融危机后的十年地产调控政策几乎从未缺席，而地产三大周期内房地产开发资金来源总量和增速也存在一定的差异。第一轮地产周期，房地产开发资金低基数增长期的核心逻辑，是次贷危机后中国出台四万亿元经济刺激计划对地产、基建的拉动，以及2013年增加商品房供给政策导向的影响。第二轮地产周期，2013年商业银行同业监管加强以及调控政策再度收紧，叠加全球经济下行、通货紧缩压力增大，对房地产开发资金供给产生一定影响。第三轮地产周期的特征是高基数增长，供给侧结构性改革政策的出台，增加土地供给的政策导向，以及2018—2019年由于中美贸易摩擦导致稳增长刺激政策再度出台，房地产开发资金维持了四年高基数增长。

金融危机后十年的三轮地产周期内，房地产开发资金来源结构不断变化（图2-19：房地产开发资金来源占比），非银金融机构和影子银行占比超过商业银行表内业务占比。信贷在房地产开发资金来源中占比逐渐下降，个人按揭贷款则呈上升趋势，自筹资金占比通常在30%～40%左右，定金及预付款占比近五年呈逐年上升趋势。总体看来，房地产开发资金来源中，非银金融机构和影子银行占比超过商业银行表内业务占比。银行表内信贷，主要包括商业银行对房地产开发企业贷款和居民部门个人住房按揭贷款，在开发资金来源中占比总计30%左右。表外信贷和资本市场融资，包括房地产企业信用债、股权融资、非标融资等，主要体现在自筹资金和定金及预收款项下，在房地产开发资金来源中占比预计达到50%左右。

国内贷款在房地产开发资金来源中占比逐步下降。根据统计局数据，2019 年的房地产开发资金来源的国内贷款新增 2.5 万亿元，在全部房地产开发资金来源中占比 14%，较 2009 年的 20% 左右明显下降。这一趋势是同金融危机后国内金融创新和影子银行的发展相一致的。

居民个人按揭贷款占比总体呈上升趋势，近年略有下滑。统计局数据显示，2019 年居民部门个人按揭贷款新增 2.7 万亿元，超过当年地产企业新增银行信贷总额，在房地产开发资金来源中占比 15% 左右，较 2011 年的低谷上升 5 ~6 个百分点，较 2016 年 17% 的峰值降 1 ~2 个百分点。

自筹资金占比 30% ~40%，2015—2018 年增速回升（图 2 –20：房地产开发资金来源增速）。自筹资金主要由地产企业自有资金、股权融资、债权融资以及资产证券化等组成，非标等债权融资方式也有部分体现在自筹资金项下。自筹资金在房地产开发资金来源中占比通常为 30% ~40%，2014 年峰值达到 41.3%。2015—2018 年自筹资金增速明显回升，受益于实体经济融资成本和无风险收益率的下降，地产企业信用债发行和资产证券化的发展，是地产企业自筹资金增速回升的主要贡献因素。2019 年，地产企业自筹资金新增总计 5.8 万亿元，增速略有回落，但是在房地产开发资金来源中占比仍然达到 30% 以上。

定金及预收款在房地产开发资金来源中占比自 2014 年以来逐年上升，2019 年占比达到 34.4% 的峰值。从定义上看，定金及预收款，指房地产开发企业预收的购买者用于买房的定金及预收款。定金是为了使签订合同的甲乙双方履行经济合同，根据有关规定由购房单位在报告期交纳的押金。预收款是甲乙双方签订购销房屋合同后，由于经营活动的需要，在报告期由购房单位提前交付的购房款

（包括预收购房款中的外汇）。从资金来源结构上看，非银金融机构对房地产企业的融资，主要包括信托贷款、非标融资等，大多体现在该项目下。定金及预收款在地产资金来源中占比提升，是影子银行表外业务扩张的结果。

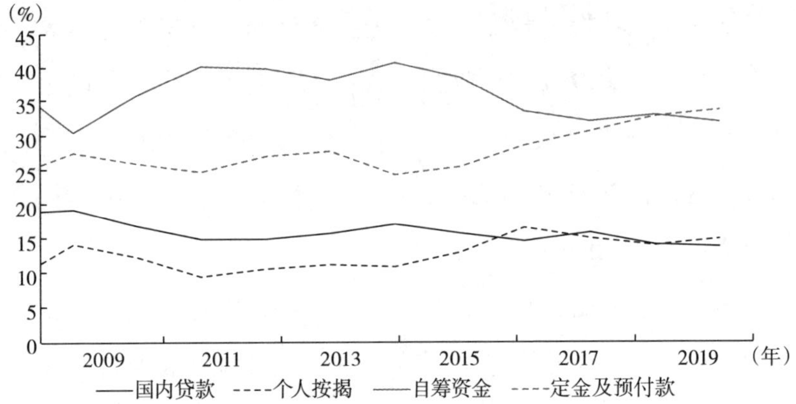

图 2－19　房地产开发资金来源占比

数据来源：Wind、国家统计局

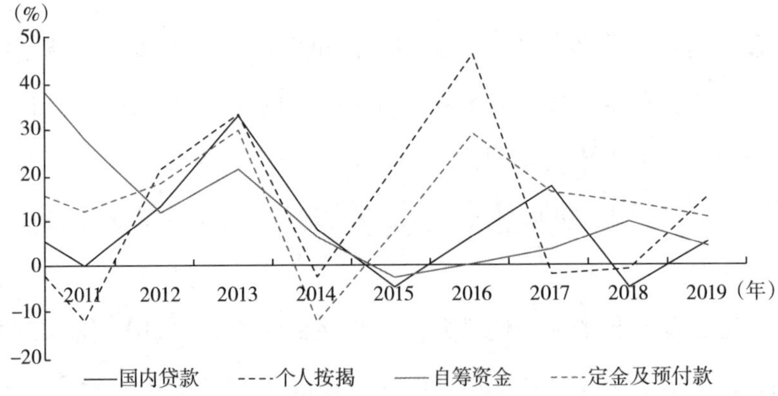

图 2－20　房地产开发资金来源增速

数据来源：Wind、国家统计局

2.5 地产调控政策

中国式地产调控有两大特点。第一个特点是，从时间来看，在经济下行阶段出台刺激政策，房价短期飙升后，随即出台地产调控政策，政策力度伴随房价进一步上行而不断加码。从2003年以来，尤其是2008年金融危机后的三轮地产周期中，这一规律无一例外。第二个特点是，调控政策不仅紧缩需求，同时收缩供给，事实上的效果就是供给向需求的传导阻滞，推动价格上行。

2.5.1 2003—2007年确立房地产支柱产业地位

2003 **年确立房地产支柱产业的地位，政策目标以控房价为主，政策工具包括首付、税收、土地等，全国房价大涨。**2003年SARS来袭，经济下行压力加大，同年8月12日，国务院发布《国务院关于促进房地产市场持续健康发展的通知》（简称18号文），房地产被确立为国民经济的支柱性产业。房价由此连续大涨。一年后，地产调控政策开始陆续出台。

2004 **年土地招、拍、挂的71号文。**2004年3月31日，国土资源部、监察部联合下发国土资发〔2004〕71号《关于继续开展经营性土地使用权招标拍卖挂牌出让情况执法监察工作的通知》，要求2002年7月1日《招标拍卖挂牌出让国有土地使用权规定》实施后，除按国家有关政策规定属于历史遗留问题等外，商业、旅游、娱乐和商品住宅等经营性用地供应必须严格按规定采用招标拍卖挂牌方式，2004年8月31日前应完成关于《招标拍卖挂牌出让国有土地使用权规定》实施前的高度重视稳定住房价格工作历史遗留问题的界定和处理。

2005年“国八条”和“新八条”。2005年3月26日国务院发文指出，高度重视稳定住房价格工作；保持住房价格特别是普通商品住房和经济适用住房价格的相对稳定，有关部门可采取暂停审批该地区其他建设项目用地、暂停提高公用事业价格和收费标准等措施；大力调整和改善住房供应结构，着力增加普通商品住房、经济适用住房和廉租住房供给；严格控制被动性住房需求，合理确定年度拆迁规模；正确引导居民合理消费预期；全面监测房地产市场运行，建立健全房地产信息系统和预警预报体系；积极贯彻调控住房供求的各项政策措施；认真组织对稳定住房价格工作的督促检查。5月11日建设部、发改委、财政部、国土资源部、人民银行、税务总局、银监会等七部委联合发布《关于做好稳定住房价格工作的意见》，从规划、土地供应、房产转让等方面对“国八条”进行细化。

2006年全额征收营业税、7090政策、首付上调等调控政策。2006年5月30日国务院《关于调整住房供应结构稳定住房价格的意见》，明确规定：从2006年6月1日起，对购买住房不足5年转手交易的，销售时按其取得的售房收入全额征收营业税，个人购买普通住房超过5年（含5年）转手交易的，销售时免征营业税；凡新审批、新开工的商品住房建设，套型建筑面积90平方米以下住房（含经济适用住房）面积所占比重，必须达到开发建设总面积的70%以上；个人住房按揭贷款首付款比例不得低于30%，考虑到中低收入群众的住房需求，对购买自住住房且套型建筑面积90平方米以下的仍执行首付款比例20%的规定。

2007年房企土地增值税实行清算式缴纳。2007年1月17日税务总局《关于房企土地增值税清算管理有关问题的通知》指出，土地增值税以国家有关部门审批的房地产开发项目为单位进行清算，对于分期开发的项目，以分期项目为单位清算。符合下列情形之一的，纳税人应进行土地增值税的清算：房地产开发项目全部竣工、完成销售的；整体转让未竣工决算房地产开发项目的；直接转让土地使用权的。符合下列情形之一的，主管税务机关可要求纳税人进行土地增值税清算：已竣工验收的房地产开发项目，已转让的房地产建筑面积占整个项目可售建筑面积的比例在 85% 以上，或该比例虽未超过 85%，但剩余的可售建筑面积已经出租或自用的；取得销售（预售）许可证满三年仍未销售完毕的；纳税人申请注销税务登记但未办理土地增值税清算手续的；省税务机关规定的其他情况。

2.5.2 2009—2011 年五轮调控政策

金融危机后中国推出四万亿元稳增长政策，2009 年房价暴涨，一年之后就出现新一轮的房地产调控。此轮地产调控堪称史上最严，调控政策经历五轮升级，分别是 2009 年“国四条”、2010 年 1 月的“国十一条”、4 月的“国十条”、9 月的“9·29 新政”以及 2011 年初的“新国八条”。

2009 年“国四条”。2009 年 12 月 14 日国务院常务会议就促进房地产市场健康发展提出增加供给、抑制投机、加强监管、推进保障房建设等四大举措，会议同时明确表态“遏制房价过快上涨”。

2009 年住房转让全额征收营业税规定修订。自 2010 年 1 月 1 日起，个人将购买不足 5 年的非普通住房对外销售的，全额征收营业税；个人将购买超过 5 年（含 5 年）的非普通住房或者不足 5 年的普通住房对外销售的，按照其销售收入减去购买房屋的价款后的差额征收营业税；个人将购买超过 5 年（含 5 年）的普通住房对外销售的，免征营业税。

2010 年史上最严“国十条”，首次推出影响多年的限购限贷政

策。2010 年 4 月 17 日，国务院发布“国十条”，不仅重申了建立考核问责机制、增加住房有效供给、加快安居工程建设等问题，更进一步紧缩政策，提出二套房贷首付不低于 50%、限制外地人购房、推进房产税试点等从未有过的严厉措施。具体而言有如下几轮政策调控：

限贷政策。暂停发放购买第三套及以上住房贷款；对不能提供 1 年以上当地纳税证明或社会保险缴纳证明的非本地居民暂停发放住房贷款。2010 年 6 月 4 日住建部、央行、银监会联合发布《关于规范商业性个人住房贷款中第二套住房认定标准的通知》，明确各地商业性个人住房贷款中居民家庭住房套数，应依据拟购房家庭成员名下，包括借款人、配偶及未成年子女，实际拥有成套住房数量进行认定。同年 9 月 29 日，多部委出台巩固楼市调控成果措施，央行、银监会决定，将原针对商品住房价格过高、上涨过快、供应紧张地区的停贷政策扩大至全国，并不再给予各商业银行选择权；将贷款购买商品住房首付款比例全面调整到 30% 及以上，并要求严格执行二套房贷政策，禁止消费性贷款用于购买住房。首次提出对没有 1 年以上当地纳税证明或社会保险缴纳证明的非本地居民暂停贷款；首次提出公积金贷款利率差别化，限定第二套住房公积金个人住房贷款发放对象。

限购政策。2010 年 11 月 12 日住建部、外汇局联合下发《关于进一步规范境外机构和个人购房管理的通知》，明确境外个人在境内只能购买一套用于自住的住房，在境内设立分支、代表机构的境外机构只能在注册城市购买办公所需的非住宅房屋。同年 11 月 22 日商务部出台《商务部办公厅关于加强外商投资房地产业审批备案管理的通知》，对规范和限制外资投资和开发房地产作出要求。

房企再融资政策。2010 年 9 月央行、银监会规定，继续支持房地产开发企业承担中低价位、中小套型商品住房项目和参与保障性安居工程的贷款需求，对有土地闲置、改变土地用途和性质、拖延开竣工时间、捂盘惜售等违法违规行为的房地产开发企业，各商业银行则要停止对其发放新开发项目贷款和贷款展期。对存在土地闲置及炒地行为的房地产开发企业，证监部门暂停批准其上市、再融资和重大资产重组。

预售制度。2010 年 4 月 13 日，住建部下发《关于进一步加强房地产市场监管完善商品住房预售制度有关问题的通知》，要求各地切实强化房地产市场监管，完善商品住房预售制度，加强预售商品住房交付和质量管理，健全房地产市场监督管理机制，并明确提出，全面开展预售商品住房项目清理，未获预售许可项目，开发商不得收取或变相定金、预收款等具体措施。

增加居住用地供应。“国十条”明确规定，房价上涨过快的城市，要增加居住用地供应总量；要依法加快处置闲置房地产用地，对收回的闲置土地，要优先安排用于普通住房建设；在坚持和完善土地招、拍、挂制度的同时，探索“综合评标”“一次竞价”“双向竞价”等出让方式，抑制居住用地出让价格非理性上涨。此外，再次强调“三类用地”占比不得低于 70%，并明确要求优先供应。2010 年 6 月 26 日，国土部发布《关于进一步做好征地管理工作的通知》，要求通过多种措施来推进征地补偿新标准实施，确保补偿费落实到位，进一步改进和完善征地管理工作。通知，对安置补偿费落实工作做了创新规定，如在用地预审时将征地补偿费足额列入项目概算、鼓励推行征地补偿款预存制度、征地补偿费直接给到农民个人等。

对闲置土地和溢价率的规定。2010 年 9 月 8 日，国土部、住建部下发《关于进一步加强房地产用地和建设管理调控的通知》，通知明确提出因企业原因造成土地闲置一年以上的，禁止竞买人及其控股股东参加土地竞买活动；住宅用地的容积率指标必须大于 1；土地交付之日起一年内开工建设，自开工之日起三年内竣工等措施。同年 12 月 19 日国土部下发《关于严格落实房地产用地调控政策促进土地市场健康发展有关问题的通知》，对招、拍、挂出让中溢价率超过 50%、成交总价或单价创历史新高的地块要实行上报制，国土资源主管部门还须将因政府原因闲置土地尚未完成整改处置的市县和具体地块信息、闲置原因向社会公告。

契税政策调整。2010 年 3 月 9 日，财政部、国税总局，进一步明确首次购买普通住房契税优惠政策，提出对两个或两个以上个人共同购买普通住房，其中有人有购房记录的，该套房产的共同购买人均不适用首次购买普通住房的契税优惠政策。同年 9 月 29 日，财政部、国税总局、住建部联合发布《关于调整房地产交易环节契税个人所得税优惠政策的通知》，明确对个人购买普通住房，且该住房属于家庭唯一住房的，减半征收契税；对个人购买 90 平方米及以下普通住房，且属于家庭唯一住房的，按 1% 税率征收契税；对出售自有住房并在 1 年内重新购房的纳税人不再减免个人所得税。

土地增值税清算。2010 年 5 月 19 日，国税总局发布《关于土地增值税清算有关问题的通知》，明确了土地增值税清算过程中的若干计税问题。同年 6 月 3 日，《关于加强土地增值税征管工作的通知》出台，通知明确预征税率调整，并加强土地增值税的清算管理工作，除保障性住房外，东部地区预征税率不得低于 2%，中部和东北地区不得低于 1.5%，西部地区不得低于 1%。核定征收率原则上不得低于5%。同年9月29日，多部委新政再次提及土地增值税，明确重点对定价明显超过周边房价水平的房地产开发项目进行土地增值税的清算和稽查。

经济适用房和廉租房政策。2010年1月10，国务院办公厅“国十一条”提出，要适当提高对中西部地区廉租住房建设的补助标准，改进和完善中央补助资金的下达方式。同年4月22日、5月4日，住建部分别下发《关于加强经济适用住房管理有关问题的通知》和《关于加强廉租住房管理有关问题的通知》，要求各相关部门加强对经济适用住房和廉租住房的建设与管理。同年6月18日，住建部等七部委联合下发《关于做好住房保障规划编制工作的通知》，对2010—2012年保障性住房建设规划和“十二五”住房保障规划编制工作的指导思想、基本原则、规划重点、基本目标等均予以了明确规定，到2015年末，我国需力争人均住房建筑面积13平方米以下低收入住房困难家庭基本得到保障，基本建立全国住房保障基础信息管理平台。2010年11月16日，财政部、发改委、住建部联合下发《关于保障性安居工程资金使用管理有关问题的通知》，明确从2010年起，各地可将现行从土地出让净收益中安排不低于10%的廉租住房保障资金和住房公积金增值收益中计提的廉租住房保障资金，统筹用于发展公共租赁住房。

2010年首提房产税。2010年5月31日，《国务院批转发展改革委关于2010年深化经济体制改革重点工作意见的通知》，提出要深化财税体制改革，逐步推进房产税改革。2010年9月29日，多部委新政再次提及房产税，明确要加快推进房产税改革试点工作，并逐步扩大到全国。

2011年初“新国八条”继续加码调控，并首推限价。2011年1

月 26 日国务院常务会议，研究部署进一步做好房地产市场调控工作，会议确定的相关政策措施，简称“新国八条”。2011 年各城市人民政府要根据当地经济发展目标、人均可支配收入增长速度和居民住房支付能力，合理确定本地区年度新建住房价格控制目标，并于一季度向社会公布。当年，全国建设保障性住房和棚户区改造住房 1,000 万套。调整个人转让住房营业税政策，对个人购买住房不足 5 年转手交易的，统一按其销售收入全额征税。对贷款购买第二套住房的家庭，首付款比例不低于 60%，贷款利率不低于基准利率的 1.1 倍。各地要增加土地有效供应，认真落实保障性住房、棚户区改造住房和中小套型普通商品住房用地不低于住房建设用地供应总量的 70% 的要求。制定和执行住房限购措施，对已拥有 2 套及以上住房的当地户籍居民家庭、拥有 1 套及以上住房的非当地户籍居民家庭、无法提供一定年限当地纳税证明或社会保险缴纳证明的非当地户籍居民家庭，要暂停在本行政区域内向其售房。对于新建住房价格出现过快上涨势头、土地出让中连续出现楼面地价超过同类地块历史最高价，以及保障性安居工程建设进度缓慢、租售管理和后期使用监管不力的，住房城乡建设部、国土资源部、监察部要会同有关部门，约谈省级及有关城市人民政府负责人。坚持和强化舆论引导。

2011 年房产税政策试点。2011 年 1 月 27 日，上海市、重庆市宣布开始试点房产税。上海市征收对象为本市居民新购房且属于第二套及以上住房和非本市居民新购房，税率暂定 0.6%。重庆市征收对象是独栋别墅高档公寓，以及无工作户口无投资人员所购二套房，税率为 0.5% ~1.2%。

2.5.3 2012—2013 年“新国五条”：增加供给、房产税改革试点

2012 年受欧债危机影响，国内经济下行压力再次加大，政府随即推出 3,600 万套保障房计划，央行先后两次降准降息。4 月武汉、南昌、郑州、沈阳等多个城市上调公积金贷款额度，调整额度多在 15% ~25% 之间，住建部也就各地公积金条例修改进行全面调研。同期发改委批准 868 个大型基建项目，超过上年同期一倍有余，下半年继续加快基建投资审批进程。

增加保障房供给和闲置土地处置等政策陆续出台，增加房地产市场供给。2012 年 2 月 2 日北京市发布《贯彻〈国务院办公厅关于保障性安居工程建设和管理的指导意见〉的实施意见》，首次明文规定新购经济适用房不得在市场上出售，如果销售需由政府回购。2012 年 7 月 1 日国土资源部新修订的《闲置土地处置办法》正式实施，《办法》中明确了闲置土地定义：超过合同约定的动工开发日期满一年未动工开发、已动工但开发建设用地面积占应动工总面积不足 1/3，或已投资额占总投资额不足 25%，中止开发建设满一年的国有建设用地，都被认定为闲置土地。新办法对闲置土地的定义更为宽泛，从而敦促开发商尽快开发，以避免囤地、捂地现象，从而增加市场供应量，协调市场供需平衡。

地产周期随风而起，地产市场过热迹象又开始显现，金融机构同业业务扩张表外资产引起央行和监管机构重视，同时美联储货币政策出现转向预期。2013 年初，伴随着金融监管力度加大，新一轮地产监管政策周期启动。2013 年 2 月 20 日“新国五条”颁布，推出地方政府房价工作责任制、二手房交易个税、差别化住房信贷政策、房产税试点、增加住房和用地供应等政策。

完善稳定房价工作责任制。各直辖市、计划单列市和除拉萨外的省会城市要按照保持房价基本稳定的原则，制定并公布年度新建商品住房价格控制目标。建立健全稳定房价工作的考核问责制度。

坚决抑制投机投资性购房，严格执行商品住房限购措施。已实施限购措施的直辖市、计划单列市和省会城市要在限购区域、限购住房类型、购房资格审查等方面，按统一要求完善限购措施。其他房价上涨过快的城市，省级政府应要求其及时采取限购等措施。

严格实施差别化住房信贷政策，扩大个人住房房产税改革试点范围。

二手房交易个税。明确二手房交易中的个人所得税将会按照个人所得的 20% 征收，堪称政府使用税收手段调节房地产的最严厉之举。

增加普通商品住房及用地供应。2013 年住房用地供应总量原则上不低于过去五年平均实际供应量，加快中小套型普通商品住房项目的供地、建设和上市，尽快形成有效供应。加快保障性安居工程规划建设。全面落实 2013 年城镇保障性安居工程基本建成 470 万套、新开工 630 万套的任务。配套设施要与保障性安居工程项目同步规划、同期建设、同时交付使用。完善并严格执行准入退出制度，确保公平分配，2013 年底前，地级以上城市要把符合条件的外来务工人员纳入当地住房保障范围。

加强商品房预售管理。严格执行商品房销售明码标价规定，强化企业信用管理，严肃查处中介机构违法违规行为，推进城镇个人住房信息系统建设，加强市场监测和信息发布管理。

实际政策结果是，购房者担忧税负转嫁而纷纷集中买房。2013 年地产销量增长，土地出让金突破 4 万亿元，部分城市出让土地是当年地产销售额的 3～4 倍，全国 45 个城市共出现总价及单价地王 67 个，堪称“地王年”。

2.5.4 2014—2015 年从政策松绑到去库存

房地产市场在 2014 年初迅速冷却。为了防止房地产崩盘或者风险释放，政府推出去库存政策，包括调控导致限购限贷松绑、央行“9·30 新政”信贷支持购房、降息降准。

2014 年 6 月开始分类调控导致限购限贷松绑。呼和浩特市是第一个正式发文全面放开限购的城市，截至 9 月底仅有北上广深和三亚五个城市未取消。除放开限购外，各地还出台了房贷优惠、公积金异地使用、落户放宽等其他优惠政策，非一线城市的紧急救市全面展开。

2014 年央行“9·30 新政”，重启宽松周期。市场对限购取消反应平淡，房地产销售和库存累积有进一步恶化的风险，2014 年 9 月 30 日央行和银监会发布《关于进一步做好住房金融服务工作的通知》（简称“9·30 新政”），提出二套房认定标准由“认房又认贷”改为“认贷不认房”；商贷首套房最低首付比例 30%，利率下限为基准利率 0.7 倍；支持房企在银行间市场进行债务融资，开展 REITs 试点等。9·30 新政是重要的调控转折点，标志着在稳增长和去库存的压力下，强有力的全国性刺激重回历史舞台。

2015 年 3 月，全国两会召开，提出要“加快培育消费增长点，稳定住房消费。坚持分类指导，因地施策，落实地方政府主体责任，支持居民自住和改善性住房需求，促进房地产市场平稳健康发展”。4 月底中央政治局会议提出“完善市场环境，盘活存量资产，建立房地产健康发展的长效机制”。

房贷标准持续放宽。继 2014 年央行“9·30 新政”之后，信贷政策持续放松，2015 年“3·30”政策明确降低商贷二套房首付比例，鼓励改善性住房需求，同时也降低了公积金购买首套房首付比例。2015 年“8·31”政策明确对拥有 1 套住房并已结清相应购房贷款的居民家庭，公积金最低首付款比例降至 20%。2015 年新 9·30新政指出，在不实施“限购”措施的城市，商贷首套房最低首付比例降至 25%。首套房商贷达到了五年内最低点，同时根据 2014 年“9·30”政策，已结清首套房贷款的家庭购买二套房首付最低也有望执行首套房贷款政策而下调。

营业税免征期限调整，房屋转让、租赁手续费减免。中央财税政策积极调整，2015 年 3 月财政部、国家税务总局发布《关于调整个人住房转让营业税政策的通知》，将个人住房转让营业税免征期已由 5 年调整为 2 年。7 月国家税务局总局发布《关于简化个人无偿赠与不动产、土地使用权免征营业税手续的公告》，个人在办理无偿赠与不动产、土地使用权免征营业税手续时，可以不用再向税务部门提交有关赠与公证材料。个人以离婚财产分割、赠与特定亲属、赠与抚养人或赡养人三种方式无偿赠与不动产、土地使用权时，可直接申请免营业税。9 月国家发展改革委、财政部印发《关于降低房屋转让手续费受理商标注册费等部分行政事业性收费标准的通知》，明确提出，新建商品住房转让手续费，由现行每平方米 3 元降为每平方米 2 元，存量住房由现行每平方米 6 元降为每平方米 4 元。同时明确，中小城市住房转让手续费标准可进一步适当降低。10 月 10 日，财政部、国家发展改革委下发《关于取消和暂停征收一批行政事业性收费有关问题的通知》，房屋租赁手续费被取消。

2015 年末中央经济工作会议定调化解房地产库存。11 月 10 日，习近平主持召开中央财经领导小组第十一次会议时强调，要化解房地产库存，促进房地产业持续发展。2015 年 11 月 11 日国务院常务会议提出以加快户籍制度改革带动住房消费。同年 12 月中央经济工作会议强调化解房地产库存。

2015 年房企融资国土部不再事先审查，标志房企再融资放松。证监会于 2015 年 1 月 16 日发布消息称，上市公司再融资、并购重组涉及房地产业务的，国土资源部不再进行事前审查，对于是否存在土地闲置等问题认定，以国土资源部门公布的行政处罚信息为准。

2016 年初央行房地产信贷政策调整，政策全面放松，按揭首套房首付降至 2 成、降契税、全面推行营改增。2016 年 2 月 2 日，央行银监会发布通知，对房地产贷款政策作出调整：居民家庭首次购买普通住房的商业性个人住房贷款，原则上最低首付款比例为 25%，各地可向下浮动 5 个百分点；拥有 1 套住房且相应购房贷款未结清的居民家庭买普通住房，最低首付款比例调整为不低于 30%。2 月 19 日，财政部等三部门发文调整房地产交易环节契税、营业税。对个人购买家庭唯一住房，面积为 90 平方米及以下的，按 1% 的税率征收契税；面积为 90 平方米以上的，按 1.5% 的税率征收契税。对个人购买家庭第二套改善性住房，面积为 90 平方米及以下的，按 1% 的税率征收契税；面积为 90 平方米以上的，按 2% 的税率征收契税。3 月 24 日，财政部公布营改增细则，明确自 2016 年 5 月 1 日起，在全国范围内全面推开“营改增”，建筑业、房地产业、金融业、生活服务业等全部营业税纳税人，由缴纳营业税改为缴纳增值税。

2.5.5 2016 年北京“9·30 新政”：限购、增加土地供给、加强预售管理

2016 年北京“9·30 新政”，限购升级，并加强预售证、房产中介监管。2016 年 9 月 30 日北京住房城乡建设委等部门发布《关于促

进本市房地产市场平稳健康发展的若干措施》，主要内容包括：

加大住宅用地供应力度，合理调整土地供应结构。结合年度土地供应计划，加大中低价位、中小套型普通商品住房的供应比例，保证套型建筑面积90平方米以下住房面积所占比重不低于70%。加快自住型商品住房用地供应。2016年内尽快安排一批自住型商品住房用地入市交易。

控地价、限房价。在严控地价的同时，对项目未来房价进行预测，试点采取限定销售价格并将其作为土地招、拍、挂条件的措施，有效控制房地产价格快速上涨。

提高首付比例。购买首套普通自住房的首付款比例不低于35%，购买首套非普通自住房的首付款比例不低于40%。对拥有1套住房的居民家庭，为改善居住条件再次申请商业性个人住房贷款购买普通自住房的，无论有无贷款记录，首付款比例均不低于50%；购买非普通自住房的，首付款比例不低于70%。

通过预售证核发，加强对房企及其销售行为的管理。对报价明显高于周边在售项目价格和本项目前期成交价格且不接受指导的商品住房项目，属于期房预售的暂不核发预售许可证书、属于现房销售的暂不办理现房销售备案。对取得预售许可或办理现房销售备案的房地产开发项目，要在规定时间内一次性公开全部销售房源。

加强对房地产经纪机构及其经纪活动的管理。房产中介不得违规独占房源信息、哄抬房价，实行明码标价，不得利用虚假或容易使人误解的标价内容和方式等进行价格欺诈，严禁从事首付贷及自我融资、自我担保、设立资金池等场外配资金融业务。

2.5.6 房住不炒、因城施策

2016**年底中央经济工作会议首次提出房住不炒，指出合理增加**

土地供应，加快租赁立法，加强市场监管，推进新型城镇化。中央经济工作会议指出，房子是用来住的，不是用来炒的，综合运用金融、土地、财税、投资、立法等手段，加快研究建立符合国情、适应市场规律的基础性制度和长效机制。在宏观上管住货币，微观信贷政策要支持合理自住购房，严格限制信贷流向投资投机性购房。要落实人地挂钩政策，根据人口流动情况分配建设用地指标。要落实地方政府主体责任，房价上涨压力大的城市要合理增加土地供应，提高住宅用地比例，盘活城市闲置和低效用地。特大城市要加快疏解部分城市功能，带动周边中小城市发展。要加快住房租赁市场立法，加快机构化、规模化租赁企业发展。加强住房市场监管和整顿，规范开发、销售、中介等行为。继续扎实推进以人为核心的新型城镇化，促进农民工市民化。

根据中央经济工作会议精神，2017 年 3 月，两会政府工作报告明确房地产市场的三项重点工作：加强房地产市场分类调控、因城施策去库存、坚持住房居住属性。同时指出，继续扎实推进新型城镇化，深化户籍制度改革，今年实现进城落户 1300 万人以上，加快居住证制度全覆盖。

因城施策成为 2017 年政策重点。2017 年初，全国国土资源工作会议强调根据供需形势因城因地施策，建立住宅用地供应分类管理制度，对房价上涨压力大的城市要合理增加土地供应，调整结构，提高住宅用地比例，**对去库存压力大的三四线城市要减少以至暂停住宅用地供应。**2017 年 1 月 6 日，央行强调要因城施策，继续落实好差别化住房信贷政策，切实防范化解金融风险。1 月 10 日，银监会提出分类实施房地产金融调控。同时，各部委积极响应中央经济工作会议提出的“综合运用金融、土地、财税、投资、立法等手段，加快研究建立符合国情、适应市场规律的基础性制度和长效机制”，发改委表示“完善区域协调发展和新型城镇化政策组合”，农业部强调推进农村产权制度改革。

限价。2017 年 10 月 25 日住建部与发改委联合发布《关于开展商品房销售价格行为联合检查的通知》，针对房地产开发企业和房地产中介机构，在全国范围内对房地产开发企业在售楼盘和房地产中介机构门店商品房销售价格行为进行联合检查。

2017 年末中央经济工作会议确定，租售并举成为 2018 年房地产工作重点。2017 年 10 月 18 日十九大报告提出，提高保障和改善民生水平，加强和创新社会治理。坚持房子是用来住的、不是用来炒的定位，加快建立多主体供给、多渠道保障、租购并举的住房制度，让全体人民住有所居。2017 年 12 月中央经济工作会议明确 2018 年房地产工作重点“加快建立多主体供应、多渠道保障、租购并举的住房制度”。会议提出要发展住房租赁市场特别是长期租赁，保护租赁利益相关方合法权益，支持专业化、机构化住房租赁企业发展。完善促进房地产市场平稳健康发展的长效机制，保持房地产市场调控政策连续性和稳定性，分清中央和地方事权，实行差别化调控。

2.5.7　2014—2018 年棚改货币化

棚户区改造是中国政府为改造城镇危旧住房、改善困难家庭住房条件而推出的一项民生工程。通常来说，棚改区分为货币化安置和实物化安置两种方式。棚改货币化安置指的是，居民可以直接获得一些补偿款，然后由他们自主地在市场上不受域限制地购置住房；棚改实物化安置指的是，居民在拆迁之后可以获得一套房子作为补偿，以房换房，并且会额外得到少量的补偿款。

棚改在 2014 年之前主要是以实物化安置为主。2008 年 10 月中央出台“扩大内需事项措施”明确提出加快建设保障性安居工程，棚户区改造作为保障性安居工程的主要内容全面启动。但是资金问题阻碍2014年之前的棚改工程推进进度。2008—2014年间，我国每年棚户区改造开工量一直保持250~300万套，如果按照当时2012年末棚户区存量4,200万户来估算的话，我国棚改工程需要14年才能完成。2013年7月国务院出台《加快棚户区改造工作意见》，2013—2017年棚改目标总量仅为1,000万套（其中城市棚户800万套，国有工矿棚户90万套，国有林区棚户30万套，国有垦区危房80万套）。

2014年后，房地产去库存政策逐步推进，棚改转而以货币化安置为主，包括发放购房券、政府购买存量商品房安置、一次性货币补偿等方式。2014年3月，政府提出棚改要同新型城镇化“3个1亿人”规划对接，要求在2020年末完成3,650万户改造，让1亿人口搬出棚户区。2014年7月21日国务院办公厅出台《关于进一步加强棚户区改造工作的通知》（国办发〔2014〕36号）。自此，棚改货币化拉开了大幕。

棚改货币化的信贷支持。抵押补充贷款（PSL）是棚改资金的重要来源。2014年初央行创设中期信贷工具PSL。同年4月，国开行专门成立独立的住宅金融事业部，把现有的棚改等保障性安居工程建设贷款划入事业部统一管理。资金流向为央行通过PSL向国开行发放贷款，国开行通过棚改专项贷款向地方政府发放贷款，地方政府通过货币化安置向棚户区居民发放补偿款，地方政府拆迁卖地后偿还国开行贷款，国开行偿还央行贷款，由此形成资金流的闭环。PSL可以理解为是一种基础货币投放的新渠道，借助棚改货币化实现对三线、四线城市的货币定向投放。根据Wind数据，截至2018

年，央行通过 PSL 投放流动性存量规模 3.3 万亿元。

2015 年要求棚改货币化比例不低于 50%。2015 年 8 月，住建部和国开行联合发布《关于进一步推进棚改货币化安置的通知》，要求货币化安置比例不低于 50%。该政策对此轮房地产市场行情产生了巨大的推动作用，随后房地产市场迎来了一轮全国性的普涨行情。

2016 年再次提高货币化安置比例。2016 年 3 月 21 日，国务院召开全国棚户区改造工作电视电话会议，他指出，2016 年全国实施棚户区改造 600 万套，各地各部门要早安排、早准备，确保早日开工；要落实棚改信贷支持政策；进一步提高棚户区改造货币化安置比例；严格资金监管，确保工程质量。同时，要提前谋划 2017 年的棚改工作，积极开展好前期工作。2016 年 7 月，住房城乡建设部等三部门发布《关于进一步做好棚户区改造工作有关问题的通知》，加速推进棚改，确保提高棚改货币化安置比例；确保落实棚改信贷支持政策；确保棚改资金安全高效利用。

从 2009 年到 2013 年全国一共完成棚户区改造 1364 万套，2009—2017 年共完成棚改 3650 万套，较“3 个 1 亿人”规划提前三年完成目标。2015—2017 年的改造量 1,800 万套，年均 600 万套，如果其中一半实行货币化安置，则意味着新增了 300 万套的住房需求。目前完成整个棚改工程大约 70%，到 2020 年棚改任务可基本完成。2017 年 5 月 24 日国务院常务会议提出实施 2018—2020 年三年棚改攻坚计划，再改造各类棚户区 1,500 万套，其中 2018 年的计划是 580 万套。

2017 年下半年以来，棚改货币化政策逐步收紧。2017 年 8 月，住建部等六部委曾发文明确，住宅消化周期在 15 个月以下的市（县），应控制棚改货币化安置比例。2017 年 11 月，住建部表示，要因地制宜推进棚改货币化安置。商品住房库存不足、房价上涨压力较大的地方，应有针对性地及时调整棚改安置政策，采取新建棚改安置房的方式；商品住房库存量较大的地方，可以继续推进棚改货币化安置。2018 年的棚户区改造计划，住建部明确：商品住宅消化周期在 15 个月以下的市（县），应控制棚改货币化安置比例，采取新建安置房的方式。对商品住房库存不足、房价上涨压力较大的地方，仍主要采取货币化安置的 2018 年新开工棚改项目，开发银行、农业发展银行棚改专项贷款不予支持。

2018 年明确尽快取消棚改货币化安置。2018 年 10 月 8 日国务院常务会议，部署推进棚户区改造工作中明确提出“要调整完善棚改货币化安置政策，商品房库存不足、房价上涨压力大的市（县），要尽快取消货币化安置优惠政策……有序加大地方政府棚改专项债发行力度”。

2.5.8 2018—2019 年调控政策相机抉择

受中美贸易摩擦的影响，2018 年下半年开始国内经济增长压力再度加大，地产调控政策边际松动，免征印花税、支持地产企业债融资、放松开发商预售融资制度、首套贷款利率个税专项扣除等政策陆续出台。2018 年 11 月 1 日财政部、国家税务总局就《中华人民共和国印花税法（征求意见稿）》《印花税法征求意见稿》，转让、租赁住房订立的应税凭证，免征个人应当缴纳的印花税。房地产企业债，支持棚改、保障性住房和租赁住房，2018 年 12 月 5 日发改委关于支持优质企业直接融资进一步增强企业债券服务实体经济能力的通知，按照中央关于房地产长效机制建设的精神，目前企业债券只支持棚改、保障性住房、租赁住房等有限领域的项目，不支持商业地产项目。各地地产调控松绑大幕逐步开启，放松开发商预售融资制度。2018 年 12 月 18 日晚间，山东省菏泽市住房和城乡建设局发布《关于推进全市棚户区改造和促进房地产市场平稳健康发展的通知》（菏建〔2018〕7 号），通知第六条明确规定：取消新购住房限制转让措施，同时全面放松房地产开发商的住房预售融资制度。第十三届全国人民代表大会常务委员会第五次会议修订的《中华人民共和国个人所得税法》于 2019 年 1 月 1 日正式实施，首套住房贷款利息支出 1000 元/月个税专项附加定额扣除，在实际发生贷款利息的年度，按照每月 1000 元的标准定额扣除，扣除期限最长不超过 240 个月。

继 2017 年推出土储、收费公路、项目收益和棚改等四类地方政府专项债相关政策后，2018—2019 年地方政府专项债发行加速。2017 年 6 月财政部在地方政府一般债的基础上，正式推出地方政府专项债，主要包括 2017 年 62 号文土储专项债、97 号文收费公路专项债、89 号文项目收益专项债和 28 号文棚改专项债等。存量地方专项债中，土地储备专项债占比最大，其次是收费公路、交通运输类专项债。2018 年 8 月 14 日财政部 72 号文《关于做好地方政府专项债券发行工作的意见》，要求为加快地方政府专项债券发行和使用进度，更好地稳投资、扩内需、补短板，地方债券发行进度不受季度均衡要求限制；不再限制专项债券期限比例结构，各地应当根据项目建设、债券市场需求等合理确定专项债券期限；不再向财政部备案需公开的信息披露文件。

房企发债政策回暖。2018 年 12 月 12 日发改委印发《关于支持优质企业直接融资进一步增强企业债券服务实体经济能力的通知》，指出要支持信用优良、经营稳健、对产业结构转型升级或区域经济发展具有引领作用的优质企业发行企业债券。对符合条件的企业申报发行优质企业债券，实行“一次核准额度、分期自主发行”的发行管理方式。发改委可根据实际情况适时调整优质企业经营财务指标参考标准。其中，资产总额大于1,500亿,年收入大于300亿，负债率不超过85%，3A评级的房地产企业，属于支持的优质企业范围。从政策面看，房企发债的约束逐步减少。

2019 **年地产调控政策阶段性变化**。中央定调地产调控三阶段：3月份两会表态“防止房市大起大落”，4月政治局会议重提“房住不炒”；7月政治局会议首提“不将房地产作为短期刺激经济的手段”；12月份新华社重申“坚持房住不炒的定位，全面落实因城施策，稳地价、稳房价、稳预期的长效机制”。地方调控同样历经三阶段变化：1—4月份，多城调降人才落户门槛，呼和浩特、宁波等市更是出台人才购房补贴这类刺激性政策；5—7月份，地方调控关注房价红线，苏州、西安等市相继升级调控；8月份以来，人才新政不断发力，“四限”调控局部放松。

2.6 中国房地产周期特征

中国房地产周期受诸多因素影响，从宏观经济层面看，首先会受到逆周期宏观经济政策的推动，甚至在大多数时候，地产政策本身就是政府逆周期调控的政策工具。这意味着，地产供给受到国内逆周期经济政策的直接影响，而地产调控对需求的作用，则是在周期向上的趋势中压制总需求的过快增长。后金融危机时代自2009年至2017年的地产周期基本都遵循了这一政策逻辑。但是2018年中国宏观经济发生变化，不仅是总量的变化，而且是经济结构的转变，甚至可能是全球经济格局巨变的发端。在这一宏观背景下，地产的周期性特征也在潜移默化地发生转变，地产调控政策工具的影响来看，限购、限售、限价、预售证发放、土地供应、棚改政策等手段，都在这三轮地产周期中或多或少发挥了政策作用。

第一轮周期：2009—2012 年。金融危机后，4 万亿元经济刺激政策，叠加宽松财政、货币政策，房地产毫无悬念地出现一轮投资、销售和房价上行的周期。2009—2012 年这一轮周期，房地产固定资产投资大幅增长，同期地产销售增长持续三年，此轮周期以投资和销售同步增长为特征。此轮周期中，2010 年地产政策开始调整，2010 年 1 月的“国十一条”、4 月的“国十条”、9 月的“9·29 新政”以及 2011 年初的“新国八条”，一系列调控政策，构成史上最强地产调控政策组合。2010 年 10 月，央行启动加息周期，通过五次加息以对抗通胀飙升的宏观风险，直至 2011 年 9 月欧洲主权债务危机的全面爆发。2012 年初，地产销售面积和新开工面积双双陷入负增长，土地成交数量降到三年低位，土地成交溢价率降到 0%。

第二轮周期：2013—2015 年。财政和货币政策方面，此轮地产周期的上半场，国内财政货币政策均出现调整。2012 年第二轮基建稳增长政策出台，货币政策方面三次降准总计 150bp，6 月和 7 月两次降息，财政、货币宽松政策刺激房地产需求增长的效力在 2012 年末、2013 年初开始显现。行业政策方面，增加保障房供给和闲置土地处置等政策陆续出台。但是这轮周期的刺激政策好景不长，2013 年随着监管政策重新收紧，房地产市场随即开始降温。

2013 年银监会、央行监管加码，地产重启下行趋势。2013 年 3 月银监会出台 8 号文《关于规范商业银行理财业务投资运作有关问题的通知》，以规范商业银行理财资金投资“非标准化债券资产”

的范围和限制。理财资金投资非标受限，商业银行通过同业拆借、同业存放、买入返售等，通过同业资金期限错配，对接长期的非标资产以规避监管。2013 年 6 月 25 日，央行网站发文《合理调节流动性，维护货币市场稳定》，提出“谨慎控制信贷等资产扩张偏快可能导致的流动性风险，加强同业业务期限错配风险防范”。监管发力，债市收益率大幅上行，融资成本增加，地产重启下行趋势。这一轮地产周期，销售增长持续 24 个月，持续时间最短。随着国内经济增速下行预期不断增强，地产开始进入累库阶段。

第三轮周期：2016—2019 年。第三轮周期，地产去库存、土地购置费大幅上行、房企加速扩张。第三轮周期的地产调控政策全面放松始于 2014 年，2015 年则由于股市泡沫形成及崩溃，延迟了地产周期的启动，直至年末中央提出三去一降一补的供给侧结构性改革，地产行业进入去库存大周期。这一轮周期内，房地产开发投资增速有回暖。但从结构上看，剔除土地购置费之外的建筑安装工程投资自 2016 年 7 月以来持续下行，2018 年始终处于负增长区间。土地购置费在房地产开发投资中占比大幅提升，尤其是 2018 年，全年土地购置费在房地产开发投资中占比约 30%，2017 年该比例为 21%。土地购置面积仅相当于之前两个周期的一半左右，房企拿地成本明显高于前两轮地产周期。虽然新开工好于预期，但是 2018 年以来竣工面积持续下行。

三轮地产周期也是房地产企业的三轮债务周期。2015—2016 年地产债发行爆发式增长，债市调整来临之后，银行信贷、表外信贷一度加速扩张。2017 年下半年，受商业银行 MPA 考核和资管新规预期的影响，银行表内、表外信贷增速均显著放缓。但是 2018 年中美贸易摩擦发生，国内增长减速压力下，资管新规细则对于非标融资监管有所松动，非银金融机构，尤其是信托、私募和保险资金对接非标资产又现回暖趋势，房企信用债融资规模也有所回升，资金面回暖延长了此轮地产周期。2019 年，房地产开发资金来源近 18 万亿元，其中，银行信贷（包括地产企业信贷和个人按揭）占比三成，非银金融机构占比预计近半，房地产企业债务周期达到顶峰。

然而无论周期如何波动，决定市场的根本变量，本质上还是供需关系。2009 年以来的三轮地产周期，无论宏观经济货币政策如何调整，无论全球经济增长如何起伏跌宕，也无论地产调控政策如何张弛有度，贯穿过去十年中国地产市场的一个现象就是，房屋销售面积始终略超竣工面积，尤其是第三轮地产周期的去库存阶段。然而，2018—2019 年的地产市场出现两个新现象。一个新现象是，房屋新开工面积开始大幅超过销售面积（图 2－21：地产新开工、销售面积），稳增长政策下，和地产投资增速高度相关的新屋开工面积，已经连续超过国内地产调控政策决定的有效需求。另一个新现象是，地产施工面积达到 90 亿平方米，相当于 2014 年以来的六年销售面积的总额（图 2－22：地产竣工、销售面积）。

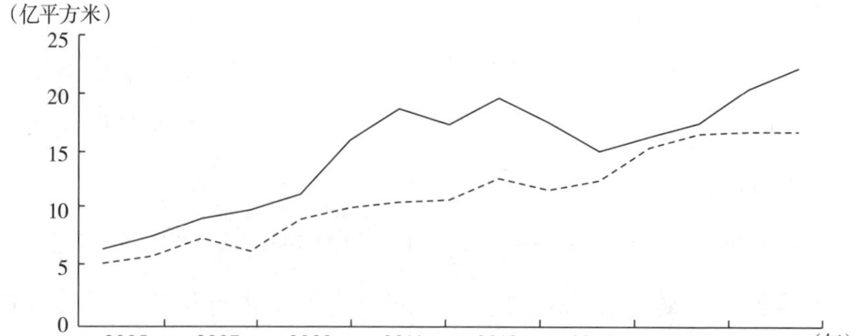

图 2－21　地产新开工、销售面积

数据来源：Wind、国家统计局

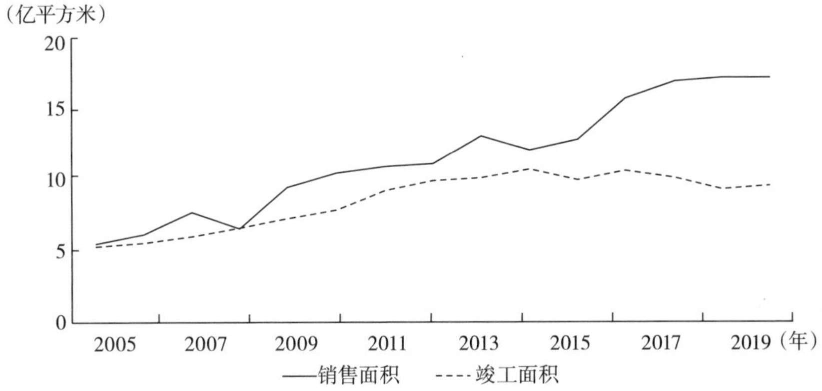

图 2－22　地产竣工、销售面积

数据来源：Wind、国家统计局

未来地产政策可能的两个方向：继续稳增长促投资，放松地产调控。稳增长促投资政策可能性不大，2019 年 7 月政治局会议提出“不将房地产作为短期刺激经济的手段”，目前看来政策方向性大调整的可能性不大。放松地产调控，释放有效需求，有一定的可能性，但是这一轮去库存是否同期伴随房企加杠杆扩张新周期却是未知，2018—2019 年的扩张或许已提前释放了房企扩张动能。如果新一轮地产周期是以放松地产调控为主线，那么可能的情形是，信托、险资、私募等非银机构去杠杆，居民部门加杠杆。这将是一轮真正意义上的地产去库存周期。

3 基础设施建设投资周期

基础设施建设投资一直以来是中国政府逆周期、稳增长的重要抓手，2008 年金融危机后，中国已经经历两轮完整的基建投资周期。金融危机爆发后，中国政府随即推出“四万亿”经济刺激政策，从而开启第一轮稳增长的基建投资周期。2012 年受欧洲主权债务危机的影响，中国经济增速再度放缓，2012 年底、2013 年初中国政府再度推出大型基建投资计划，从而开启后危机时代的第二轮基建投资周期。2018 年中美贸易摩擦升级，第三轮基建投资周期始于 2018 年末、2019 年初。

3.1 传统基础设施建设和新型基础设施建设

按统计局口径，传统基建行业包括三大类（图 3 - 1：基建投资结构）。一是交通运输、仓储和邮政业，包括铁路运输业、道路运输业、水上运输业、航空运输业、管道运输业及仓储业和邮政业等；

二是水利、环境和公共设施管理业，包括水利管理、生态保护和环境治理及含有市政设施管理等的公共设施管理业；三是电力、热力、燃气及水的生产和供应业，包括电力生产、燃气生产及供应业、水的生产及供应业。

2018 年基建投资增速显著下行，全年基本零增长。根据统计局数据，2018 年不包括电力的基建投资总额 14.5 万亿元，同比增速 3.8%，较上年 19% 的增速下滑明显。其中，交通运输、仓储、邮政业投资总额 6.36 万亿元，同比增速 3.9%，较上年的 14.8% 下降约 11 个百分点；水利、环境和公共设施管理业投资总额 8.5 万亿元，同比增速 3.3%，较上年的 22% 下行 20 个百分点。包括电力的基建投资总额 17.6 万亿元，同比增速 1.8%，增速大幅下行的原因，主要是由于 2018 年电力、热力、燃气及水的生产和供应业投资总额 2.77 万亿元，同比降幅 6.7%，为十五年来首次出现负增长。

2019 年国家宏观和融资政策都作出一些调整，同时加大地方政府专项债发行额度以支持基建投资增长，当年基建投资增速小幅回升。2019 年全年，不含电力的基建投资总额 15.3 万亿元，同比增速 3.8%。其中，交通运输、仓储、邮政业投资总额 6.6 万亿元，同比增速 3.4%；水利、环境和公共设施管理业投资总额 8.7 万亿元，同比增速 2.9%。包括电力的基建投资总额 18.2 万亿元，同比增速 3.3%，其中，电力、热力、燃气及水的生产和供应业投资总额 2.9 万亿元，同比增速 4.5%，略超其他两项基建投资增速。

新基建投资 2019 年已经显著回升，增速远超旧基建（图 3-2：传统基建 vs 新基建）。根据统计局口径，新基建包括两大类：信息传输和软件服务业、科学研究和技术服务业。2019 年新基建投资总计 1.57 万亿元，同比增速 13.1%。

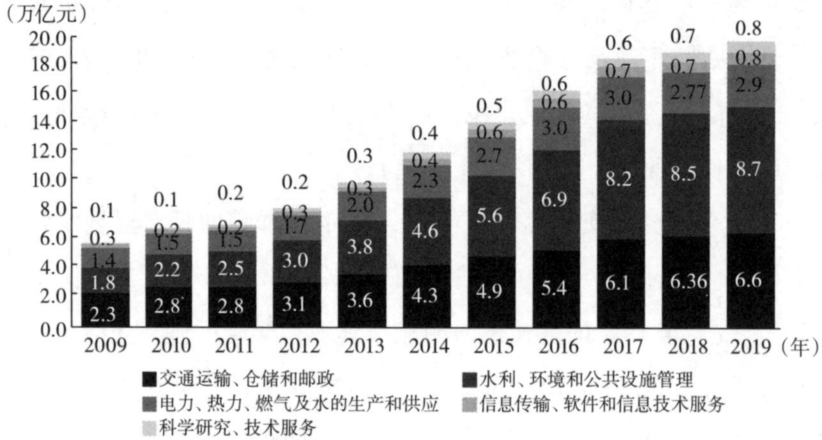

图 3－1　基建投资结构

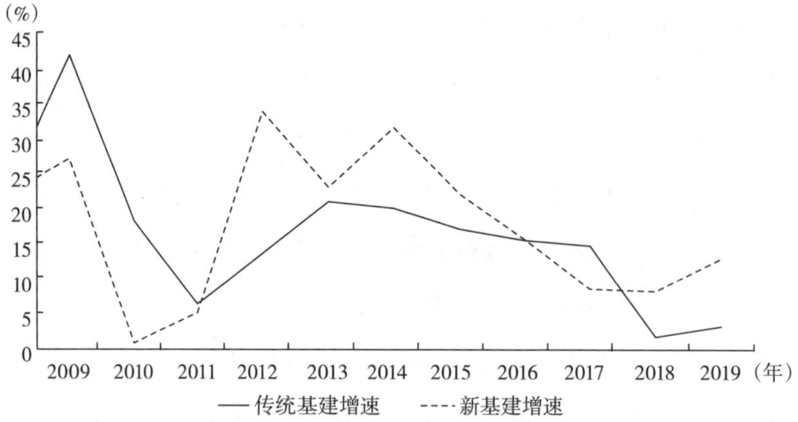

图 3－2　传统基建 vs 新基建

3.2　交通运输业

交通运输业主要包括，铁路运输业、道路运输业、水上运输业、航空运输业和管道运输业（图 3－3：交通运输仓储业固定资产投资结构）。根据 2016 年《中国交通运输发展白皮书》，“十二五”期间，中国交通运输基础设施完成投资 12.5 万亿元，“十三五”期间，交通运输行业固定资产投资将达到15万亿元，比“十二五”增加2.5万亿元。“十三五”交通运输业中，高速铁路、高速公路、轨道交通建设投资占比较高，交通网络规模化效应快速显现。预计投资额最大的公路、铁路、轨道交通呈“三足鼎立”之势，投资额将分别达到8万亿元、4万亿元和2.5万亿元。

2018年交通运输业固定资产投资降幅较大（图3－4：交通运输仓储业固定资产投资）。交通运输业固定资产投资在基建投资（不包括电力）中占比38%。其中，铁路运输业7,600亿，同比增速－5.1%，较上年下降5个百分点；道路运输业4.36万亿元，同比增速8.2%，较上年下降15个百分点；水上运输业1,705亿元，同比增速－9.6%，较上年小幅恢复2.3个百分点；航空运输业2,510亿元，同比增速4.8%，较上年下降3.7个百分点。

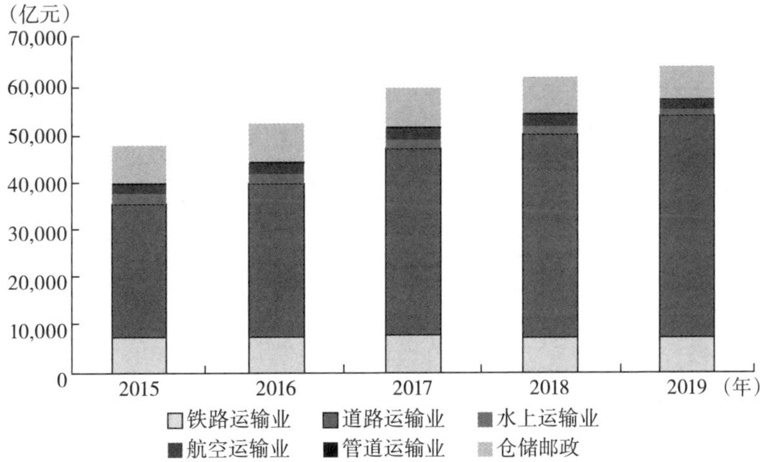

图3－3　交通运输仓储业固定资产投资结构

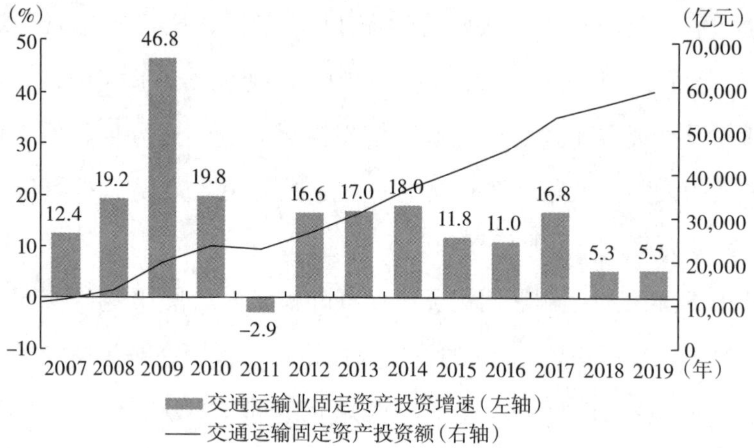

图 3-4　交通运输仓储业固定资产投资

3.2.1　铁路：连续六年投资 8,000 亿元

“十三五”铁路固定资产投资延续“十二五”的高景气度。“十二五”期间，全国铁路营业总里程达 12.1 万公里，规模居世界第二；其中高速铁路 1.9 万公里，位居世界第一。以高速铁路为骨架、以城际铁路为补充的快速客运网络初步建成。全国铁路复线率和电气化率分别达到 53.5% 和 61.8%。高速铁路覆盖百万人口以上城市比例达 65%。城市轨道交通运营线路达 105 条，运营线路总长度达 3,195 公里。“十三五”期间，铁路运营里程将达到 15 万公里，其中高速铁路要达到 3 万公里的规模，高速铁路覆盖 80% 以上的百万人口以上城市，“十三五”期间，铁路投资规模达到 3.5 万亿元，年均 7,000 亿元。

自 2014 年以来，连续六年全国铁路固定资产投资完成额持平于 8,000 亿。根据中国铁路总公司统计，2019 年全国铁路固定资产投资完成 8,029 亿元，其中国家铁路完成 7,511 亿元；投产铁路新线 8,489 公里，其中高铁 5,474 公里。截至 2019 年底，全国铁路营业里程达到13.9万公里以上，其中高铁3.5万公里（图3－5：国家铁路营运里程）。根据国务院《中长期铁路网规划》，2020年，铁路网规模计划达到15万公里，其中高速铁路3万公里，构建“八横八纵”高铁主通道。全国铁路营运里程离规划尚有一定距离，但是高铁的建设目标已经超额完成。

中国铁路建设有其结构性特征，发展的空间在于高标准普通铁路。美国铁路总营业里程为22.5万公里，较中国铁路营业里程多3/4，而且相对于高速铁路，高标准普通铁路造价低一半以上，并且货运承重能力远超高速铁路。2018年7月，铁总实施《2018—2020年货运增量行动方案》，公转铁政策落地，运输结构调整有效拉动铁路货运量增速。计划到2020年，全国铁路货运量将达到47.9亿吨，较2017年增长30%。相较于高速铁路，中国高标准普通铁路还有巨大发展空间。

中国高铁的运输能力利用效率仍较低。以运输密度指标为例，即平均每公里铁路一年完成的运输周转量，日本高铁的平均运输密度为3,400万人公里/公里，新干线则可以达到9,000万人公里/公里的运输密度，中国高铁平均运输密度仅为日本高铁平均运输密度的1/2。铁路的货运周转量市场份额也是逐年下滑，从2005年的50%，以每年3个百分点的速度快速下降，到2016年只占有17.1%。

2020年全国铁路建设投资规模预计8,000亿元。2020年1月中国国家铁路集团有限公司工作会议表示，国铁集团年内将确保投产新线4,000公里以上，其中高铁2,000公里。14个集中连片特困地区、革命老区、少数民族地区、边疆地区累计完成铁路基建投资4,175.8亿元，占铁路基建投资总额的75.9%；西部地区完成铁路基建投资1,588亿元，占铁路基建投资总额的28.9%。京张高铁、京雄城际北京西至大兴机场段、京港高铁昌赣段、成贵高铁、郑渝高铁郑襄段、徐盐高铁、浩吉铁路等51条新线建成投产①。

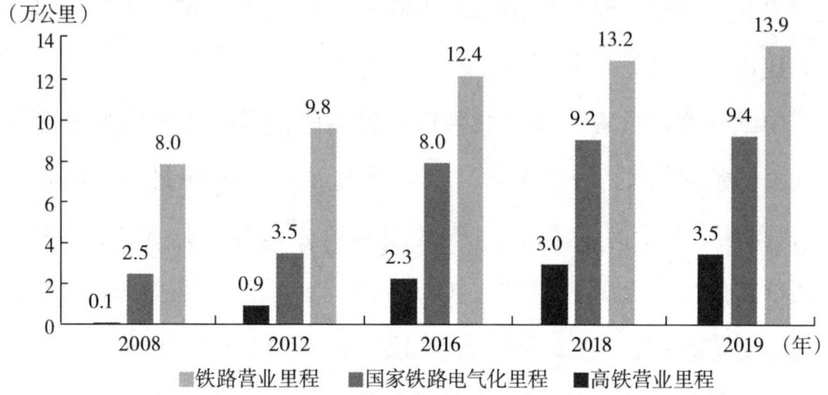

图3-5 国家铁路营运里程

数据来源：Wind、国家统计局、交通部、中国国家铁路集团有限公司

3.2.2 城际铁路和城市轨道交通：新基建

城际铁路是“十三五”期间的投资重点。“十三五”期间，基本建成京津冀、长三角、珠三角、长江中游、中原、成渝、山东半岛城市群城际铁路网。推进京津冀、长三角、粤港澳大湾区等地区城际铁路规划建设。国办《关于保持基础设施领域补短板力度的指导意见》，特别提到推进京津冀、长三角、粤港澳大湾区等地区城际铁路规划建设。2018年末发改委批复同意广西北部湾经济区、新建西安至延安、江苏省沿江城市群三个区域铁路建设，总投资约3,250亿元。

2018年12月26日《江苏省沿江城市群城际铁路建设规划

① 资料来源：中国国家铁路集团有限公司官网。

(2019—2025年)》，规划形成区域城际铁路主骨架，以及南京都市圈和苏锡常都市圈城际铁路网，构建南京至江苏省内设区市1.5小时、江苏省沿江地区内1小时、沿江地区中心城市与毗邻城市0.5～1小时交通圈，基本实现对20万人口以上城市的覆盖。近期规划建设宁淮、宁宣、盐泰锡常宜、宁扬宁马、苏锡常快线等8个城际铁路项目。其中，江苏省内总里程约980公里，总投资2,180亿元(另外还有安徽段83公里，投资137亿元)，其中，江苏省内时速250公里及以上的高速铁路718公里，占此次规划批复江苏总里程的3/4。

2018年12月25日《关于新建西安至延安铁路可行性研究报告的批复》，项目总投资551.6亿元，建设工期4.5年，新建正线全长291.7公里。项目总投资551.6亿元，其中，基建工程投资530.8亿元，动车组购置费20.8亿元。项目资本金267.8亿元，铁路总公司出资111.7亿元，其余资本金156.1亿元及单列投资16亿元由陕西省承担。

2018年12月24日《关于广西北部湾经济区城际铁路建设规划(2019—2023年)的批复》，近期规划建设南宁—横县—玉林、南宁—崇左城际铁路，总里程325公里，其余线路待远期条件成熟后再适时启动。建设项目投资约517亿元，资本金比例50%，由广西壮族自治区和项目沿线地方财政资金出资，资本金以外的资金通过银行贷款等解决。

2019年5月中共中央、国务院印发了《长江三角洲区域一体化发展规划纲要》，该规划纲要提出，到2025年，铁路网密度达到507公里/万平方公里，基础设施互联互通基本实现。截至2020年底，长三角地区铁路总长将突破1.1万公里，建成通车的高铁增至22

条、营业里程近5,000公里，覆盖区域内90%以上的地级市。为加快构建长三角地区高品质快速轨道交通网，铁路部门加快沪通铁路一期、商合杭铁路等在建项目建设，推动北沿江高铁、沿江高铁武合宁通道、沪通铁路二期、沪苏湖、通苏嘉甬、杭临绩、沪乍杭、合新、镇宣、宁宣黄、宁扬宁马等规划项目开工建设；推进沿淮、黄山至金华、温武吉铁路、安康（襄阳）至合肥、沪甬、甬台温福、宁杭二通道的规划对接和前期工作，积极审慎开展沪杭等磁悬浮项目规划研究；以都市圈同城化通勤为目标，加快推进城际铁路网建设，推动市域铁路向周边中小城市延伸，率先在都市圈实现公交化客运服务；支持高铁快递、电商快递班列发展①。

城市轨道交通也是“十三五”期间的投资重点。截至“十二五”末期，全国有25个城市开通了城市轨道交通线路，城市轨道交通运营线路总长度超过3,200公里，较2010年增长超过一倍。“十三五”期间，加快300万以上人口城市轨道交通成网，新增城市轨道交通运营里程约3,000公里。截至2018年底，全国铁路营业里程达到13.9万公里以上，其中高铁3.5万公里（图3－6：城市轨道交通营运里程）。

2018年3月28日，发改委、交通运输部联合印发《交通基础设施重大工程建设三年行动计划》，涵盖铁路、公路、机场、轨道交通共303个项目，其中，城市轨道交通是最大亮点。行动计划将申报发展城市轨道交通的城市人口要求，从城区人口达300万人以上下调至150万人以上。到2020年，中国轨道交通全国总里程要达到6,000公里，全国将有50个城市投入轨道交通建设规划中，总投资将达1.65万亿元。未来3年城市轨道交通新开工项目数分别为51、33、19个，

① 资料来源：中国国家铁路集团有限公司官网。

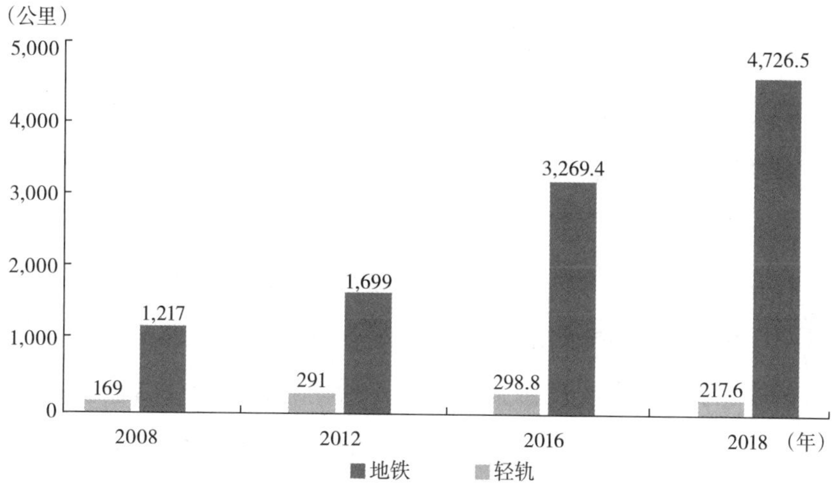

图3-6 城市轨道交通营运里程

数据来源：Wind、国家统计局、交通部、中国国家铁路集团有限公司

新开工里程分别为1,274、695、416公里，总投资合计16,478亿元。

基建补短板政策有望持续拉升轨道交通投资。2018年7月发布《国务院办公厅关于进一步加强城市轨道交通规划建设管理的意见》，新增地方政府债务、城市轨道交通企业负债率、责任主体等要求，提高人口、地区生产总值、一般公共财政预算收入等要求。2018年10月国务院发文《关于保持基础设施领域补短板力度的指导意见》，轨道交通作为较有效的逆周期调节手段，被列入补短板首位。

2020年新冠肺炎疫情期间，政治局会议提出，要加大公共卫生服务、应急物资保障领域投入，加快5G网络、数据中心等新型基础设施建设进度。"新基建"主要包括5G基建、工业互联网、特高压、城际高速铁路和城际轨道交通、新能源汽车及充电桩、大数据中心、人工智能七大领域，其中，城际高速铁路和城际轨道交通也属于新型基础设施建设的范畴。

3.2.3 公路：基建投资占比12%

“十三五”期间公路投资8万亿元，其中高速公路投资4万亿元，省道2.4万亿元，农村道路1.6万亿元。“十二五”期间，全国公路通车总里程达457.73万公里，高速公路通车里程达12.35万公里，位居世界第一。国省干线公路网络不断完善，连接了全国县级及以上行政区，农村公路里程达到398.06万公里，通达99.9%的乡镇和99.8%的建制村。路网技术结构不断优化，等级公路里程占公路总里程的88.4%。“十三五”预计公路里程数新增42万公里，其中高速公路新增7万公里，高速公路基本覆盖20万以上人口城市。

根据交通运输部数据，截至2019年11月，全国公路固定资产投资20.2万亿元，同比增速1.9%。

2016年公路固定资产投资1.78万亿元，同比增速7.7%。2017年，交通运输部计划公路系统固定资产投资达1.65万亿元，实际公路固定资产投资2.1万亿元，同比增速7.7%。截至2017年，全国公路通车总里程达477.35万公里，高速公路里程13.6万公里，覆盖97%的20万以上人口城市及地级行政中心，远高于1988年的147公里，年均增速26.6%，总里程居世界第一。2018年初政府工作报告提出当年公路水运投资1.8万亿元，2018年实际完成2.3万亿元，高速公路里程突破14万公里。2018年，我国新增公路通车里程8.6万公里，其中高速公路6,000公里，新建改建国省干线公路2万公里。

2020年全国交通运输工作会议预计，全年公路水运投资1.8万亿元，规划投资规模持平于上年。

3.2.4 水运：结构优化

“十三五”期间内河航运基建进入攻坚期。2016年交通运输部

《水运“十三五”发展规划》指出，“十二五”期间沿海港口基建投资4,870亿，内河水运投资2,470亿。“十三五”期间，水运发展将呈现增速放缓、结构优化、动力转换、品质提升的特点，内河建设进入攻坚期，加快推进以长江干线为核心的高等级航道重点工程，预计新增4,500公里高级航道，比2015年底（1.36万公里）增30%以上。“十三五”预计水运投资完成0.8万亿~1万亿元。

“十三五”沿海港口基础设施建设强度继续趋于下降。沿海港口进入加快推进功能拓展、实现提质增效的新阶段。“十三五”规划指出，沿海港口和主要货类专业化码头布局更加完善，煤炭、铁矿石、原油、集装箱等专业化码头通过能力适应度大于1，重点港区进港航道适应船舶大型化发展，码头设施现代化水平进一步提高。根据中国科学院预测科学研究中心和世界港口预测研究小组共同发布的《2019年全球Top20集装箱港口预测报告》，2019年全球前20大集装箱港口中国仍占半数，前十大集装箱港口有7个来自中国。排在前20的10个中国港口分别为：上海港（1）、宁波舟山港（3）、深圳港（4）、广州港（5）、青岛港（7）、香港港（8）、天津港（9）、厦门港（14）、高雄港（15）、大连港（16）①。

3.2.5 民航：“十三五”总投资1万亿元

2016年12月《中国民用航空发展第十三个五年规划》指出，“十三五”期间航空运输业总投资将在1万亿元左右，相比于“十二五”的6,400亿增长56%，年均增长600亿~700亿元。“十三五”期间，民用运输机场新增50个以上，通用机场新增200个以上，通航飞机将达到5,000架以上，年飞行量200万小时。

---

① 括号内数字表示排名位次。

根据2020年全国交通运输工作会议，预计民航投资900亿元。根据《2017年民航行业发展统计公报》，截至2017年底，我国共有定期航班航线4,418条，按重复距离计算的航线里程1,082.9万公里，按不重复距离计算的航线里程为748.3万公里。定期航班国内通航城市224个（不含香港、澳门、台湾），航空公司国际定期航班通航60个国家的158个城市，国内航空公司定期航班从30个内地城市通航香港，从12个内地城市通航澳门，大陆航空公司从46个大陆城市通航台湾地区。共有运输航空公司58家，比上年底净减1家，按不同所有制类别划分：国有控股公司43家，民营和民营控股公司15家；全部运输航空公司中：全货运航空公司8家，中外合资航空公司10家，上市公司7家。2017年民航固定资产投资总额1,806.9亿元，其中，民航基本建设和技术改造投资869.4亿元，同比增长11.1%。2018年民航固定资产投资完成额中基本建设和技术改造投资810亿元，较上年略降。

低成本航空投资增长潜力仍然巨大。低成本航空，可以解决中西部地区快速出行需求。根据国际民航组织（ICAO）数据显示，2018年，低成本航空客运量达13亿人次，约占全球定期乘客总数的31%，其中，欧洲市场份额最高，占该地区乘客总数的36%，其次是拉丁美洲和加勒比地区、北美洲和亚太地区，分别占35%、30%和29%。目前中国低成本航空的市场份额只有6.4%，远低于全球均值，有巨大的发展空间。但由于体制上的原因，低成本航空发展缓慢。首先，地方政府对建设高铁比低成本航空有更大的积极性，低成本航空的投资规模小，带来的GDP增长远小于高铁。其次，民营资本进入低成本航空存在多方面障碍。

通用航空产业也将成为未来航空产业的一个增长点。2016年

《国务院办公厅关于促进通用航空业发展的指导意见》提出，到2020年，我国将建成500个以上通航机场，通用航空器达到5,000架以上，年飞行量200万小时以上，通用航空业经济规模超过1万亿元。2017年国家发改委《关于建设通用航空产业综合示范区的实施意见》指出，建设50个通用航空产业综合示范区，自主研制的通用航空器对新增市场的贡献率达到50%，带动建成50个以上通用机场，力争实现通用航空产业经济规模5,000亿元，将通航产业建设成为区域经济发展的新增长极和产业转型升级的新引擎。

3.3 水利、环境和公共设施管理业

3.3.1 公共设施管理

公共设施管理业包括市政设施管理、环境卫生管理、城乡市容管理、绿化管理、公园和游览景区管理，这里主要分析其中的重点领域——地下管廊、海绵城市和智慧城市。

城市市政基础设施“十三五”规划。2017年5月26日住房和城乡建设部网站发布《全国城市市政基础设施规划建设“十三五”规划》，明确“十三五”时期12项任务，分别为：推进城市轨道交通建设、有序开展综合管廊建设、构建供水安全多级屏障、建立排水防涝工程体系、加快推进海绵城市建设、优化供气供热系统建设，等等。

近年来，政府工作报告中对公共设施管理业的关注不断提升，地下管廊、海绵城市是市政基础设施的主要投资方向。2016年政府工作报告提出，加强城市规划建设管理，开工建设城市地下综合管廊2,000公里以上，打造智慧城市，完善公共交通网络，治理交通拥堵等突出问题，改善人居环境，使人民群众生活得更安心、更省

心、更舒心。2017 年政府工作报告提出，扎实推进新型城镇化，统筹城市地上地下建设，再开工建设城市地下综合管廊 2,000 公里以上，启动消除城区重点易涝区段三年行动，推进海绵城市建设，使城市既有“面子”，更有“里子”。2018 年政府工作报告提出，提高新型城镇化质量，完善城镇规划，加强排涝管网、地下综合管廊、海绵城市等建设。2019 中央经济工作会议精神，我国将加大城际交通、物流、市政基础设施等投资力度，补齐农村基础设施和公共服务设施建设短板，加强自然灾害防治能力建设。包括地下管廊和海绵城市在内的市政基础设施建设将成为 2019 年基建投资重点领域。

2019 年水利和公共设施管理业投资陷入低谷，生态保护和环境治理业投资连续六年保持高速增长。根据 Wind 数据（图 3－7：水利环境公共设施管理业固定资产投资），2019 年水利、环境和公共设施管理业投资总额约 8.7 万亿元，较上年增长 2.9%，为历史最低增速。其中，公共设施管理业投资总额近 7 万亿元，占比 80% 左右，较上年零增长；水利工程投资总额 9,663 亿，较上年增长 1.4%；生

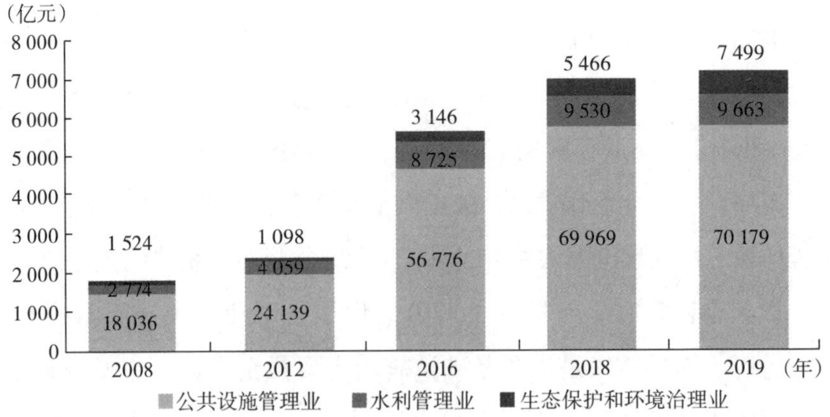

图 3－7　水利环境公共设施管理业固定资产投资

数据来源：Wind、国家统计局

态保护和环境治理业投资总额7,499亿元，较上年增长37.2%，连续六年保持30%~40%的增速。

3.3.2 地下管廊

未来每年地下管廊在建项目约8,000公里，投资额约1万亿元，至少持续至2020年。2015年全国69个城市在建地下管廊约1,000公里，总投资约880亿元。**2016年、2017年政府工作报告分别提出建设地下管廊2,000公里的目标**。

地下管廊建设的财政支持，试点城市可获9亿~16.5亿元的中央财政补助。据财政部2014年发布的《关于开展中央财政支持地下综合管廊试点工作的通知》规定，中央财政对地下综合管廊试点城市给予专项资金补助，一定三年，具体补助数额按城市规模分档确定，直辖市每年5亿元，省会城市每年4亿元，其他城市每年3亿元。地下管廊试点城市由财政部和住建部共同评选，2015年第一批10个，2016年第二批15个，合计25个。对采用PPP模式达到一定比例的，将按上述补助基数奖励10%。

PPP项目中，市政工程类项目投资总额占比约30%，其中，地下管廊投资额占比第三。根据全国PPP综合信息平台项目库数据显示，2016年财政部第三批PPP示范项目中地下管廊建设项目31项，总投资金额838.6亿元，占比7.1%；第四批PPP示范项目中海绵城市共21项，总投资金额462.6亿元，占比6.1%。

3.3.3 海绵城市

政策支持。“海绵城市”概念在2012年4月的《2012低碳城市与区域发展科技论坛》中首次提出。2014年12月31日，根据习近平总书记关于“加强海绵城市建设”的讲话精神，财政部、住房城乡建设部、水利部决定开展中央财政支持海绵城市建设试点工作。中央财政对海绵城市建设试点给予专项资金补助，一定三年，具体补助数额按城市规模分档确定，直辖市每年6亿元，省会城市每年5亿元，其他城市每年4亿元。国务院办公厅2015年10月印发《关于推进海绵城市建设的指导意见》，部署推进海绵城市建设工作，提出通过海绵城市建设，最大限度地减少城市开发建设对生态环境的影响，将70%的降雨就地消纳和利用。到2020年，城市建成区20%以上的面积达到目标要求，到2030年，城市建成区80%以上的面积达到目标要求。

2015年4月，首批16个海绵城市建设试点城市公布，计划3年内投资865亿元，建设面积450多平方公里，中央财政补贴资金估计累计超300亿元。2016年4月，第二批14个海绵城市建设试点城市公布，每个海绵城市建设试点城市可获12亿~20亿元的中央财政补助。

海绵城市PPP项目。财政对采用PPP模式达到一定比例的，将按上述补助基数奖励10%。2016年财政部第三批PPP示范项目中海绵城市5项，投资金额208亿元；第四批PPP示范项目中海绵城市共14项，投资金额222亿元。预计“十三五”期间海绵城市投资额将超2万亿元。至2020年，要使全国城市建成区的20%以上面积达到设计标准，全国每年投资总额预计将超过4,000亿元。

3.3.4 环境保护

2016年9月国家发改委、环境保护部发布《关于培育环境治理和生态保护市场主体的意见》，提出三大目标：一是市场供给能力增强，“绿色环保产业不断增长，产值年均增长15%以上。到2020年，环保产业产值超过2.8 万亿元。”二是市场主体逐步壮大，培育50

家以上产值过百亿的环保企业。三是市场更加开放。

2016 年 12 月 5 日国务院印发《“十三五”生态环境保护规划》提出，到 2020 年，先进环保产业产值规模要力争达到 2 万亿元，相应的全社会环保投入占 GDP 的比重大约要达 3.5% 和 4.5%。绿色低碳环保的政策趋动，资源市场配置的优化、一带一路的推进等利好因素，还将有利于环保产业市场继续放大，市场环境得到进一步的改善。从总体上看，我国环保产业将进入产业发展成熟阶段初期与产业结构调整升级加快时期。据环保部规划院测算，预计“十三五”期间环保投入将增加到每年 2 万亿元左右，社会环保总投资有望超过 17 万亿元。

3.4 电力、热力、燃气及水的生产和供应业

电力、热力、燃气及水的生产和供应业固定资产投资在基建投资中占比逐年下降。2005—2006 年，电力、热力、燃气及水的生产和供应业固定资产投资在基建投资中占比 30% 以上，之后逐年下降。2019 年，电力、热力、燃气及水的生产和供应业固定资产投资总额 2.9 万亿元，在基建投资中占比 16%，持平于上年，为历史最低水平。

经历 2018 年负增长之后，2019 年电力、热力、燃气及水的生产和供应业固定资产投资同比增速 4.5%，而在 2004—2005 年的高速增长时期，同比增速一度达 43.5%，是 2019 年当年增速的近十倍（图 3－8：电力、热力、燃气及水的生产和供应业固定资产投资增速）。

电力投资自 2017 年以来连续三年负增长。2016 年之后电网基本

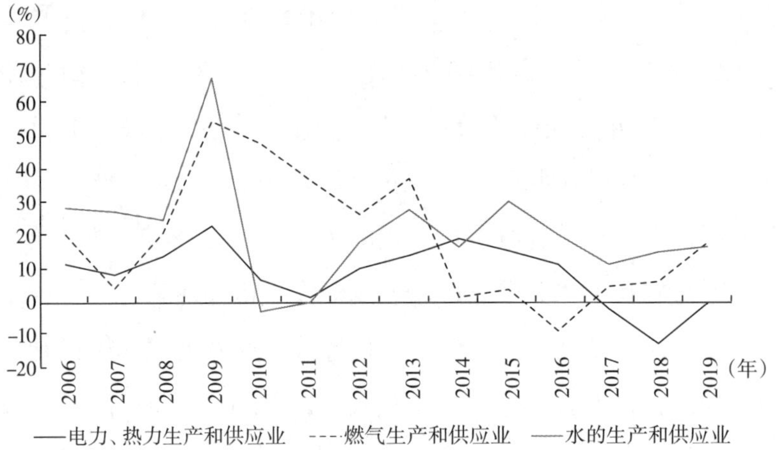

图 3-8 电力、热力、燃气及水的生产和供应业固定资产投资增速

数据来源：Wind、国家统计局

建设投资增速总体处于较低水平，2019 年全国电网基本建设完成投资 4,856 亿元，同比下滑 9.6%。

特高压建设有望提振电网投资。根据《国家电网有限公司 2020 年重点工作任务》，提出重点解决特高压交直流电网逐步形成、系统容量持续扩大、新能源大规模并网、电网格局与电源结构发生重大改变、电网特性发生深刻变化给电力系统安全稳定运行带来的全新挑战等问题，并进一步对年内的特高压建设项目给出了详细的规划。提出开工建设雄安 500 千伏雄东变及 220 千伏送出工程，完成冬奥配套电网工程建设，力争年底前建成阿里联网工程。年内开工建设白鹤滩—江苏特高压直流、华中特高压交流环网等工程。优质高效建成青海—河南特高压直流工程，张北柔性直流电网工程，蒙百—晋中、驻马店—南阳、张北—雄安、长治站配套电厂送出等特高压交流工程。年内完成建设雅中—江西、陕北—武汉特高压直流。年内核准南阳—荆门—长沙、南昌—长沙、荆门—武汉、驻马店—武汉、武汉—南昌特高压交流，白鹤滩—江苏、白鹤滩—浙江特高压直流等。并加快推动闽粤联网、北京东、晋北、晋中、芜湖特高压变电站扩建、川藏铁路配套等电网工程前期工作。

3.5 第三轮基础设施建设投资周期

第三轮基建投资周期始于 2018 年末、2019 年初（图 3－9：第三轮基建大周期）。2018 年随着国内经济增长压力增加，中美贸易摩擦升级引致外部风险加剧，适逢 2012 年以来的第二轮基建投资周期正处于下行阶段，7 月份国内经济政策逐步转向。7 月 23 日国务院常务会议提出，根据形势变化相机预调微调、定向调控，应对好外部环境不确定性，保持经济运行在合理区间，积极财政政策要更加积极，督促地方盘活财政存量资金，引导金融机构按照市场化原则保障融资平台公司合理融资需求。7 月 31 日中央政治局会议提出加大基础设施领域补短板的力度。9 月 18 日国务院常务会议要求部署加大关键领域和薄弱环节有效投资。10 月 31 日，国务院办公厅正式印发《关于保持基础设施领域补短板力度的指导意见》（以下简称《指导意见》），《指导意见》表示，将坚持既不过度依赖投资也不能不要投资、防止大起大落的原则，聚焦关键领域和薄弱环节，保持基础设施领域补短板力度，进一步完善基础设施和公共服务，提升基础设施供给质量，更好发挥有效投资对优化供给结构的关键性作用，保持经济平稳健康发展。在配套政策措施方面，《指导意见》特别指出，将加大对在建项目和补短板重大项目的金融支持力度、合理保障融资平台公司正常融资需求、充分调动民间投资积极性、规范有序推进 PPP 项目等。继而 2019 中央经济工作会议明确，我国现阶段投资需求潜力仍然巨大，要发挥投资关键作用，加大制造业技术改造和设备更新，加大城际交通、物流、市政基础设施等投资力度，补齐农村基础设施和公共服务设施建设短板。

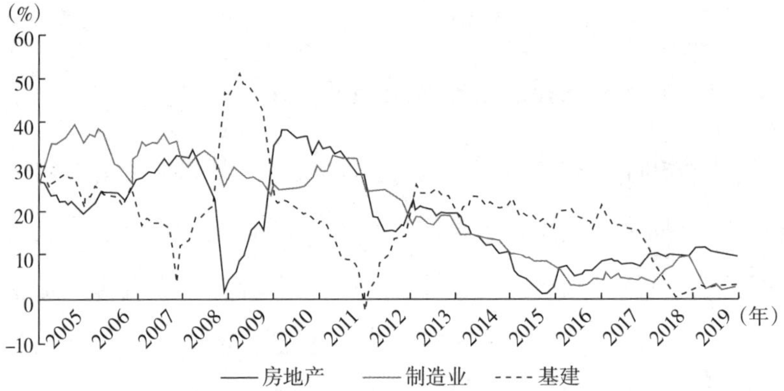

图 3－9　第三轮基建大周期

数据来源：Wind、国家统计局

新型基础设施建设是此轮基建周期的重点。新型基础设施建设由 2019 年中央经济工作首次提出，会议特别明确加快 5G 商用步伐，加强人工智能、工业互联网、物联网等“新型基础设施建设”。5G、人工智能、工业互联网、物联网为代表的新基建，5G 是技术基础，人工智能、物联网及工业互联网属于 5G 的应用领域。2019 年 1 月 14 日，李克强总理主持国务院会议指出，鉴于经济增长压力增加，或将更积极推出稳定经济的政策。次日发改委、财政部和人民银行联合举办新闻发布会，解释政府有关稳定经济增长的政策，提到的主要投资领域包括“新型基础设施建设”。2019 年政府工作报告中关于新一代信息基础设施和重大科技基础设施都属于新型基础设施的范畴。2019 年 3 月 5 日政府工作报告提出的合理扩大有效投资内容中包括，加强新一代信息基础设施建设，实施创新驱动发展战略，推进关键核心技术攻关，加强重大科技基础设施、科技创新中心等建设。报告中提到的新一代信息基础设施建设和重大科技基础设施，都属于新型基础设施建设，即“新基建”的范畴。

2020 年基建投资增速预期将继续回升，形成以 5G 为核心的七大新基建领域，新冠肺炎疫情则推动医疗卫生领域基础设施建设投资。2020 年初，受新型冠状肺炎疫情影响，国内面临经济增速加速下行的压力，政治局会议要求部署统筹做好疫情防控和经济社会发展工作，并两度重提基建，尤其是新型基础设施建设。2 月 21 日政治局会议提出积极扩大有效需求，发挥好有效投资的关键作用，加大新投资项目开工力度，加快在建项目建设进度，推动生物医药、医疗设备、5G 网络、工业互联网等加快发展。3 月 4 日政治局会议进一步提出，要加大公共卫生服务、应急物资保障领域投入，加快 5G 网络、数据中心等新型基础设施建设进度。“新基建”主要包括 5G 基建、工业互联网、特高压、城际高速铁路和城际轨道交通、新能源汽车及充电桩、大数据中心、人工智能七大领域。关于新基建，这是疫情防控系列会议第二次提到 5G 网络建设（2 月 21 日的政治局会议首次提出），数据中心建设在本次会议首次提到，同时公共卫生服务领域的基础设施建设也属于新基建的范畴。

3.6 新型基础设施建设

新型基础设施建设由 2019 中央经济工作会议首次提出。2018 年 12 月中央经济工作会议特别明确加快 5G 商用步伐，加强人工智能、工业互联网、物联网等“新型基础设施建设”。5G、人工智能、工业互联网、物联网为代表的新基建，5G 是技术基础，人工智能、物联网及工业互联网属于5G的应用领域。2019年1月14日，李克强总理主持国务院会议，鉴于经济增长压力增加，或将更积极推出稳定经济的政策。次日发改委、财政部和人民银行联合举办新闻发布会，解释政府有关稳定经济增长的政策，提到的主要投资领域包括“新型基础设施建设”。

2019年政府工作报告中关于新一代信息基础设施和重大科技基础设施都属于新型基础设施的范畴。2019年3月5日政府工作报告提出的合理扩大有效投资内容中包括，加强新一代信息基础设施建设，实施创新驱动发展战略，推进关键核心技术攻关，加强重大科技基础设施、科技创新中心等建设。报告中提到的新一代信息基础设施建设和重大科技基础设施，都属于新型基础设施建设，即“新基建”的范畴。

3月4日政治局会议进一步提出，要加大公共卫生服务、应急物资保障领域投入，加快5G网络、数据中心等新型基础设施建设进度。“新基建”主要包括5G基建、工业互联网、特高压、城际高速铁路和城际轨道交通、新能源汽车及充电桩、大数据中心、人工智能七大领域。其中，特高压、城际高速铁路和城际轨道交通是传统基建中的新基建。另外，公共卫生服务领域的基础设施建设也属于新基建的范畴。

3.6.1 5G

2020年3月13日国家发展改革委办公厅工业和信息化部办公厅发布的《关于组织实施2020年新型基础设施建设工程（宽带网络和5G领域）的通知》要求，加快实施“宽带中国”战略，着力推进新型基础设施建设，突出重点，聚焦信息网络等新型基础设施全局性、基础性、战略性的重大项目。

5G 基础网络工程建设包括，面向中西部和东北地区，组织实施基础网络完善工程，以省为单位开展相关区域内县城和乡镇驻地城域传输网、IP 城域网节点设备新建和扩容，开展县城至乡镇、地市至县城之间光缆、通信杆路/管道、光传输设备建设和扩容，提升农村地区宽带用户接入速率和普及水平，支撑乡村公共卫生体系完善和教育信息化转型升级，为加快数字乡村建设、打赢脱贫攻坚战提供重要保障。

5G 创新应用提升工程包括以下六个方面：

面向重大公共卫生突发事件的 5G 智慧医疗系统建设，开展基于 5G 新型网络架构的智慧医疗技术研发，建设 5G 智慧医疗示范网，构建评测验证环境，推动满足智慧医疗协同需求的网络关键设备和原型系统的产业化，加快 5G 在疫情预警、院前急救、远程实时会诊、远程手术、无线监护、移动查房等环节的应用推广，有效保障医护人员健康，为应对重大公共卫生突发事件等提供重要支撑。

面向“互联网＋”协同制造的 5G 虚拟企业专网建设。建设服务企业或园区的 5G 网络，搭建基于 5G 网络的工业协同制造平台，推动 5G 技术与工业网络、工业软件、控制系统融合，加快工业协同制造平台及解决方案的推广及应用，促进制造业数字化、网络化、智能化转型升级。

面向智能电网的 5G 新技术规模化应用。基于 5G 新型网络架构及智能电网场景，开展 5G 端到端网络切片及资源调度系统研发，满足智能电网业务管理区隔离、业务隔离等网络需求。研发网络关键设备和原型系统，提供融合 5G 技术的智能电网整体解决方案。

基于 5G 的车路协同车联网大规模验证与应用。建设 C－V2X 规模示范网络，验证典型应用场景下的 C－V2X 车路协同平台功能和交互能力，以及相关 C－V2X/5G 模组、设备的功能及性能，并对大规模测试数据进行规范和分析。开展满足 C－V2X 大规模测试结果要求的相关模组、终端产品及平台的产业化研发。

5G＋智慧教育应用示范。基于 5G、VR/AR、4K/8K 超高清视频等技术，打造百校千课万人优秀案例，探索 5G 在远程教育、智慧课堂/教室、校园安全等场景下应用，重点开展 5G＋高清远程互动教学、AR/VR 沉浸式教学、全息课堂、远程督导、高清视频安防监控等业务。

5G 智慧港口应用系统建设。利用 5G 技术对港口信息化系统进行改造，实现对港口的水平运输、垂直运输以及船舶进出港等系统的智慧化转型升级。重点开展现场多路视频的回传及垂直运输港机的远程控制，完成港口自动理货、港口封闭区域内集卡自动驾驶等，提升港口理货的准确率及效率，实现降本增效。

3.6.2 工业互联网

“工业互联网”在 2012 年最早由通用电气提出，是大数据分析和物联网相结合的一种创新型生产模式，是一个智能机器、智能系统和智能决策的综合体系。GE 认为，我们正经历第三次工业革命的浪潮。第一次工业革命是机器、工厂和能源经济带来的规模生产，第二次工业革命则是计算机技术和信息网络通讯革命，而以工业互联网为主要特征的第三次工业革命，则是将物理学为基础的分析、预测控制数学计算、自动化以及行业专门知识相结合的生产组织体系革命。

工业互联网的组成包括三大要素：智能机器、高端智能分析和人。智能机器是可以实现全球生产设施机器设备连接的机器。智能机器通过先进传感器和控制设备组成一个全球生产网络体系，通过工业软件实现网络体系内信息的传输。高端智能分析，则将物理学为基础的分析、预测控制数学计算、自动化以及行业专门知识相结合。工业互联网中的工作人员，则为智能设计、智能运营以及系统维护提供高附加值的工作。

工业互联网将为所有行业领域的所有企业提供巨大的商业机会。工业互联网，或者是物联网，相较于传统认识上的社交网络而言，是一个信息更为丰富、蕴涵更多商业价值的网络体系。它的运用首先是在实现全球生产经营的产业领域，包括制造业、自然资源开采利用、建筑以及公用事业，特别是航空、采矿业、油气资源开发、运输、电力生产和传输、制造业、医疗健康等行业。根据这些分类，可以采用工业互联网的行业涵盖了 30% 的全球 GDP。据 GE 预测，到 2020 年，全球工业互联网的使用将创造大约 5000 亿美元的价值，到 2030 年工业互联网将产生 5 万亿元美元的全球 GDP。

2019 年 1 月 18 日，工信部印发《工业互联网网络建设及推广指南》，明确提出将以加快企业外网络和企业内网络建设与改造为主线，以构筑支撑工业全要素、全产业链、全价值链互联互通的网络基础设施为目标，到 2020 年，形成相对完善的工业互联网网络顶层设计，初步建成工业互联网基础设施和技术产业体系。2019 年“工业互联网”被写入《2019 年国务院政府工作报告》，报告提出，围绕推动制造业高质量发展，强化工业基础和技术创新能力，促进先进制造业和现代服务业融合发展，加快建设制造强国，打造工业互联网平台。

2020 年 3 月 20 日工信部正式发布《关于推动工业互联网加快发展的通知》，提出加快新型基础设施建设，改造升级工业互联网内外网络，增强完善工业互联网标识体系，提升工业互联网平台核心能力。引导平台增强5G、人工智能、区块链、现实/虚拟现实等新技术支撑能力，强化设计、生产、运维、管理等全流程数字化功能集成，建设工业互联网大数据中心。

3.6.3 大数据中心

2016年10月9日下午，中央政治局集体学习，关注“实施网络强国战略”话题，习近平主持学习，并作重要讲话，讲话指出，以数据集中和共享为途径，建设全国一体化的国家大数据中心，推进技术融合、业务融合、数据融合，实现跨层级、跨地域、跨系统、跨部门、跨业务的协同管理和服务。

2020年3月20日工信部正式发布的《关于推动工业互联网加快发展的通知》中，也重点提到了建设工业互联网大数据中心，加快国家工业互联网大数据中心建设，鼓励各地建设工业互联网大数据分中心，建立工业互联网数据资源合作共享机制，初步实现对重点区域、重点行业的数据采集、汇聚和应用，提升工业互联网基础设施和数据资源管理能力。

3.6.4 人工智能

工业和信息化部2017年12月14日发布《促进新一代人工智能产业发展三年行动计划（2018—2020）》（以下简称《行动计划》），以信息技术与制造技术深度融合为主线，以新一代人工智能技术的产业化和集成应用为重点，推动人工智能和实体经济深度融合，加快制造强国和网络强国建设，要求力争到2020年，一系列人工智能标志性产品取得重要突破，在若干重点领域形成国际竞争优势。《行动计划》研究提出四方面重点任务，共17个产品或领域：一是重点培育和发展智能网联汽车、智能服务机器人、智能无人机、医疗影像辅助诊断系统、视频图像身份识别系统、智能语音交互系统、智能翻译系统、智能家居产品等智能化产品，推动智能产品在经济社会的集成应用。二是重点发展智能传感器、神经网络芯片、开源开放平台等关键环节，夯实人工智能产业发展的软硬件基础。三是深化发展智能制造。制造业是人工智能最先落地的行业之一，“中国制造2025”提出“以推进智能制造为主攻方向”的明确要求。四是构建行业训练资源库、标准测试及知识产权服务平台、智能化网络基础设施、网络安全保障等产业公共支撑体系，完善人工智能发展环境。

人工智能产业分为三个层面：基础技术层、应用技术层和产品服务层。基础层是人工智能的基础设施，为计算机视觉、语音识别等人工智能基础技术提供计算能力支持，包括AI芯片、AI平台以及AI计算框架等。通用层是基于基础设施开发出的通用性人工智能技术和产品，通用层的技术和产品主要是模拟人的各项能力，主要分为两大部分：以感知计算和认知计算技术为代表的软件通用技术；无人机、机器人等软硬一体化通用产品。应用层是人工智能通用技术与各行业应用深度融合的领域，以垂直行业的人工智能应用公司为主。应用层人工智能企业将通用技术封装成能够落地的产品，包括软硬件一体化产品以及针对具体应用场景的端到端解决方案。随着通用技术走向成熟，行业应用价值凸显，大量通用层的公司也在基于基础技术能力向各行业应用层延伸。

3.6.5 新能源汽车及充电桩

充电桩是新能源汽车的伴生产业，从产业链的角度看包括运营商和充电模组与充电桩制造商。充电桩设备市场包括充电桩和模组，是为新能源电动汽车充电的专用电力设备，由桩体、电气模块、计量模块等部分组成。按照充电方式，可分为交流充电桩（慢充桩）和直流充电桩（快充桩）。按照安装地点，可分为公共桩、私人桩和专用桩（单位、企业自有停车场），其中私人桩以交流桩为主。新基建中的新能源汽车充电桩不仅仅是传统的充电桩，所谓的新基建，代表新的数字化技术，是指充电桩与通信、云计算、智能电网、车联网等技术有机融合。

工信部2015年发布《电动汽车充电基础设施发展指南（2015—2020年）》指出，到2020年我国将新增集中式充换电站超过1.2万座，分散式充电桩超过480万台，其中公共充电桩50万台，私人充电桩430万台，以满足全国500万辆电动汽车充电需求。根据中国充电联盟数据，截至2019年12月，我国公共充电基础设施保有量已达到51.6万台，其中交流充电桩30.1万台，直流充电桩21.5万台，交直流一体充电桩488台。对于2020年的充电基础设施预测，中国充电联盟预计，2020年将新增37.3万台私人交流充电桩，新增公共充电桩为15.6万台，新增公共充电站1.2万座。目前，公共充电桩已经提前达成规划要求，但私人充电桩数量仍远远不足。依照规划，车桩比约为1∶1，但目前车桩比为8.3∶1，加上私人充电桩的车桩比为3.5∶1，2019年增量车桩比为3∶1，建设速度提升，但与规划目标仍有差距，难以满足消费者需求。

电动车销售增长，充电桩缺口将继续增大。根据中国电动车协会预测，到2030年中国电动车销售会突破1,500万辆，保有量突破8,000万辆，届时纯电动车辆或将达到6,480万辆。如果按照车桩比约为1∶1的匹配要求，至2030年我国将存在高达6,300万台的充电桩缺口。如果2019—2025年我国新能源汽车销量复合增速保持30%，2025年车桩比达1.5∶1，对应充电桩保有量达1,610.5万台，

2019—2025年充电桩数量年均复合增速将超过50%。

3.6.6 公共卫生服务

中国人均医疗卫生支出与发达国家的差距仍然很大。根据世界银行数据（图3-10：2016年主要国家人均医疗卫生支出），2016年中国人均医疗卫生支出398美元，低于南非、土耳其、俄罗斯等国，为美国的1/25。商业保险主导的医疗保障模式下的美国医疗卫生支出最高，2016年美国人均医疗卫生支出近1万美元，是位列第二名的澳大利亚的近一倍。主要国家人均医疗卫生支出位列第二梯队的包括：澳大利亚、德国、加拿大、法国、日本、英国等，其当年人均医疗卫生支出均在4,000~5,000美元。澳大利亚、加拿大和英国属于国家健康保险模式，而德国、法国和日本则同属社会健康保险模式。中国人均GDP是美国的1/6，但是人均医疗卫生支出却是美国的1/25，医疗卫生支出水平远远低于中国经济发展水平。

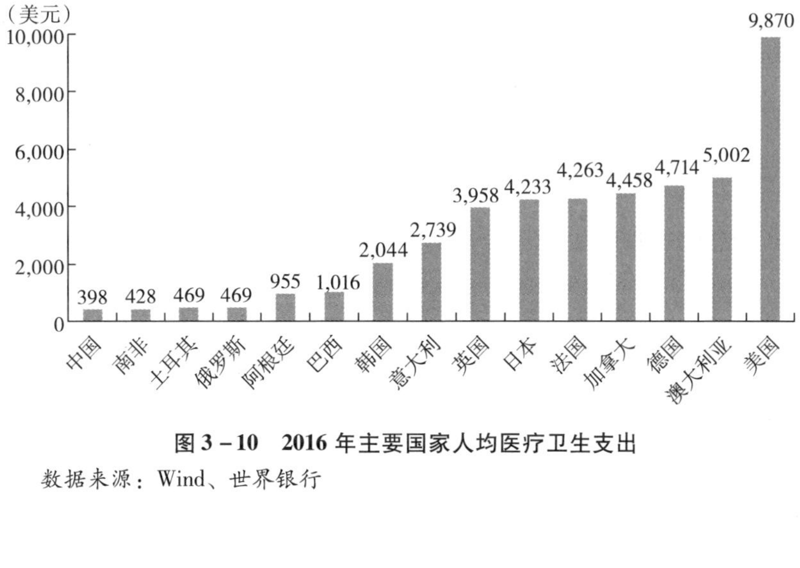

图3-10 2016年主要国家人均医疗卫生支出

数据来源：Wind、世界银行

根据国家卫计委统计（图 3－11：2018 年中国卫生费用支出结构），2018 年全国卫生费用支出总计 5.9 万亿元，卫生费用支出 GDP 占比 6% 左右。其中，政府财政预算卫生支出总计 1.64 万亿元，卫生支出在政府财政支出中占比 7.6%，社会卫生支出总计 2.58 万亿元，个人卫生支出总计 1.69 万亿元。卫生费用三大组成部分，即政府财政预算、社会支出和个人支出占比分别为 27.74%、43.7% 和 28.6%。相较于日本（图 3－12：2018 年日本国民医疗费用支出结构），中国个人卫生支出的占比略高，政府和保险公司等社会机构支出占比略低。

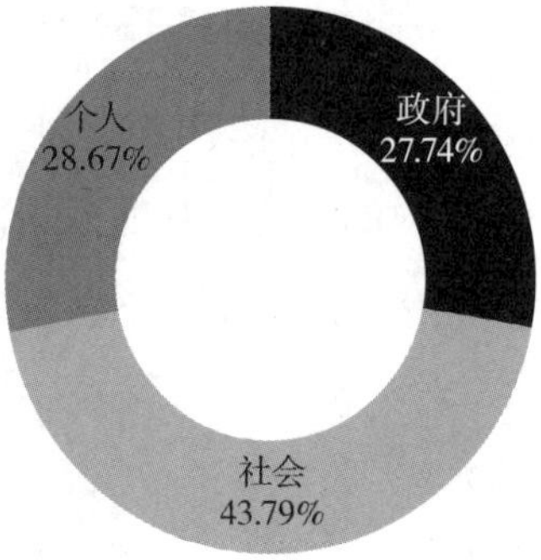

图 3－11　2018 年中国卫生费用支出结构

数据来源：Wind、国家卫计委

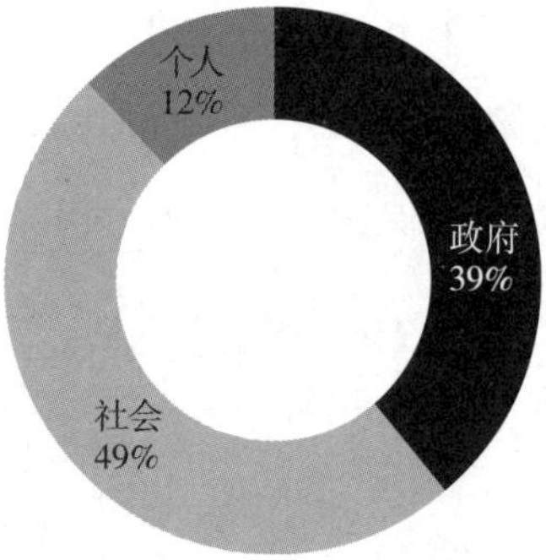

图 3－12　2018 年日本国民医疗费用支出结构

数据来源：日本厚生劳动省

2020 年春新型冠状肺炎疫情之后，急需政府在医疗卫生领域加大基础设施建设投入。这些医疗基础设施包括：第一，支持医学院和护士学院建设，培养高素质医护人员队伍。第二，支持高水平医院建设，以及应急公共卫生服务中心的建设。第三，政府投入资金完善各级医院的医疗设备配备，包括床位和防护服、救治设备等应急物资储备。第四，提升医疗服务供给质量，以市场定价方式，提高医护人员待遇。第五，财政预算向医疗倾斜，给医保基金更有利的支持，支持创新药物和医疗器械研发、支持医药企业发展。医疗卫生领域的新基建，还包括互联网医院，以互联网为载体和技术手段的互联网医疗服务，如医疗信息查询、电子健康档案、疾病风险评估、在线疾病咨询、电子处方、远程会诊、远程治疗和康复等多种形式的健康医疗服务。

3.7 基础设施建设资金来源

基建投资按资金来源可分为五大类：国家预算内资金、国内贷款、利用外资、自筹资金和其他资金，其中自筹资金、国家预算内资金、国内贷款是基建投资的主要来源。国家预算内资金主要包括政府公共财政预算以及政府性基金预算，随着地方政府新增债以及专项债额度的提高，国家预算内资金占比稳步提高。自筹资金具体形式主要有：以城投平台为主体发行的非标以及城投债；相关企事业单位运营收入及自有资金；相关建筑单位通过股权、债券融资等方式获得的资金。自2011年以来，基建投资资金来源中国内贷款占比明显下降，从35%左右降至17.6%。同期，自筹资金占比大幅上升，2016年一度高达60%左右。目前，基建投资资金来源的结构中，自筹资金占比最高，一半以上的基建投资资金来源于自筹资金，国家预算内资金和国内贷款占15%~17%，其他资金占比相对稳定约为10%。

3.7.1 公共财政

全国公共财政预算支出中的基建投资，主要包含电热力、燃气水、交通运输、仓储、邮政和水利环境公共设施三大类。对应到一般公共财政支出的分项中，主要集中在城乡社区事务、交通运输、农林水事务和粮油储备基建支出几个部分。基建投资的国家预算内资金部分在全国公共财政支出中占比约10%。2019年全国公共财政支出总计22万亿元，基建投资估计在2.2万亿~2.5万亿元。

3.7.2 政府性基金支出

中央本级政府性基金用于基建支出的资金，主要包括铁路建设基金、民航基础设施建设基金、港口建设费、水利建设基金、南水北调工程基金以及民航发展基金。该六项在中央本级政府性基金支出中占比约35%~40%。2019年中央本级政府性基金支出3,089亿元，因此，中央本级政府性基金支出中的基建投资总额约1,000亿元左右。

地方政府性基金中，与基建相关的主要采用国有土地使用权出让收入安排的支出。地方政府性基金收入主要由国有土地出让收入组成。支出结构中属于基建支出的分项为：土地开发、城市建设、农村基础设施建设和其他，这四项大概在国有土地使用权出让金收入安排的支出中占比为35%左右。2018年地方政府性基金中国有土地使用权出让金收入安排的支出总计69,941亿元，地方性政府性基金中用于基建投资的总额2万亿~2.3万亿元。

2019年政府性基金支出中基建投资总额，很大程度上将取决于当年国有土地使用权的出让金收入。从2018年下半年房地产企业土地成交的情况看，土地成交面积和均价都出现下行趋势。预计2019年国有土地使用权出让金收入继续保持之前两年30%左右增速的可能性不大，因此，政府性基金支出难以成为基建投资资金增量的主要来源。

3.7.3 商业银行信贷

1991年政府投融资体制改革，国内贷款成为基建资金来源的重要部分，1995 年《担保法》出台后，城投公司融资受到政策限制。1991 年国务院进行新一轮政府投融资体制改革，要求地方政府不再直接负责基础设施建设，而是将其公司化运行，承担相应的政府职能，主要由财政部门、建委共同组建成立城投公司，资本金和项目资本金由财政拨款，其余以财政担保向银行贷款。1995 年《担保法》出台后，财政不能提供担保。《担保法》第八条、第九条明确指出，国家机关不得为保证人，但经国务院批准为使用外国政府或者国际经济组织贷款进行转贷的除外；学校、幼儿园、医院等以公益为目的的事业单位、社会团体不得为保证人。鉴于城投公司自身并无资产，而债务逐渐上升，城投公司融资较为困难。

2011 年以后，随着非标、城投、地方债等表外融资渠道的兴起，银行信贷在资金来源中的占比由 35% 左右逐年递减至 18% 左右。

2015 年基建信贷政策调整。2015 年 8 月，经济下行压力逐步增大，银监会和发改委联合下发《关于银行业支持重点领域重大工程建设的指导意见》（以下简称《指导意见》），要求银行业做好重大工程项目建设金融服务。《指导意见》提出，对于重大工程项目建设提供差别化信贷支持，鼓励银行业金融机构实施银团贷款、联合授信等信贷创新。2016 年、2017 年基建投资资金来源中银行信贷绝对数额恢复增长，在基建投资中占比结束下行趋势。2017 年基建投资资金来源中，银行信贷资金 2.3 万亿 ~2.4 万亿元，在全部资金来源中占比约 18%，在当年新增非金融性公司中长期贷款中占比 1/3。2018 年全年基建投资基本零增长，如果银行信贷在资金来源中占比保持不变，则 2018 年基建投资银行信贷增量与上年持平于 2.3 万亿 ~2.4 万亿元。尤其是同年 7 月 23 日国务院常务会议提出，积极财政政策要更加积极，要保障城投平台合理融资需求，其后商业银行基建项目贷款发放提速。如果按照非金融性公司中长期贷款新增10.5万亿元测算，基建投资在商业银行中长期新增信贷中占比可能达到40%～45%。2019年银行中长期贷款新增11.3万亿元，基建投资资金来源估计在3.5万亿～4万亿元。

2020年金融支持基建项目政策再度放松，加杠杆、多渠道支持基建。2020年1月国常会提出降低基建项目最低资本金比例，这是继上年6月允许专项债作为基建项目资本金并鼓励金融机构配套资金支持后，政府推出的多渠道支持基建的政策。此次国常会两大举措包括：一是降低部分基础设施项目最低资本金比例，其中，港口、沿海及内河航运项目资本金最低比例由25%降至20%，公路、铁路、城建、物流、生态环保、社会民生等方面基础设施项目，可适当降低资本金最低比例不超过5%，即，部分项目资本金比例可低至15%；二是基础设施领域和其他国家鼓励发展的行业项目，可通过发行权益型、股权类金融工具筹措资本金，但不得超过项目资本金总额的50%。

基建的逆周期属性和资本金比例调整。历史上4次资本金比例的调整，调高为应对经济过热，调低为应对经济下行。1996年8月，资本金制度建立（交运、煤炭35%以上；钢铁、邮电等25%以上；电力、建材等20%以上）；2004年4月，调高最低资本金比例（钢铁由25%上调至40%、水泥由20%上调至35%等）；2009年5月，为应对国际金融危机调低了相关比例（钢铁、电解铝40%，水泥35%，煤炭、航运30%，道路交通25%，住房20%）；2015年9月，除产能严重过剩行业（钢铁、煤炭、水泥等）外，其他项目的最低资本金比例总体调低5%。

3.7.4 政策性银行贷款

1994年8月10日国开行颁布《国家开发银行软贷款暂行办法》；

1997 年 5 月 12 日颁布《国家开发银行软贷款办法》，该办法规定，软贷款是指开发银行以较低的利率和长期优惠的方式发放的用于国家政策性大中型基本建设项目的贷款，贷款对象为国有企业或者国有产权股份占主导地位的股份制企业。软贷款用途为国家批准建设的基础设施、基础产业和支柱产业的重点建设项目及其配套工程。软贷款的借款期限根据批准的建设项目可行性研究报告预测的经济效益、开发银行评审意见和借款人的综合还款能力确定，借款期限一般不超过 10 年，最长不超过 15 年。软贷款实行优惠贷款利率，利率按中国人民银行规定执行，在国家调整贷款利率时，开发银行作相应调整。软贷款具有三个显著特点：期限长、利率低、可以作为项目资本金。

2008 年政策性银行转型商业银行软贷款停止。2005 年在五大国有银行完成股权改革后，政策性银行改革也提上议事日程。其中，历时三年股改的国开行在 2008 年率先获批改革转型商业化，并获得中央汇金 200 亿美元的注资，财政部和中央汇金各持有国开行 50% 股权。2011 年 4 月，全国社会保障基金理事会出资 100 亿元战略入股国开行。商业化改革后的国开行，资金来源以发行金融债为主。

2014 年 4 月 PSL 推出，为基建和棚改提供长期资金来源。25 日为贯彻落实国务院第 43 次常务会议精神，央行创设抵押补充贷款（PSL）为开发性金融支持棚改提供长期稳定、成本适当的资金来源。抵押补充贷款的主要功能是支持国民经济重点领域、薄弱环节和社会事业发展而对金融机构提供的期限较长的大额融资。抵押补充贷款采取质押方式发放，合格抵押品包括高等级债券资产和优质信贷资产。虽然 PSL 资金无法充当资本金，但是其较低的资金成本和对基础设施民生领域明确的指向性仍然是基建资金的重要来源渠道。截至2018年末，PSL存量余额33,795亿元。

2015年政策性银行改革，国开行重回政策性银行定位。2013年上半年央行再次牵头成立改革研究小组，下设三个专题小组，专题研究国开行、进出口银行和农发行改革问题。十八届三中全会决定指出，要“推进政策性金融机构改革”。2015年中央政府工作报告中，依据整体改革的原则指出，要“发挥好开发性金融、政策性金融在增加公共产品供给中的作用”。2015年4月国务院正式批准国家开发银行、中国进出口银行、中国农业发展银行三大政策性银行改革方案。其中，曾于2008年启动商业化转型的国开行，国务院明确要求其坚持开发性金融机构定位。

央行注资国开行和进出口银行。2015年4月央行以外汇储备委托贷款债转股的方式，分别注资国开行320亿美元、进出口银行300亿美元，同时财政部增加农业发展银行资本金约1,500亿元。7月，央行通过国家外管局成立的专业投资平台梧桐树投资平台有限责任公司追加对国开行、进出口银行的注资480亿美元和450亿美元，央行共向政策性银行注资1,550亿美元，成为两家政策性银行的第一大股东。

发行专项金融债筹资用于补充重点项目资本金缺口。2015年9月，为保持经济增长有效拉动投资，经国务院批准，由国开行、农业发展银行在银行间市场发行债券筹资设立专项建设基金，旨在解决重大项目资本金不足的问题。国开行、农发行定向邮政储蓄银行发行专项金融债的利率约4%，中央财政贴息90%后3.6%，债券名义利率0.4%，加上税金手续费管理费约1.2%。专项建设基金可以通过项目资本金投入、股权投资方式，直接用于补充重点项目的资本金缺口。对以中央企业、国有资本控股的上市公司等为主实施、难以采用项目资本金投入和 股权投资方式的建设项目，在符合《预算法》和2014年国务院《关于加强地方政府性债务管理的意见》（国发〔2014〕43号，以下简称43号文）规定的前提下，可采取股东借款方式补充项目资本金。对地方投资公司负责的建设项目，必要时可采取参股方式将基金注入地方投资公司，由地方投资公司按照“专户管理、专款专用”的原则，将参股资金用作具体项目的资本金。以股权入资基建项目，一方面增强了基建项目加杠杆的能力；另一方面，项目公司可以通过政策性金融机构注入的资本金，继而撬动商业银行信贷和社融资本，进一步放大杠杆效应。

由于存在地方政府隐性债务风险，2017年专项建设基金明显缩水主要体现在三个方面。一是第七批专项建设基金投放时，中央财政给予的贴息政策出现变化，由全部贴息90%变为分四档贴息，分别为零贴息、贴息50%、贴息70%和贴息90%，34个专项贴息类别减少至8个；二是要求专项建设基金投放时，不得要求政府为项目提供担保；三是投资项目优先考虑收益适中、整装的大项目和PPP项目。专项建设基金先后投放七批，其中前六批共投放资金1.8万亿元，第七批于2017年投放，规模计2,000亿元。

3.7.5 地方债：专项债支持基建

2014年新预算法规范地方政府融资行为。2013年11月9日至12日十八届三中全会《中共中央关于全面深化改革若干重大问题的决定》，明确“建立透明规范的城市建设投融资机制，允许地方政府通过发债等多种方式拓宽城市建设融资渠道”。2014年8月31日《关于修改〈中华人民共和国预算法〉的决定》（主席令第12号），即所谓的新《预算法》，明确经国务院批准的省（自治区、直辖市）的预算中必需的建设投资的部分资金，可以在国务院确定的限额内，通过发行地方政府债券举借债务的方式筹措。同时，2015 年 1 月 1 日之后发行的城投债券均不会纳入政府债务。

43 号文形成地方债监管基本政策框架。2014 年 9 月 21 日国务院办公厅印发的 43 号文，规定地方政府举债采取政府债券方式；纳入预算管理的地方政府存量债务可以发行一定规模的地方政府债券置换；地方政府对其举借的债务负有偿还责任，中央政府实行不救助原则；对项目自身运营收入不足以还本付息的债务，可以通过依法注入优质资产；地方政府举借的债务，只能用于公益性资本支出和适度归还存量债务（此项条款被认为是首次明确地方债可以借新还旧），不得用于经常性支出。

43 号文对地方政府一般债和专项债加以区别。对涉及公益性项目的政府举债区分一般债和专项债："没有收益的公益性事业发展确需政府举借一般债务的，由地方政府发行一般债券融资，主要以一般公共预算收入偿还。有一定收益的公益性事业发展确需政府举借专项债务的，由地方政府通过发行专项债券融资，以对应的政府性基金或专项收入偿还。"根据发改委的相关规定，公益性项目是指为社会公共利益服务、不以营利为目的，且不能或不宜通过市场化方式运作的政府投资项目。公益性项目包含但不限于以下几类：城市开发、基础设施建设项目；土地开发项目，包括土地整理、土地储备管理等；公益性住房项目，包括棚户区改造、保障房、安居房、安置房、经济适用房、廉租房等；公益性事业，包括垃圾、污水处理、环境整治、水利建设等。准公益性项目，即为社会公共利益服务，虽不以营利为目的但可产生较稳定的经营性收入的政府投资项目。准公益性项目包含但不限于以下几类：公共服务项目，包括供水、供电、供气、供热等；公共交通建设运营项目，包括高速公路、铁路、港口、码头、民航机场、轨道交通、城市交通建设运营等。

50 号文规定金融企业不得要求地方政府为融资平台提供担保。2017 年财政部、发展改革委、司法部、人民银行、银监会和证监会联合印发的《关于进一步规范地方政府举债融资行为的通知》（财预〔2017〕50 号）（以下简称 50 号文）规定，“金融企业为融资平台公司等企业提供融资时，不得要求或接受地方政府及其所属部门以担保函、承诺函、安慰函等任何形式提供担保”。

88 号文明确“或有债务”不属于政府债务，提出地方政府破产指标。2016 年 10 月 27 日国务院办公厅印发的《地方政府性债务风险应急处置预案》（国发〔2016〕88 号，以下简称 88 号文），将债务分为两大类：政府债务和存量或有债务。存量或有债务包括存量担保债务和存量救助债务，这两类都不属于政府债务，政府没有偿债责任。88 号文首次提出了地方政府的破产指标，将政府的债务风险分为四个等级，如果市（县）政府年度一般债务付息支出超过当年一般公共预算支出 10% 的，或者专项债务付息支出超过当年政府性基金预算支出 10% 的，债务管理小组就应该对政府启动财务重整的计划。

地方政府一般债。地方政府一般债，属于 A 类债务，是在《预算法》和 43 号文大框架下的地方政府债务。没有收益的公益性事业发展确需政府举借一般债务的，由地方政府发行一般债券融资，主要以一般公共预算收入偿还。根据 Wind 数据，截至 2018 年末，地方政府一般债存量44,490 亿元。

2015 年以来地方政府置换债发行基本结束。2015 年 8 月第十二届全国人民代表大会常务委员会第十六次会议审议批准 2015 年地方政府债务限额时明确，“对债务余额中通过银行贷款等非政府债券方式举借的存量债务，通过三年左右的过渡期，由地方在限额内安排发行地方政府债券置换”。2016 年 88 号文规定“债权人不同意在规定期限内置换为政府债券的，仍由原债务人依法承担偿债责任，对应的地方政府债务限额由中央统一收回；地方政府作为出资人的，在出资范围内承担有限责任”。根据 Wind 数据，截至 2018 年末，地方政府置换债发行基本结束，地方政府置换债存量 14.29 万亿元。

2017 年出台土储、收费公路、项目收益和棚改等四类专项债相关政策，专项债发行加速。2014 年 43 号文中定义地方政府专项债，是指有一定收益的公益性事业发展确需政府举借专项债务的，由地方政府通过发行专项债券融资，以对应的政府性基金或专项收入偿还。2017 年 6 月财政部在地方政府一般债的基础上，正式推出地方政府专项债，主要包括 2017 年 62 号文土地储备专项债、97 号文收费公路专项债、89 号文项目收益专项债和 28 号文棚改专项债等。上述债券均受中央政府规定限额的管理。存量地方专项债中，土地储备专项债占比最大，其次是收费公路、交通运输类专项债。专项债新增限额是年存量限额减年存量限额所得值，与上年年末实际余额没有关系，若上一年度实际债务余额低于规定限额，理论上报财政部备案后可供新一年度继续使用。2018 年 8 月 14 日财政部 72 号文《关于做好地方政府专项债券发行工作的意见》，要求为加快地方政府专项债券发行和使用进度，更好地稳投资、扩内需、补短板，地方债券发行进度不受季度均衡要求限制；不再限制专项债券期限比例结构，各地应当根据项目建设、债券市场需求等合理确定专项债券期限；不再向财政部备案需公开的信息披露文件。

对金融企业涉嫌参与地方政府违法举债的规定。2018 年 3 月 30 日财政部印发《关于规范金融企业对地方政府和国有企业投融资行为有关问题的通知》（财金〔2018〕23号），同时公布了对《财政部关于规范金融企业对地方政府和国有企业投融资行为有关问题的通知》的解读。23号文列举了金融企业涉嫌参与地方政府违法违规举债的四种模式：

一是除购买地方政府债券外，不得直接或通过地方国有企事业单位等间接渠道为地方政府及其部门提供任何形式的融资。《预算法》和43号文规定**地方政府唯一合法举债渠道就是在地方债务限额内发行地方政府债券**，因此金融企业为地方政府融资的唯一合法渠道，也只能是参与地方债的认购和交易。这是金融企业与地方政府融资之间的唯一合法渠道，但是并非合作的唯一渠道，也不意味着金融企业无法参与地方国有企业（包括城投平台）的融资。

二是不得违规新增地方政府融资平台公司贷款。按照2013年银监会发布的《关于加强2013年地方政府融资平台贷款风险监管的指导意见》（银监发〔2013〕10号）规定“各银行业金融企业法人不得新增融资平台贷款规模”，同时对于融资平台的新增贷款，具有明确的放贷条件，还需要控制贷款投向。23号文“不得违规新增”贷款的要求，主要来自银监发10号文。

三是不得要求地方政府违法违规提供担保或承担偿债责任。按照2017年50号文，“金融企业为融资平台公司等企业提供融资时，不得要求或接受地方政府及其所属部门以担保函、承诺函、安慰函等任何形式提供担保”。23号文针对金融企业“不得要求”地方政府违法违规担保或承担偿债责任的要求，可以追溯到50号文的要求。

四是不得提供债务性资金作为地方建设项目、政府投资基金或政府和社会资本合作（PPP）项目资本金。按照2017年财政部印发的《关于规范政府和社会资本合作（PPP）综合信息平台项目库管理的通知》（财办金〔2017〕92号），要求PPP项目不得“以债务性资金充当资本金”。事实上，项目资本金不得为债务资金的要求，最早可追溯至1996年国务院《关于固定资产投资项目试行资本金制度的通知》（国发〔1996〕35号），并在2009年《关于调整固定资产投资项目资本金比例的通知》（国发〔2009〕27号）中明确了城市各类基础设施建设的最低资本金比例要求；银监会在2009年的《关于信托公司开展项目融资业务涉及项目资本金有关问题的通知》（银监发〔2009〕84号）也明确提到，股东借款、银行贷款等债务性资金不得充作项目资本金。

23号文所划出的四条底线，是金融企业和地方政府或融资平台合作的前提，无论何种合作模式，均不可违背。而这四条底线实际上在以前的监管文件中已经被反复提及，23号文系统梳理监管文件中涉及的金融企业和地方政府债务相关的监管内容。

2019年地方专项债支持基建投资政策发生重大转变。6月10日中办国办《关于做好地方政府专项债券发行及项目配套融资工作的通知》（33号文），积极鼓励金融机构提供配套融资支持，允许将专项债券作为符合条件的重大项目资本金。关于金融机构对基建的资金支持，之前的政策主要以限制为主，明确金融机构不得直接为地方政府基建项目提供资金支持：2014年新《预算法》和43号文曾规定地方政府唯一合法举债渠道就是在地方债务限额内发行地方政府债券，因此金融企业作为地方政府融资的唯一合法渠道，也只能是参与地方债的认购和交易；2018年3月财政部23号文《关于规范金融企业对地方政府和国有企业投融资行为有关问题的通知》，曾再次明确除购买地方政府债券外，金融机构不得直接或通过地方国有企事业单位等间接渠道为地方政府及其部门提供任何形式的融资、不得违规新增地方政府融资平台公司贷款等，作为金融企业和地方政府或融资平台合作的四条底线。

政策支持下，2019 年地方专项债净融资额达 2.15 万亿元。根据财政部数据，截至 2019 年末，全国地方政府债务余额 21.3 万亿元，控制在全国人大批准的限额之内。其中，一般债务 1.19 万亿元，专项债务 9.44 万亿元；政府债券 2.11 万亿元，非政府债券形式存量政府债务 1889 亿元。地方政府债剩余平均年限 5.1 年，其中一般债券 5.0 年，专项债券 5.2 年；平均利率 3.55%，其中一般债券 3.56%，专项债券 3.55%。

2019 年 9 月国务院常务会议明确规定提前下达 2020 年专项债部分新增额度。将专项债可用作项目资本金范围明确为符合上述重点投向的重大基础设施领域。以省为单位，专项债资金用于项目资本金的规模占该省份专项债规模的比例可为 20% 左右。2020 年地方债融资额度提前下达，其中，专项债额度已经下达 18,480 亿元。根据财政部数据，2020 年 1—2 月地方专项债融资 1.22 万亿元，完成中央提前下达额度（18,480 亿元）的 66.2%，较上年同期增加近 5,000 亿元。

2020 年专项债规模 3.75 万亿元，专项债能够撬动的基建投资预计约 2 万亿元，再考虑到后续可能的准财政政策发力、宽信用空间进一步打开、项目条件放松等稳投资政策，2020 年全年基建增速预估将达到 8% ~ 10%，但实际达成情况远低于预期。根据统计局数据，2020 年前三季度，基建投资增速累计仅为 0.2%。地方债存量余额中，江苏、广东、山东、四川、浙江、湖南超万亿元，北京、上海、天津等 16 省（市）地方债存量规模介于 5,000 亿 ~ 10,000 亿元（参见图 3－13：地方债存量规模）。

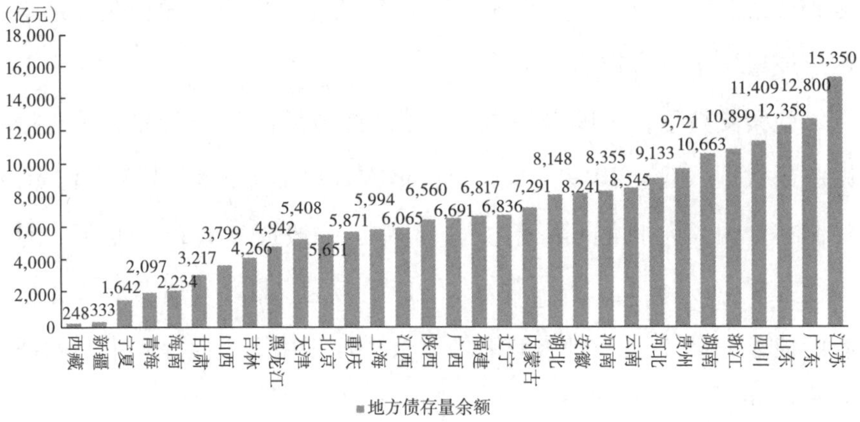

图 3－13　地方债存量规模（2020 年 2 月）

数据来源：Wind、中国人民银行、财政部、中债登

地方政府专项债不得用于土地储备、棚改等。2020 年 3 月中旬监管部门下发要求，明确 2020 年全年专项债不得用于土地储备、棚改等与房地产相关领域，同时新增了应急医疗救治设施、公共卫生设施、城镇老旧小区改造等领域项目。

2020 年 3 月 31 日国务院常务会议决定，进一步增加地方政府专项债规模，在前期已下达一部分 2020 年专项债限额的基础上，抓紧按程序再提前下达一定规模的专项债，力争二季度发行完毕。此前出台的政策显示，以省为单位，专项债资金用于项目资本金的规模占该省份专项债规模的比例提升至 25%。

3.7.6　城投债

2008 年金融危机后地方政府融资平台的发展。中国实行积极财政政策和适度宽松的货币政策，推出 4 万亿元经济刺激计划，其中大部分资金需要地方政府予以配套。2009 年 3 月央行和银监会联合发布了《关于进一步加强信贷结构调整促进国民经济平稳较快发展的指导意见》，提出“支持有条件的地方政府组建投融资平台，发行企业债、中期票据等融资工具，拓宽中央政府投资项目的配套资金融资渠道”。为了做强做大投融资平台，各级政府把自来水公司、公交公司、热力公司、燃气公司等公用企事业单位的资产纳入城投公司，转换成城投公司经营性资产。地方政府融资平台公司，成为地方政府基建项目的主要融资工具。

2010 年地方融资平台监管随之而来。2010 年国务院《关于加强地方政府融资平台公司管理有关问题的通知》（国发〔2010〕19 号），指出融资平台出现了一些亟须高度关注的问题，主要是平台公司举债融资规模迅速膨胀，运作不够规范，地方政府违规或变相提供担保，偿债风险日益加大，部分银行业金融机构风险意识薄弱，对融资平台公司信贷管理缺失等，提出要加强对地方政府融资平台公司管理。为加强融资平台风险管控银监会颁布《关于加强 2013 年地方政府融资平台贷款风险监管的指导意见》（银监发〔2013〕10 号），要求各银行业金融机构推进地方政府融资平台贷款风险管控。

2014 年 43 号文之后，地方政府无法再对城投公司债务承担无限连带责任。43 号文明确融资平台存量债务处理方式，提出建立规范的地方政府举债融资机制，赋予地方政府适度举债权限，区别政府债务和非政府债务，并提出对政府存量债务和新增债务进行处理的具体指导意见。剥离地方政府投融资平台政府融资职能，政府债务和企业债务之间的界限越来越清晰，以地方政府信用背书、以政府投融资平台为主要渠道的传统城建投融资体制宣告终结。

2016 年 8 月，各大部委开展清理地方政府融资平台违规融资问题的工作。当年 9 月，城投债融资开始收紧。2017 年 1 月财政部从连发数道政令《关于请核实处理个别违法违规问题的函》《关于请依法问责个别市县违法违规举债行为的函》《关于请依法处理部分金融机构违法违规行为的函》（财预函〔2017〕1－7号）等，到披露云南、广西、安徽、宁波等地政府违法违规举债担保问责案例，大量案例仍为非标融资。

2018年194号文严禁公益性资产和土地计入企业债申报资产。2018年2月发改委印发《关于进一步增强企业债券服务实体经济能力严格防范地方债务风险的通知》（发改办财金〔2018〕194号），严禁将公益性资产及储备土地使用权计入申报企业资产，纯公益性项目不得作为募投项目申报企业债券。文件中公益性资产，包括公立学校、公立医院、公共文化设施、公园、公共广场、机关事业单位办公楼、市政道路、非收费桥梁、非经营性水利设施、非收费管网设施等。**2018年9月中办国办发文，城投公司可以破产清算**。2018年9月18日中办国办印发《关于加强国有企业资产负债约束的指导意见》，意见指出，对严重资不抵债失去清偿能力的地方政府融资平台公司，依法实施破产重整或清算，坚决防止"大而不能倒"，防止风险累积形成系统性风险。

2018年四季度以来，城投债融资再度活跃。2018年7月23日国常会提出，有效保障在建项目资金需求，督促地方盘活财政存量资金，引导金融机构按照市场化原则保障融资平台公司合理融资需求，城投融资政策明显放松。截至2020年2月，自2018年四季度以来的城投债月均净融资额超过1,000亿元，而在2016年末至2018年三季度这段时期，月均净融资额不过360亿元（参见图3－14：地方债存量规模）。

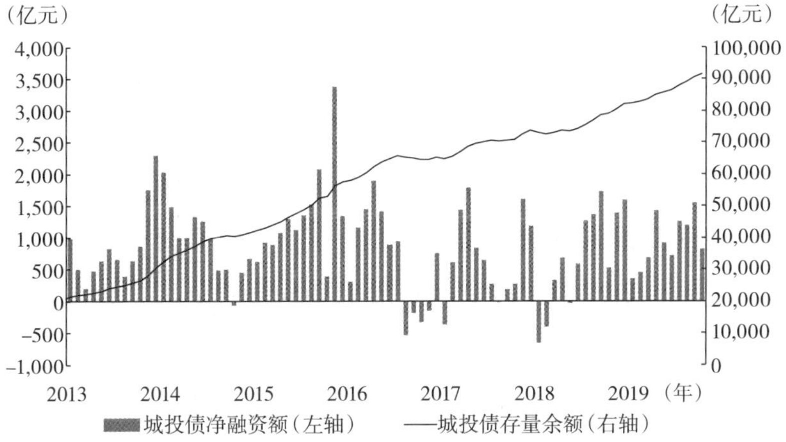

图 3 – 14　地方债存量规模

数据来源：Wind、中国人民银行、财政部、中债登

未来五年城投债将集中到期。2020—2024 年每年到期城投债分别为 1.68 万亿元、1.7 万亿元、1.7 万亿元、1.3 万亿元和 1.66 万亿元。未来五年城投债到期偿付额为目前城投债存量余额的 97%(参见图 3 – 15：存量城投债到期日结构)。

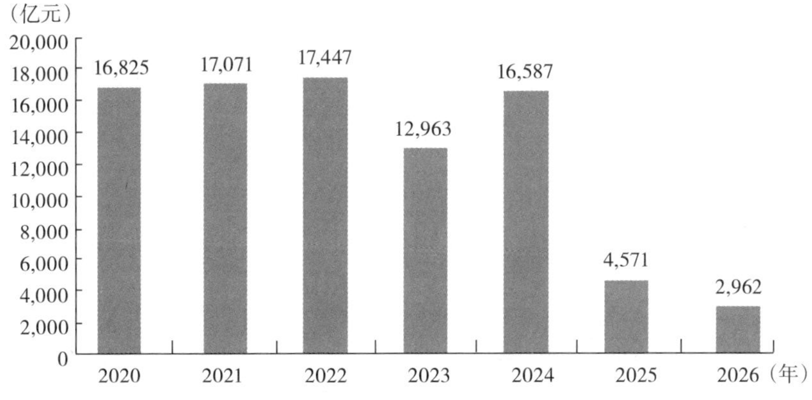

图 3 – 15　存量城投债到期日结构

数据来源：Wind、中国人民银行、财政部、中债登

3.7.7 表外融资

2009年以来，基建融资的一个重要来源是非标融资，尤其是在2012年大资管行业的快速发展过程中，表内外非标融资和资管行业发展共同引导社会信用向基建行业传导。央行2010年连续8次上调金融机构人民币存款准备金率，严格控制商业银行信贷扩张，由于银行表内资产大量占用资本金和信贷额度，影响银行的信贷扩张能力和资本收益率，为了腾出贷款规模、减少资本占用或提高收益，商业银行通过发展表外理财业务规避信用风险监管指标。2010年，房地产调控和地方融资平台监管政策密集出台，商业银行利用表外通道业务实现表内资产出表，以规避对房地产、地方政府融资平台等限制性行业的信贷管控。2012年，金融创新的发展促使银证、银保、银基合作的发展，各类通道业务成为非标的主要载体。

2013年8号文后，商业银行理财非标投资部分转向同业业务。根据2013年银监会《关于规范商业银行理财业务投资运作有关问题的通知》（银监发〔2013〕8号）的定义，非标准化债权资产是指未在银行间市场及证券交易所市场交易的债权性资产，包括但不限于信贷资产、信托贷款、委托债权、承兑汇票、信用证、应收账款、各类受（收）益权、带回够条款的股权性融资等。受8号文的影响，理财资金投资非标受限，商业银行开始扩张同业业务。相较于债券投资，同业资产资本耗用少，更具信用扩张的特性，因此银行倾向于通过同业业务来规避监管。通过同业拆借、同业存放、买入返售等，商业银行通过同业资金期限错配，对接长期的“非标”资产，促使同业业务开始加速扩张。这部分非标融资主要体现在存款类金融机构资金运用中的“股权及其他投资”项下。

2016 年下半年以来非标融资监管规则不断完善。2016 年 7 月银监会下发《商业银行理财业务监督管理办法（征求意见稿)》，要求对银行理财业务分类管理，明确理财产品投资非标准化债权资产的余额在任何时点均不得超过理财产品余额的 35% 或者商业银行上一年度审计报告披露总资产的 4%，每只净值型理财产品投资非标准化债权资产的余额在任何时点均不得超过该理财产品余额的 35%。2016 年 11 月央行牵头公布一行三会《关于规范金融机构资产管理业务的指导意见（征求意见稿)》，对理财禁投非标、资金池、资产集中度、风险准备金计提、净值化管理、刚性兑付、分级限制、允许一层套嵌、穿透管理等做全面规定。2018 年 4 月银保监会《关于规范金融机构资产管理业务的指导意见》正式出台，明确非标资产属于银行理财限额管理的范围，此前资管机构所持有的非标资产则可能通过在银登、票交所、中信登等平台挂牌交易的方式实现非标转标。

其银信业务、委托贷款监管规则陆续出台。2017 年 12 月银监会下发《关于规范银信类业务的通知》(银监发〔2017〕55 号)，明确指出商业银行对于银信通道业务，应还原其业务实质进行风险管控，不得利用信托通道掩盖风险实质，规避资金投向、资产分类、拨备计提和资本占用等监管规定，不得通过信托通道将表内资产虚假出表。2018 年 1 月银监会《商业银行委托贷款管理办法》规定，银行不得接受“受托管理的他人资金”发放委托贷款。2018 年以来资管监管规则制约非标融资。

2018 年 7 月央行发布资管新规细则《关于进一步明确规范金融机构资产管理业务指导意见有关事项的通知》，2019 年 4 月资管新规对非标投资监管规定边际放松。资管新规细则明确公募资产管理产品可以适当投资非标准化债权类资产；过渡期内金融机构可以发行老产品投资新资产；银行的现金管理类产品暂参照货币市场基金的“摊余成本+影子定价”方法进行估值；需要回表的存量非标准化债权类资产，在宏观审慎评估 MPA 考核时合理调整有关参数；过渡期结束后难以回表的存量非标准化债权类资产可适当安排妥善处理。

信托业投向基建项目的资金总体规模收缩。根据央行社融数据，截至 2019 年末，信托贷款余额 7.45 万亿元，较上年末下降 4,000 亿。根据信托业协会数据，截至 2019 年末，信托业资产余额 21.6 万亿元，较 2016 年末下降 1.4 万亿元；信托贷款余额 7.3 万亿元，较 2018 年末下降 5,600 亿元。就信托资金行业投向看，基建类信托贷款余额 2.82 万亿元，较 2016 年末下降 3,000 亿。

委托贷款规模收缩。根据央行社融数据，截至 2019 年末，委托贷款余额 11.44 万亿元，较上年末下降 1 万亿元。若基建项目非标占比约一半，粗略估算基建项目委托贷款的存量余额在 5.5 万亿元左右。但是，考虑到 2019 年地产融资中的自筹资金增速有显著回升，存量非标收缩的部分中，基建的占比可能更高，因此基建项目委托贷款存量余额可能低于 5.5 万亿元。据此推算基建非标融资存量为 8 万亿～9 万亿元，即，信托贷款的 2.82 万亿元加上委托贷款的 5 万亿～5.5 万亿元。

表内非标收缩幅度基本同步。如果根据存款类金融机构资金运用中的“股权及其他投资”项估算，截至 2019 年末，商业银行资金运用中的“股权及其他投资”余额计 18.2 万亿元，较 2017 年 4 月的峰值降 5.3 万亿元，根据非标占比一半左右的比例估算，商业银行表内非标总计 9 万亿元左右。

资管新政去杠杆，佐证商业银行表内外非标去化。资管行业的通道业务主要是券商定向资管计划和基金专户资管计划。根据 Wind 数据，截至 2019 年末券商定向资管计划存量 10.8 万亿元，较上年末下降 1 万亿元；基金专户资管计划 8.53 万亿元，较上年末下降 3.9 万亿元。综合而言，2019 年全年大资管行业的通道业务融资收缩幅度约 5 万亿元。资管数据大幅收缩的原因在于，资管新政中关于资金池和穿透的监管，事实上在商业银行表外信贷收缩周期，对社会信用总量的收缩具有乘数效应。

4

债务周期理论和实践

2015 年中国实施“三去一降一补”的供给侧结构性改革政策以来，中国宏观经济增长和大类资产配置存在两个现象：一个现象是降息的宽松货币政策对经济增长的促进作用边际递减，实际 GDP 增速逐级下行，似乎经济周期已经消失；另一个现象是股市、楼市、债市、商品市场此起彼伏，大类资产轮动具有周期性特征。经济增长弱周期性和资产配置周期轮动共存，成为中国供给侧结构性改革的特征，也是中国去杠杆政策进程中的一个现象。

解释中国去杠杆政策以及对经济增长和大类资产配置影响的路径，债务周期理论提供一个很好的理论基础。欧文 · 费雪的《繁荣与萧条》指出，货币市场实质是债务市场，纸币本身就是对持有者的债务，债务循环导致萧条的作用机理，存在于债务循环承载着经济中的至少九个主要循环趋势。雷 · 达里奥所著《经济如何运行》则详尽分析债务周期，指出去杠杆的方式决定债务周期对经济增长的影响。债务货币化导致央行发行货币去杠杆，宽货币、紧信贷，实际经济增速下行，利率期限结构曲线陡峭化。货币继续宽松的结果，导致资本外逃或涌入抗通胀资产，债市期限利差开始大幅走低。最终市场发现货币政策失效，政府必然选择破产、重组的方式降低私人部门债务率。

美国的实践显示，非金融企业债务具有明显的周期性特征。第一个周期是20世纪80年代初期至1993年克林顿经济政策推出，企业债务先升后降，去杠杆周期内美联储大幅降息，政府部门债务率大幅上升。第二个周期始于1997年东南亚金融危机，止于2000年互联网泡沫破灭，这一周期内企业部门再度加杠杆，政府部门债务率下降，金融部门债务率开始大幅攀升。第三个周期始于2001年互联网泡沫破灭，止于2008年金融危机，企业部门小幅去杠杆，居民部门和金融部门进入史无前例的大幅加杠杆时期。第四个周期始于2008年次贷危机爆发后，居民部门和金融部门进入去杠杆周期，公共部门重新大幅加杠杆以平抑去杠杆对实体经济的负面影响，而企业部门经历危机后去杠杆时期转而于2012年开始新一轮再杠杆化进程。

日本企业债务的特征则是周期幻灭。日本企业债务没有周期性规律，债务率的变化仅分为两个阶段。1998年东南亚金融危机的爆发是日本非金融企业部门债务率的分水岭，企业部门去杠杆，居民部门同期进入去杠杆周期。日本经济始终在增长和衰退之间徘徊，劳动生产率停滞不前。政府部门开启加杠杆长周期，但是政府公债收益率未出现通常所认为的债务升则利率升的作用机制。

4.1 债务周期理论

4.1.1 费雪货币和债务周期理论

欧文·费雪1932年出版《繁荣与萧条》一书，书中指出，货币市场实质是债务市场，纸币本身就是对持有者的债务。无论对于生产还是分配来说，负债都是必要的。对于个人、公司和社会整体而言，债务有着程度差异。债务人与债权人之间的缓冲区，就是资产和负债的差额，而且这个缓冲区绝不仅仅是一个数量问题，期限最短的负债也是压力来临时最不安全的负债。过度负债的判断标准，无非是国民收入和某些固定支出的比率、收入与未清偿债务累计额的比率以及债务与银行发放贷款所基于的储备之间的比率。无论是个人还是国家，过度负债的状况最终都会消除，有时候会伴随着个人的破产或者企业的倒闭。在此过程中，那些由于过度负债而损失惨重的债务人和那些由于过度放贷而损失的债权人，会变得过分谨慎，从而导致惜贷行为。随后，逐渐扭转的局面会使得谨慎情绪被人们抛在脑后，过度负债又会重新盛行起来。这种过度负债与过度谨慎的循环反复的状态，可能会永无止境地持续下去，构成一个债务循环。

债务循环导致萧条的作用机理，存在于债务循环承载着经济中的至少九个主要循环趋势：债务、货币数量、价格水平、净值、利润、生产、心理、货币周转率、利率等。当过度负债被察觉时，人们通常都会采取一些措施来纠正这种状况，抛售就是最为常见的一种措施，抛售所持有的股票、债券、地产以及所持有的其他任何形式的资产。当整个国家都陷入一种抛售的状态时，抛售过程中竞相清偿负债，银行惜贷使得新增贷款数额不足以使货币存量恢复到原来的平衡状态，信用货币萎缩将形成通缩。货币数量的减少，所造成的结果就是该国的价格总水平被拉低，实际债务水平反而上升。大萧条产生的主要秘密就在于“货币病”，即价格水平的下降。当价格水平下降时，萧条持续的时间会延长两倍到三倍。

价格的下降减少了债务人所拥有的资产的货币价值，然而债务却保持不变，因此净值必然会缩水，而且受到资产和负债的共同挤压，净值缩水的速度要快于资产缩水的速度。同样，企业利润也受到两方面因素的挤压，收入随着价格的下降而减少，利息、税收、租金、工资等支出通常具有刚性，支出越是刚性，企业利润的缩水就越严重。当利润被挤压到太薄而令人担忧时，企业就会削减生产、解雇员工，该国的总产出、贸易额和就业水平就会出现大幅下滑，也就是说，产出随当前利润的变化而变化，因此货币数量的减少会通过降低价格以及由此而导致的利润下滑而造成产出的下降。其中，营建支出和设备制造的下滑要早于产出的下滑，建造活动的减少或停止会造成利润、就业等指标的大幅下滑。因此，如果价格水平的下降被事先阻止，净值和利润的下降也基本上不会发生，那么生产、贸易和就业的下滑在很大程度上同样也是可以避免的。

心理活动在萧条时期也会因为丧失原本应该具有的冷静判断力而导致货币幻觉和错误判断，人们对艰难时期的程度及其所造成的破坏力的过高估计，助长了恐慌情绪的滋生，从而加重经济萧条的影响。

4.1.2 桥水债务周期理论

桥水公司（Bridgewater）创始人雷·达里奥（Ray Dalio）所著《经济原理》（*Economic Principles*）（Dalio，2015），开篇第一章《经济如何运行》（*How the Economic Machine Works*）对债务周期作详尽分析和阐述。根据对经济运行的理解，他认为经济运行决定于三种驱动力：劳动生产率的趋势性增长、长期债务周期和短期债务周期（又称商业周期）。这三种驱动力相互作用、相互融合，决定了一个国家经济增长的路径。

达里奥阐述了债务周期的主要阶段。经济繁荣期，杠杆率或者负债率处于上升周期，并且具有自我强化的特征。货币的增长对应着更高的债务增长，债务增长的同时资产也在高速增长。长期债务周期的高峰发生在债务收入比例非常高、货币政策不能继续创造信贷增长的时点，达到这个时点之后，债务增长难以为继，此时开始去杠杆过程。去杠杆的促发则是由于债务人不能支付他们的到期债务和利息，这将导致私人部门大量的债务违约以及削减成本。衰退时，通常采取降息和创造更多的货币的去杠杆方式，即通过减少企业的信贷成本，以减轻企业债务负担，激发经济活力，产生财富效应，降低企业部门负债率。但是当利率接近于零时，利率下降的空间消失，此时，再通过降低利率去杠杆以对抗债务危机就失效了。

债务周期的去杠杆阶段，去杠杆方式的选择决定了债务周期对经济增长影响的路径和方式。去杠杆的过程中，债务比率（相对于收入）的减少主要通过四种方式：①债务重组，免去或减少债务；②勒紧裤腰带、减少消费支出；③财富的重新分配；④债务货币化。每一种路径都可以减少债务比率，但是他们各自对通货膨胀以及经济增长有不同的影响。债务重组和减少消费的途径会导致通缩性萧条（Deflationary Depression），债务货币化则可能会引起通胀性去杠杆（Inflationary Deleveraging），将引发通货膨胀甚至是恶性通胀，因为投资者担心他们以后获得的偿还贬值，货币兑换成了其他货币以及流向了抗通胀的领域。财富的再分配，以多种形式出现，在去杠杆过程中被大量运用。

债务货币化的方式，导致央行发行货币去杠杆，宽货币紧信贷，实际经济增速下行，利率期限结构曲线陡峭化。为了缓和债务周期的不平衡现象，避免经济陷入萧条，政府就会被迫决定是发行大量货币还是增加政府支出。如果政府选择发行货币的方式促使信用的恢复，不可避免地需要：①创造动力，鼓励信贷的产生；②减轻债务人偿付，降息是一种主要的总量方式；③印发更多货币购买商品、服务和金融资产。央行的宽松货币政策周期内，发行货币的速度很快，但同时信贷仍在萎缩，实体经济下行。投资者青睐风险更低的资产，导致短期的政府债券利率降低，而利率期限结构曲线变陡，风险溢价水平更高。

货币继续宽松的结果，导致资本外逃或涌入抗通胀资产，债市期限利差开始大幅走低。由于信贷萎缩，没有得到信贷支持的私人部门依然不能弥补资金缺口，债务不能按期偿还，导致债务违约，甚至走向破产。货币超发，信贷萎缩，货币乘数或者货币流动速度实际上是萎缩的，如果货币发行足够多，引起货币贬值，实际利率下降，会驱使投资者从金融资产转向抗通胀资产，这时货币持有者可能把货币转移到国外，短期政府债券也不再是一个安全的投资选择。在此阶段最大的风险是，由于货币走软，外加货币供应量加大，导致短期信用品种（甚至包括政府短期国债）被市场抛弃，债市期限利差开始大幅走低。不但没有达到创造更多信贷的目的，反而出现资金涌入抗通胀资产，以及资产出逃。投资者会加速出售金融资产，特别是债务资产，转化为现金后，购买抗通胀资产，并且尽可能地利用当地货币贷款。

最终市场发现货币政策失效，政府必然选择通过破产或其他形式的债务重组的方式，降低私人部门负债率。通过降低成本等方式，企业的盈亏平衡点也被降低。金融资产价格降低以后，增加购买资产和偿还债务的货币供应量，资本正常流动才可能得以恢复。

4.2 美国债务周期

美国企业负债率自20世纪80年代以来表现出明显的周期性特征。第二次世界大战后到20世纪80年代末，美国企业负债率基本都处于上升通道，20世纪50年代初该比例尚不过30%左右，到20世纪80年代末则上升到65%左右。20世纪80年代以来的这三十年中，美国企业债务率出现三个半周期。

4.2.1 1980年至1993年克林顿新政

第一个周期是20世纪80年代初期至1993年克林顿经济政策推出，这一阶段美国非金融企业负债率先升后降，政府部门负债率大幅上升，企业部门去杠杆周期内美联储开始采取大幅降息的宽松货币政策。

企业部门负债率加速上升始于滞胀，止于1989年经济衰退，这段时期美国政府部门负债率上升速度快于企业部门。20世纪80年代美国经济长期潜在增速下降，经济衰退和政策放松交替出现，金融深化和金融自由化发展，促使企业部门负债率在整个20世纪80年代保持上升趋势（图4－1：美国企业部门负债率和联邦基金利率）。1980年美国企业部门负债率为50%左右，到1990年该数值上升到60%的历史峰值，增长10个百分点。整个80年代虽然私人企业部门负债率处于上升趋势之中，并且略高于政府部门以及居民部门负债率，但加杠杆的现象并不仅限于私人企业部门，公共部门负债率上升的速度更快。20世纪80年代美国政府公债GDP占比（图4－2：美国政府部门负债率）从33%上升到56%，增长23个百分点。居民部门负债率上升幅度与企业部门基本一致，从48%上升到59%，增长10个百分点左右。

20世纪80年代末期至20世纪90年代初期的经济衰退中，美国企业部门杠杆率开始进入下降周期，政府部门继续加杠杆。1989年春天美国经济再次进入衰退，企业部门开始去杠杆进程，企业部门负债率从1990年的60%下降到1993年的54%，较20世纪80年代初期低6个百分点。同期，政府部门负债率并未停止上升步伐，至1993年克林顿新政之前，美国政府公债GDP占比上升到63.7%，较1990年初增加8个百分点。

企业部门去杠杆周期内，美联储采取大幅降息的宽松货币政策。为了帮助经济走出衰退阴影，美联储自1989年6月连续21次调降联邦基金目标利率，将联邦基金目标利率水平从9.81%调降至1992年9月3%的历史低位。企业部门去杠杆进程主要是实际经济增速放缓经济陷入衰退的结果，美联储降息的货币政策大幅降低企业利息负担，对降低企业部门的杠杆率起到积极的作用。

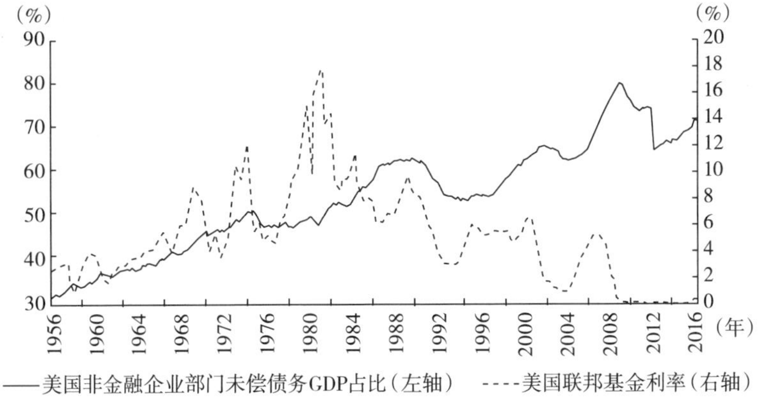

图4-1 美国企业部门负债率和联邦基金利率

数据来源：FED，Wind

图 4－2　美国政府部门负债率

数据来源：FED，Wind

4.2.2　1994 年到 2000 年互联网泡沫

第二个周期始于 1997 年东南亚金融危机前后企业部门加杠杆进程，止于 2000 年互联网泡沫破灭后的三年去杠杆时期。此轮周期内，1997 年企业部门重新进入加杠杆周期，政府部门负债率下降，金融部门负债率开始逐步攀升。

1993 年克林顿新经济政策出台后，企业部门去杠杆进程中止，公共部门负债率大幅下降。克林顿新经济政策采取紧缩财政政策，他上台后首先签署《赤字削减法案》，规定自法案生效的 5 年内削减赤字 4,960 亿美元，其中增税 2,410 亿美元，减少财政支出 2,550 亿美元。克林顿政府在努力削减支出的同时积极进行财政结构调整，投入 480 亿美元进行公共工程基础设施项目投资，仅此一项即增加 50 万个就业机会。在新经济政策出台后五年中，公共部门负债率开始下降，美国政府公债 GDP 占比从 1993 年的 70% 下降到 1998 年的 63%，下降 7 个百分点。同期，企业部门去杠杆进程停止，企业负债率始终维持在 56% 左右。

1997 年企业部门开始新一轮加杠杆进程。克林顿新经济政策出台后，美国经济增长逐步加速。1996 年 2 季度，美国实际 GDP 增速恢复到 4%，并自此持续三年半实际 GDP 增速保持在 4% 以上。正是在实际经济增长恢复到当时认为的美国潜在经济增速水平 4% 以后，非金融企业部门负债率开始重新进入一轮加杠杆周期，这一阶段美国非金融企业部门负债率从 56% 上升至 65%。

1993 年至 2000 年这段企业债务周期内，美联储在加息和降息之间相机抉择，货币政策整体适度宽松。1994 年美联储放弃盯住广义货币 M2 增速的中间目标，采用实际利率作为货币政策中间目标，依据泰勒法则，根据产出缺口和预期通胀的变化调整联邦基金目标利率水平。整个 1990 年代，联邦基金利率保持在 5% ~6.25%，利率中枢大幅低于 20 世纪 70 年代和 80 年代。直至 2000 年 1 月美联储启动加息周期，企业部门再次进入去杠杆周期。

在这一轮企业债务周期内，美国金融部门负债率加速上升（图 4－3：美国金融部门负债率）。美国于 20 世纪 80 年代开始金融自由化进程，金融部门负债率从 20% 上升到 1990 年的 40%，仍然大

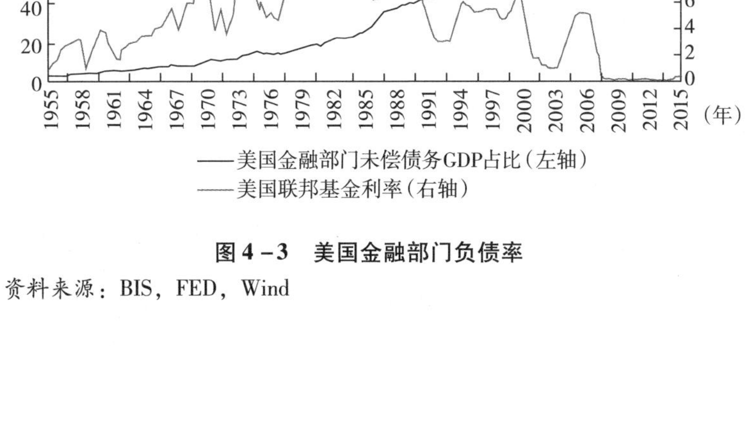

图 4－3 美国金融部门负债率

资料来源：BIS，FED，Wind

幅低于企业部门。在第一轮的债务周期企业部门降杠杆进程中，美国金融部门负债率温和增长，从42%上升到45%，仅增加3个百分点，相较于政府部门负债率10个百分点的增幅，金融部门负债率增长速度非常温和。克林顿政府新经济政策出台后，美国金融部门负债率开始爆发式增长。根据美联储数据，1993年美国金融部门信贷市场未偿债务总计3.3万亿美元，金融部门信贷市场未偿债务GDP占比48%，至2000年金融部门信贷市场未偿债务总计8万亿美元，较1993年增长近1.5倍，金融部门信贷市场未偿债务GDP达到80%，增加32个百分点。

4.2.3 2001年到2008年金融危机

第三个周期始于2001年互联网泡沫破灭后的三年去杠杆时期，中止于2008年金融危机。此轮周期内非金融企业部门经历三年的小幅去杠杆进程，政府部门加杠杆的幅度小于之前的任何周期，但是居民部门和金融部门随即开始史无前例的大幅加杠杆进程。

2000年互联网泡沫崩溃后企业部门进入新一轮去杠杆周期，但其间政府部门加杠杆的幅度明显小于以往几次去杠杆周期。互联网泡沫崩溃后美国非金融企业部门开始一轮为期三年的去杠杆时期，企业部门债务GDP占比从2000年的66%小幅下降到2004年的63%。与以往几次企业部门去杠杆周期不同的是，虽然此次企业部门去杠杆周期内，政府部门负债率也呈上升趋势，但是增加的幅度小于之前的几次周期。这一阶段，美国政府部门负债率从55%上升到60%，增加5个百分点。

2004年美国企业部门重新进入新一轮加杠杆周期。随着实体经济增速的逐步恢复，2004年到2008年金融危机爆发的这段时期，美国企业部门重新开始加杠杆，企业部门负债率从2004年的相对低位

60%上升到72%。

此轮周期与以往周期的不同还在于，互联网泡沫破灭后，居民部门和金融部门随即进入史无前例的快速加杠杆的进程。居民部门负债率从65%上升到2008年的95%，增加30个百分点，其中，居民住房抵押贷款贡献了几乎所有的居民部门负债率增长。金融部门未偿债务GDP占比从75%一路上行到118%，增加40多个百分点，较1990年的40%左右增长近两倍，高于同期居民部门负债率16个百分点，高于同期企业部门负债率近50个百分点。

4.2.4 2008年以后

次贷危机爆发后，私人部门进入去杠杆周期，公共部门再次大幅加杠杆，2012年以来企业部门重新开始新一轮再杠杆化进程，但是居民部门和金融部门延续去杠杆周期。

企业部门进入去杠杆周期，公共部门杠杆率再次大增。金融危机后，非金融企业部门开始一轮为期三年的去杠杆进程，企业负债率下降到2011年末的66%。由于美国对私人企业部门和金融部门提供的财政救助计划，公共部门负债率再次进入上升周期。2008年美国公共部门负债率73.7%，截至2017年，美国国债总额20.5万亿美元，国债的GDP占比103%。

2012年，美国非金融企业部门负债率重新恢复上升，目前企业部门处于缓步加杠杆的周期内。美国非金融企业部门负债率从2012年开始缓慢回升，截至2017年，企业部门债务GDP占比72%，基本恢复到金融危机爆发之前的水平，较2011年末时的低位上升6个百分点。

金融部门和居民部门去杠杆尚未结束。虽然2012年3季度以来非金融企业部门重新进入加杠杆周期，但是金融部门和居民部门去杠杆周期持续至新冠疫情爆发之前。截至2017年，金融部门债务GDP占比下降到80.57%，较2008年下降38个百分点，基本相当于峰值时期的2/3。居民部门债务GDP占比76.9%，较2008年下降18个百分点，相当于峰值时期的4/5。

4.3　日本债务周期幻灭

和美国债务周期不同的是，日本企业负债率基本没有周期性的规律，只分为两个阶段。第一个阶段是1998年金融危机之前的加杠杆时期，第二个阶段是1998年金融危机后的去杠杆时期。

4.3.1　1998年金融危机前加杠杆时期

日本非金融企业部门负债率自20世纪80年代初开始大幅上升（图4－4：日本非金融企业债务总额及GDP占比）。20世纪80年初日本非金融企业债务总额226.9万亿日元，相当于约0.9万亿美元，债务GDP占比98.7%，同期居民债务GDP占比46.4%。至1994年4季度，日本非金融企业债务总额增加至739.4万亿日元，相当于约7.42万亿美元，债务GDP占比达历史峰值150%，较80年初上升50个百分点。同期居民债务GDP占比71.6%，较80年初上升25个百分点（图表4－5：日本居民部门债务总额及GDP占比）。从1994年至1998年间，日本非金融企业负债率基本维持在140%以上。

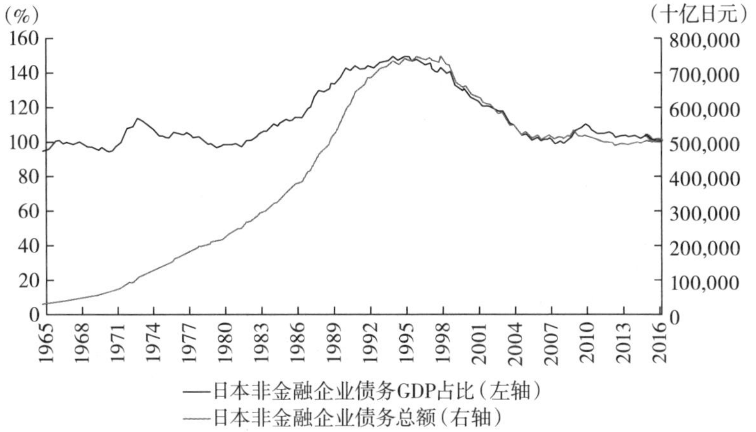

图 4-4 日本非金融企业债务总额及 GDP 占比

资料来源：BIS、Wind

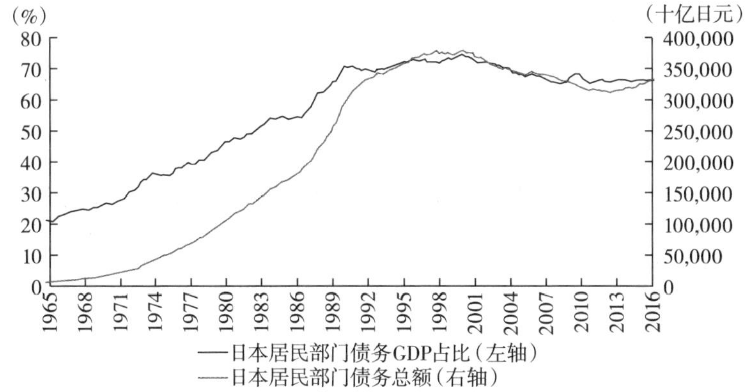

图 4-5 日本居民部门债务总额及 GDP 占比

资料来源：BIS、Wind

4.3.2 1998 年金融危机后去杠杆时期

1998 年东南亚金融危机的爆发是日本非金融企业部门负债率的分水岭，企业部门开始去杠杆进程。2008 年 1 季度，日本非金融企业部门债务总额约 500 万亿日元，相当于约 5 万亿美元，债务 GDP 占比 98.8%，较 1995 年峰值下降 50 个百分点。之后数年日本企业部门负债率变化不大，既没有延续东南亚金融危机后的大幅去杠杆进程，也没有出现再杠杆趋势。至 2016 年 1 季度，日本企业部门负债总额约 503 万亿日元，相当于 4.48 万亿美元，企业部门负债 GDP 占比 100.5%，基本持平于此轮金融危机前水平。

居民部门同期进入去杠杆长周期。居民部门负债率的情况类似于非金融企业部门，也是经历一轮从东南亚金融危机至此轮金融危机之前的去杠杆进程，之后即稳定在 65% 左右。

从宏观经济增长看，东南亚金融危机后，日本经济始终在增长和衰退间徘徊（图 4－6：日本实际 GDP 同比增速）。20 世纪 80 年代日本实际 GDP 增速均值 4.5%，东南亚金融危机爆发前的 90 年代增速均值已经降为 2.2%，1998 年以来的近 20 年间日本实际 GDP 增速均值 0.6%，经济增速大幅放缓。其间日本经济经历四次衰退，始终在增长和衰退间来回徘徊：1997 年 4 季度到 1999 年四季度、2001 年 4 季度到 2002 年 2 季度、2008 年 2 季度到 2009 年 4 季度以及 2014 年二季度到 2015 年 1 季度四个阶段。

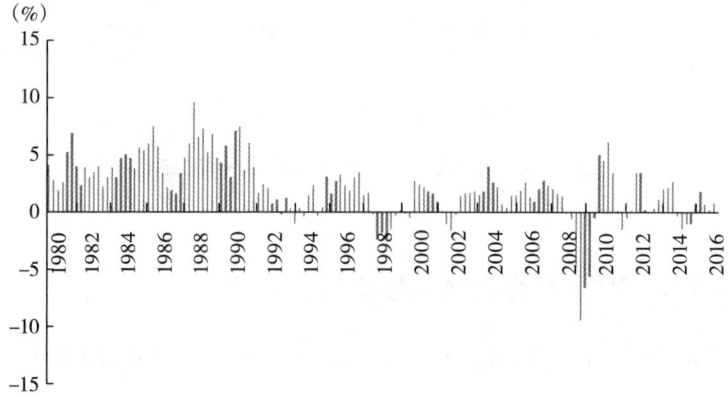

图 4－6 日本实际 GDP 同比增速

资料来源：Wind、日本内阁府、BOJ

劳动生产率增长亦停滞不前，以人均 GDP 衡量的劳动生产率

1997 年达到峰值，之后开始下行趋势（图 4－7：日本人均 GDP）。2012 年以来，虽然以日元计的人均 GDP 小幅回升，2015 年是 393 万日元，恢复到危机前 2008 年的水平，持平于东南亚金融危机之前 1993 年的水平，但是受美元升值和日元贬值的影响，2015 年以美元计的人均 GDP 大幅回落至 32,500 美元，仅相当于 1996 年水平。

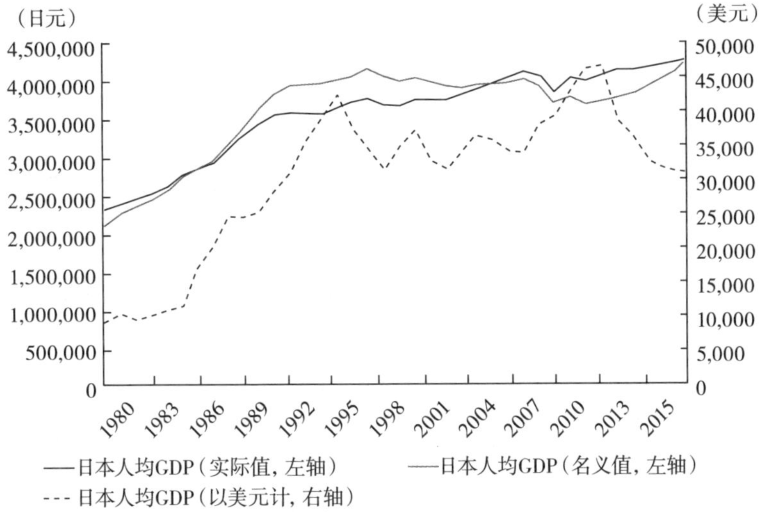

图 4－7 日本人均 GDP

资料来源：Wind、日本内阁府、BOJ

政府部门开启加杠杆长周期（图 4－8：日本政府公债 GDP 占比）。东南亚金融危机后日本采取了一系列财政救助计划，由于救助计划推出时间滞后增加财政救助成本，1998 年以后政府部门杠杆率加速上升。虽然 2005 至 2008 年间，日本政府部门出现小幅去杠杆的现象，但是这一缓慢的趋势在 2008 年金融危机爆发后即停止，对金融危机的救助和量化宽松的货币政策，导致政府部门继续加杠杆以应对经济下滑的压力。两段加杠杆的时期，导致日本政府负债率扶摇直上。1997 年日本政府公债总额 489. 8 万亿日元，相当于约 3. 8 万亿美元，政府公债 GDP 占比 93. 6%。截至 2016 年 1 季度，日本政府公债总额 1136.4 万亿日元，相当于约 10.1 万亿美元，政府公债 GDP 占比 227%。也即，日本政府公债在东南亚金融危机后的 20 年里增加 130%，若以美元计算则增加 160%，同期政府部门负债率相当于东南亚金融危机期间的 2.4 倍。

政府公债收益率未出现通常所认为的债务升则利率升的作用机制。一般来说，扩张型的财政政策导致政府负债率高企，将推升政府借贷成本，长期国债收益率因此上升。但是日本的经验却是唯一的特例。20 世纪 90 年代以来，日本政府加杠杆导致政府部门负债率一路攀升（图 4－9：日本 10 年期国债收益率），同期，10 年期国债收益率从 20 世纪 90 年代初的 8% 一路下滑到 1998 年东南亚金融危机期间的 0.9%。2008 年金融危机之后，政府部门负债率从 150% 上升到 2016 年 1 季度的 227%，日本 10 年期国债收益率从 1.5% 左右一路下行。2016 年 1 月 29 日日本央行宣布实施负利率，2 月 24 日日本 10 年期国债收益率进入负利率时代。

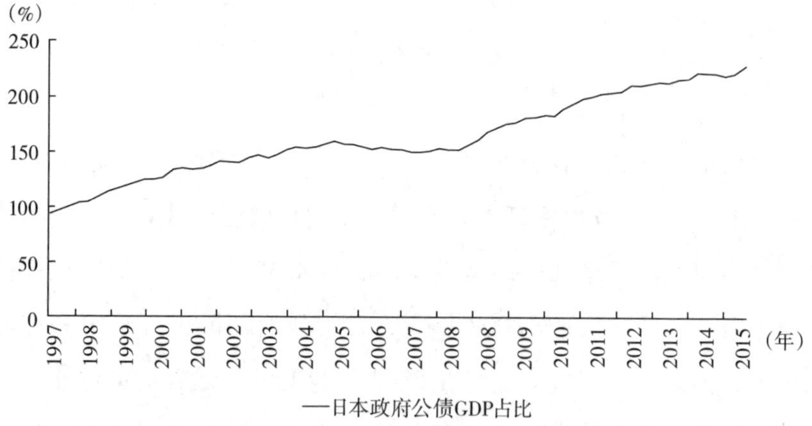

图 4－8　日本政府公债 GDP 占比

资料来源：Wind、BOJ

图 4-9　日本 10 年期国债收益率

资料来源：Wind、BOJ

4.4　债务周期尾部的财政政策

全球主要经济体在私人部门去杠杆的过程中都推出了财政刺激政策，但是政策的推出时机、政策规模、政策内容不同，政策效力也是各具特点。有针对性的财政政策干预也被许多国家作为私人部门去杠杆政策的核心组成部分，它们在不同国家的应用也有所不同，主要取决于政策目标、所使用的政策工具、作用对象和政策实施的背景。

4.4.1　1997—1999 年东南亚金融危机后

东南亚金融危机后日本政府出台了一系列税收刺激政策来促进企业重组。相关政策主要包括：①减免税收。日本政府在 20 世纪 90 年代初期开始实行一项通过减免税收来帮助私人部门去杠杆的计划，对子公司和部门的转让和重组中产生的资本利得延迟征税。在这些税收刺激政策实施的一年后，政府批准的重组计划数量增加了1倍。这个计划的成本大约为日本GDP的9.2%。②直接金融支持。日本设立了总值大约为GDP的12%的资金池来为尚能偿还债务的银行提供资本结构调整、解决面临倒闭的银行、为存款保险提供支持。但是这项政策在进入去杠杆阶段的3年后，也即1998年才开始实施。对银行业援救的政策滞后，导致去杠杆成本上升和缓慢的经济复苏。③小企业信用担保政策。日本引入了一项给中小企业发放贷款的信用担保政策，该政策覆盖了全部300亿日元的中小企业银行贷款。尽管该政策的目的是减缓信用风险的冲击，但它可能延迟了不可避免的重组，因为有证据表明这项政策的大部分受益对象是高负债的公司。

1998—1999年韩国政府出台了一系列税收政策来鼓励企业进行债务重组和降低负债。此类税收政策大部分是暂时的，附有长达5年的“落日条款”。主要内容包括：对子公司和部门的转让和重组以及股东的资产注入过程中产生的资本利得、交易活动和销售收入免税或延迟征税；取消债务与资本比率超过500%的公司的税收优惠待遇。改革破产机制。在税收刺激政策实施的同时，1998年韩国还进行了破产机制的改革，以去除公司债务重组过程中的弊端。破产机制的改革更好地平衡了负债人与债权人之间的利益，提升了公司破产机制的速度和效率。金融业重组计划。韩国从1997年开始了一项为期3年的金融业重组计划。该计划在去杠杆过程的初期为金融中间机构提供了财政支持。这项计划调整了金融机构的资本结构，通过政府资助的资产管理公司购买不良贷款资产，并且保护了储蓄者。这项计划耗费了31.2%GDP的资金，大部分资金是通过发行政府担保债券募集的。

4.4.2 2008年金融危机期间美国财政刺激政策

2008年1月美国国会宣布总成本达1,500亿美元的经济刺激方案，核心内容是税收减免。根据美国国会公布的美国财政刺激政策，每个美国工人可享有每人 300 美元的税收减免，而有多个孩子的家庭可享受最高达1,200美元的税收减免。这项刺激经济的计划还包括了商业减税计划，允许企业可预支 50% 的资本性支出费用，并且拥有更长的时间来弥补以前的亏损，期限也由原来的两年提高至五年。

2008 年 7 月随着住房市场的问题逐渐暴露，美国财政部和美联储联手推出了拯救美国抵押贷款业两大巨头——房地美和房利美的计划，其中包含了向这两家公司直接提供贷款和买入其股份在内的一系列措施。美国政府推出美国住房救助与止赎法案（AHRFPA），该法案授权美国联邦政府可以通过联邦住房管理局为价值 3000 亿美元的再融资房产提供保险。此法案亦为财政部在房利美、房地美以及联邦住房贷款银行在现有信用额度限度下于 18 个月内随时买入这些公司的债券或是股票，该法案实施至 2008 年 9 月房利美与房地美被国有化。

2008 年 9 月雷曼申请破产保护，10 月美国推出“资产救助计划”（Troubled Asset Relief Program，TARP）。2008 年 10 月 3 日美国财长保尔森向国会提交了总额 7,000 亿美元的救助计划，该计划的核心是允许财政部无限制地购买金融企业的抵押贷款证券。布什签署《2008 年紧急经济稳定法案》（*Emergency Economic Stabilization Act*），“授权政府购买并确保特定种类不良资产以稳定经济及金融系统并防止其恶化”且“保护纳税人，同时修改 1986 年的国内所得税法案以刺激能源生产与环境保护，并延长部分规定，以实现个人所得税减免，或用于其他目的”。法案授权财政部实施问题资产救助计划 TARP，全部金额将分阶段介入，起始阶段将获得 2,500 亿美元的购买额度，附加的 1,000 亿美元依赖总统向国会提交的申请书，剩余的 3,500 亿美元将在总统向国会说明财政部情况后 15 日未受到国会反对而划拨。美国政府在 TARP 的框架下，实施了一些用以重组金融部门的政策。这些政策旨在通过将公共资本注入压力较大的金融机构、政府去购买非政府资助公司的以房贷为基础资产的证券和小微企业贷款、政府为银行和货币基金资产做担保，来重组金融部门。

汽车业救助计划。政府向克莱斯勒和通用汽车公司的控股公司、向它们提供金融服务的公司和汽车供应商提供直接经济援助，同时也向购买者担保提供直接经济援助。政府提供的贷款是以服从和严格执行公司重组计划为条件的。2014 年一旦公司财务状况允许，政府就决定通过出售克莱斯勒和通用汽车公司股份的方式撤资。

2009 年 2 月 17 日奥巴马签署“美国复苏和再投资计划”（American Recovery & Reinvestment Plan, ARRP），总支出达 7,870 亿美元。ARRP 计划下，减税规模从最初的占比 40% 下降到 33%，而政府支出占比则从 60% 上升到 67%，因为美国政府认为，为了增加就业直接财政支出的效果优于减税方案。计划中的中长期项目包括，870 亿美元的医疗支出，790 亿美元用于教育支出，900 亿美元用于基础设施建设，540 亿美元用于再生能源生产，100 亿美元用于科研设施。计划中的短期项目包括，总计 2,750 亿美元的减税，其中，1,500 亿美元用于个人减税，1,000 亿美元用于增加就业和投资税收优惠，430 亿美元用于延长失业保险，390 亿美元用于失业者医疗保险和食品券金额。

4.4.3 影响政策有效性的因素

IMF 在 2016 年 10 月《债务观察报告》总结了财政政策在不同国家私人部门去杠杆进程中所扮演的不同角色及其各异的政策效果。

全球主要经济体去杠杆进程包括：20 世纪 90 年代早期的芬兰、90 年代中期的日本、亚洲金融危机后的韩国和泰国、2008 年金融危机后的冰岛和美国。这 6 个国家在私人部门去杠杆的过程中都推出了财政刺激政策，但是政策的推出时机、政策规模、政策内容都各不相同，因此其政策效力也是各具特点。有针对性的财政政策干预也被许多国家作为私人部门去杠杆政策的核心组成部分，它们在不同国家的应用也有所不同，主要取决于政策目标、所使用的政策工具、作用对象和政策实施的背景。决定财政支持企业部门去杠杆政策效力的因素，归纳起来主要包括以下一些方面：

第一，推出时点是否滞后。大多数情况下，在去杠杆进程早期阶段实施银行资本结构优化和企业重组的财政政策干预，对疏通和清理信贷体系是有用的。但是由于日本政府处理银行信贷体系问题的措施延迟，以及其过于宽松的银行业监管体系，反而增加了后期阶段去杠杆的财政政策成本，最终导致了日本 20 世纪 90 年代经济复苏的缓慢。而芬兰和韩国引入资产管理公司，着力于解决濒临破产的和无法生存的企业的金融结构性问题，加速不良贷款清理和企业债务重组。由于资产管理公司相关政策的独立性，以及政府给予恰当的资金援助，并且出台企业破产和撤销抵押品赎回权的相关法律，资产管理公司在企业部门去杠杆过程中发挥了积极有效的作用。

第二，政策实施的顺序。在系统性金融风险爆发之时，针对金融系统重构的政策要先于针对非金融企业和私人部门的财政政策实施。但是在某些情况下，一些对经济系统非常重要的、对其所在行业的产业链具有潜在溢出效应的公司，也需要与金融系统同时获得财政干预。例如美国次贷危机爆发后，2008 年 12 月 19 日布什公布了题为《汽车业重组及资产盘活救助方案》的汽车业救助方案，根据方案通用汽车和克莱斯勒公司获得总计 174 亿美元的政府资助，该方案帮助汽车巨头支付供应商的应付账款以维持这两家公司的流动性。汽车业救助方案是“问题资产救助计划”的一部分，也是政府有史以来对企业部门的最大救助计划，直至 2013 年 12 月美国财政部全部售出其所持有通用的股票，这才意味着美国联邦政府彻底退出对汽车产业的救助。

第三，激励性。政府主导的资本重组要确保只有能生存下去的企业才能获得财政援助，并且一旦条件允许，这些获救的企业就要偿还财政援助的资金。在激励政策这方面，日本是一个失败的例子。在 1997—1998 年东南亚金融危机中，几乎所有具有一定规模的银行都得到了财政援助，最终日本政府的资本重组计划并没有促进企业重组或银行不良贷款重组。

第四，财政救助受益对象。为了保证财政援助的单位成本的效用，援助政策往往是针对特定部门，并且设置一定的条件。美国的住房可偿付调整计划（Home Affordable Modification Program, HAMP），该计划只向愿意与借款人重新谈判房地产贷款合同条款的贷款人支付现金还款，并且只贷款给愿意继续支付修改条款后的借款家庭。冰岛的第一轮居民部门债务重组是通过转移支付和退税政策来实施的，财政援助款项的多少取决于家庭的净资产。确定救助对象通常比较困难，因为确定救助对象要在很强的政治压力下完成。在克莱斯勒和通用汽车公司的例子中，政府资金救助政策最关键因素包括：①用技术导向的方法来确定可以生存下去的公司；②需要有可信的资产重组和可行的计划作为政府发放贷款的条件；③对于接受救助的企业，政府需要对企业的管理“放手”，并且对企业的复苏和还款有时间上的约束。

第五，政策内容不同，去杠杆政策效力也存在差异。税收刺激政策难以监控，容易被企业利用以达到避税的目的；财政补贴、转移支付和政府贷款在援助对象恰当的条件下会比其他政策措施带来更少的副作用；而政府担保贷款则是一种成本较小的去杠杆政策。在韩国，税收刺激政策最终因为被滥用而没有真正有助于企业重组，同时还增加了税收系统的复杂性。美国的税收刺激政策是临时的危机解决措施，并且同时配有限制其滥用的保障措施，在这种情况下，美国政府对企业降杠杆的各项业务减税或免税的做法促进了美国的企业债务重组。财政补贴、转移支付和政府贷款在救助对象恰当的条件下，会比其他政策措施带来更少的副作用。美国政府对克莱斯勒和通用汽车公司成功援救的例子表明，财政资金救助要在一个健全的法律法规体系下实施，这个法律法规体系要能够保护公共资金，并且保证财政部门的独立性。政府担保贷款是一种成本较小的降杠杆政策。美国政府为政府资助的企业提供政府担保贷款，用以支持房地产市场。在这次政府担保贷款政策中，财政部用较少的成本就达到了较好的效果。日本引进的中小企业贷款信用担保计划却是一个不成功的例子。这项计划虽然减轻了系统性信贷紧缩的负面后果，但是它可能也延迟了必要的企业重组，因为参与该计划的企业包括了一些有高违约风险的高杠杆企业。

5

美联储货币政策正常化？

后危机时代的十年，金融市场的核心变量是美国联邦储备银行体系货币政策，包括零利率和三轮量化宽松货币政策。2008 年 9 月 15 日美国雷曼兄弟公司宣布申请破产保护，12 月 16 日美联储将联邦基金目标利率降至 0 ~ 0.25%，开启零利率货币政策。2009 年 3 月出台量化宽松货币政策，直接购买美国国债、资产抵押债券和机构债等证券扩张资产负债表，为金融体系提供流动性支持，并压低融资成本，支撑美国股市十年长牛。

虽然美联储三轮量化宽松政策作为非常规货币政策一直倍受诟病，但是 2014 年以来开启的货币政策正常化进程，给全球货币金融体系带来的影响，却亦是有过之而无不及。美联储每一轮的扩表暂歇、加息、缩表、降息、再扩表，都给金融体系和全球市场带来剧震。

2014 年 9 月美联储最后一次资产购买之后，发布《货币政策正常化原则和计划》（*Policy Normalization Principles and Plans*），明确货币政策正常化五个方面的原则。当年受美国页岩油增产和油管瓶颈问题的解决，国际原油市场定价机制发生历史性变化，国际油价大跌，先后将瑞典央行、欧洲央行和日本央行推向负利率政策，而中国央行也开启降息降准货币政策大宽松时代。2015 年 12 月美联储正式开启加息进程，美国经济强劲增长推动的需求端的恢复，叠加原油价格的供给端冲击，全球除美联储以外的中央银行开始超宽松货币政策，一定程度上抵销了美国货币政策正常化对全球经济的紧缩影响。中国股市经历 2015 年暴涨暴跌后，2016—2017 年全球经济同步复苏的过程中，供给侧结构性改革以及国内相对宽松的货币政策，支持中国股市核心资产重定价，股市仍然在波动中实现慢牛走势。直至 2018 年 1 月 31 日美股大幅下挫打乱了全球复苏的脚步，随后美国开启对华贸易摩擦。

2019 年中美经济就在美联储政策调整和中美贸易摩擦中起伏跌宕。2018 年年初美国股市修正和对华贸易摩擦，不仅没有促使美联储放缓加息进程，拉低美国经济增速，相反，3 月议息会议开始美联储加息进程提速。2018 年前三个季度，全球新兴经济体血雨腥风，货币危机、金融市场危机接踵而至，人民币汇率和 A 股市场受冲击的程度毋庸置疑。所有的负反馈机制，直至当年四季度美股大跌才宣告暂歇。美联储于 2019 年初宣布暂停加息，中美贸易摩擦也出现缓和时机。稍事歇息后，5 月特朗普引爆中美货币金融战。美联储 7 月开始连续三次降息，并于 10 月重启资产购买，同时通过公开市场操作投放短期流动性。2020 年 1 月 16 日，中美正式发布《中美第一阶段经贸协议公告》。正当全球市场在最后的几个月中为中美贸易摩擦形势缓和和美联储重启宽松而欢呼雀跃，并以极度乐观情绪驱散两年来挥之不去的紧张状态。

2020 年春，中国武汉爆发新型冠状肺炎疫情，美联储通过降息、流动性投放和贷款安排等政策稳定经济增长预期，所谓的货币政策正常化遥遥无期。2020 年 8 月 27 日美联储主席鲍威尔宣布美联储《关于长期目标和货币政策战略的更新声明》（*Revised Statement on Longer－Run Goals and Monetary Policy Strategy*），引入“平均通胀目标制”，此为美联储自 2012 年以来对货币政策框架进行的最大一次调整。

5.1 中性利率和美联储货币政策

美联储的利率政策核心在于中性利率的概念。所谓中性利率（Natural Rate of Interest），由瑞典学派创始人 Knut Wicksell 于 1898 年首次提出，中性利率是指信贷的利率对于商品的价格完全中性，既不会增加也不会下降。约翰·H. 威廉姆森（John H. Williams）1931 年在《凯恩斯货币论》（*The Monetary Doctrines of J. M. Keynes*）一文中定义，中性利率是抽象的，就如信仰，只有真正发挥作用了才可能被观测到，如果银行政策成功地稳定了价格，那么可以说银行利率一定是和中性利率相一致的，如果没有能稳定价格，那就是和中性利率不一致的。

泰勒规则（Taylor，1993）定义中性利率和实际利率之间的关系。对于央行而言，联邦基金利率水平由泰勒规则所决定，$it = r^* + \pi i + a\ (\pi t - \pi^*)\ + \beta Yt$。名义短期利率为 it，r^* 是政策制订者目前假设的中性利率水平，π 是通胀率，π^* 是政策制订者通胀目标，Y 是产出缺口，是实际产出和潜在产出的差值，同时也可以用实际失业率 u 和自然失业率 u^* 的差值来表示，$r^* + \pi t + a\ (\pi i - \pi^*)\ + \beta$

$(ut-u^*)$。在没有干扰因素的情况下，通胀达到央行政策目标，产出缺口将逐步趋于0，失业率趋于自然失业率，则实际利率 $i-\pi$ 将趋于中性利率 $\pi^{*\prime}$。

基于泰勒规则制订央行货币政策，将遵循这样的原则：如果通胀高于 π^*，则提高联邦基金利率水平至中性利率水平 r^*，随着利率的上升，经济主体倾向于减少消费和投资支出，从而减缓通胀压力，经济增长也将会降温；如果产出缺口为正，也即失业率高于自然失业率 u^*，则需要降低联邦基金利率，以刺激消费和投资，提高就业率。

对于中性利率的测算，美联储的 Thomas Laubach 和旧金山联储 John C. Williams 合作 "Measuring the Natural Rate of Interest Redux"（Laubach & Williams, 2016），将中性利率的测算公式定义为：$rt^*=cgt^*+zt$，其中，g^* 是潜在 GDP 增速趋势，z 是一个不可观测的随机行走过程，而 c 则是一个经测算的衡量增速趋势对中性利率的影响的参数。他们认为，20 世纪 60 年代后期以及 70 年代，美国通胀水平陡峭上升，这意味着联邦基金实际利率低于中性利率水平；80 年代沃尔克治理通胀期间，通胀率急速下行，实际利率则维持在相对高于实际中性利率的水平。他们采用多变量卡尔曼滤波方法（Multivariate Kalman Filter Estimates）测算中性利率，结果显示，90 年代美国的中性利率为3% ~3.5%，此后波动下行到 2007 年降到 2.6% 左右，2015 年美国中性利率为 0.8%。2018 年 8 月 Laubach 和 Williams 显著下调美国潜在经济增速，同时并未上调实际 GDP 增速预测，基于此而上调中性利率估算。

2017 年 5 月纽约联储工作论文《安全、流动性和中性利率》（*Safety, Liquidity and the Natural Rate of Interest*）中，吉安诺尼、吉

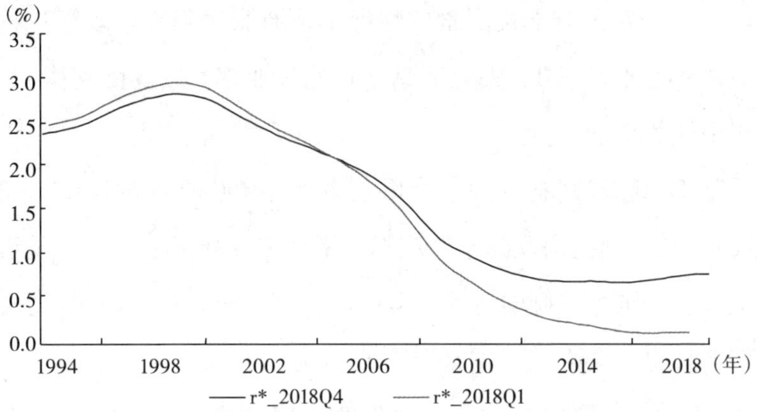

图 5-1　美国 2018Q4 中性利率测算

数据来源：New York FED

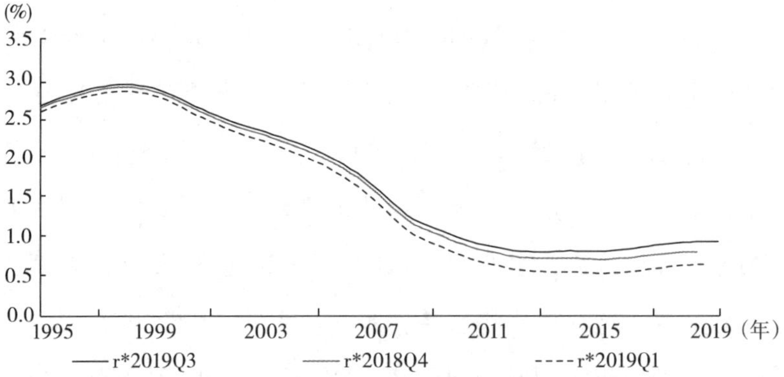

图 5-2　美国 2019Q3 中性利率测算

数据来源：New York FED

安诺、坦博罗迪、德尔内格罗（Giannoni，Giannone，Tambalotti，Del Negro，2017）分别采用 VAR 和 DSGE 模型测算中性利率。论文在一个新凯恩斯主义的框架下，将中性利率下行的原因不仅归结于经济增速下行，而且引入联邦债券的安全性和流动性溢价，继而将中性利率定义为，在缺乏工资物价刚性的均衡环境下，安全的、具有流动性的资产的实际利率水平。有别于劳巴赫和威廉姆斯

（Laubach & Williams，2016）测算的结果，他们发现，20 世纪 60 年代的中性利率远低于劳巴赫（Laubach）和威廉姆斯（Williams）测算的水平，事实上从 60 年代直到 1990 年代中期，实际中性利率都相对稳定在2% ~2.5% 的水平，到 90 年代后期达到峰值后开始缓慢下降。根据他们的测算，美国目前的实际中性利率水平为 1% ~1.5% 。2018 年 10 月 24 日纽约联储发布基于 DSGE 的实际中性利率预测结果，显示 2018 年 10 月美国实际中性利率达到 1.2% ，较 7 月上升 0.2 个百分点，预计 2019 年 7 月将达到 1.3% ，2019 年 10 月达到 1.4% 后逐步稳定在该水平上。

5.2 首提货币政策退出

2013 年 3 月美联储首提货币政策退出，暗示美联储在一些会议之后，逐步收缩资产负债表规模。

在美联储提出紧缩政策可能性时，2013 年中国央行和金融监管机构也同步收紧监管政策，国内钱荒现象严重。主要政策措施包括，2013 年 3 月银监会 8 号文规范非标资产，以及 2013 年 6 月中国人民银行规范同业业务。2013 年 3 月银监会出台 8 号文《关于规范商业银行理财业务投资运作有关问题的通知》，以规范商业银行理财资金投资“非标准化债券资产”的范围和限制。受 8 号文的影响，2013 年 3 月至 6 月上旬商业银行理财收益率普遍下行，国债收益率小幅回调。理财资金投资非标受限，并没有促使商业银行增加标准化债券资产的配置，事实上，商业银行为了规避监管，开始扩张同业业务，而同业资产资本耗用更少，同业业务也具备信用扩张的特性。商业银行通过同业拆借、同业存放、买入返售等，通过同业资金期限错配，对接长期的非标资产。同业业务中操作不规范、信息不透明、期限错配以及逃避监管的情况引起监管层的担心，2013 年 6 月 25 日央行网站发文《合理调节流动性，维护货币市场稳定》，提出“谨慎控制信贷等资产扩张偏快可能导致的流动性风险，加强同业业务期限错配风险防范”。受监管政策预期以及同业降杠杆的影响，国内货币市场流动性紧张局面迅速升温，货币市场利率大幅抬升，利率波动加大，隔夜 Shibor 一度创下 13.44% 的高位，银行间 7 天质押式回购利率飙升至 12% 以上。同期，10 年期国债收益率从年中的 3.4% 上升到年末的 4.7%。

5.3 美联储货币政策正常化

2014 年 10 月美联储结束购债。2014 年 9 月 17 日美联储发布《货币政策正常化原则和计划》（*Policy Normalization Principles and Plans*），明确政策正常化五个方面的原则：加息、逆回购等短期工具的使用、逐步停止再投资、未来将以事先公布的方式有限出售所持 MBS 以及为保证货币政策执行的效率和效果所持有的证券将是国债。第一，加息的同时增加逆回购操作。在经济条件许可的情况下，货币政策委员会将首先采取加息的方式以实现货币政策正常化，提高联邦基金利率。在货币政策正常化的过程中，联储将提高超额存款准备金利率 IOER，促使联邦基金利率朝货币政策委员会设定的目标利率方向变动。第二，联储将采用隔夜逆回购 ON RRP 以及其他补充工具，以调节联邦基金利率。联储对逆回购协议的使用将是有限的，在无须进一步调节联邦基金利率的情况下，将撤出这一政策工具。第三，减持证券的第一步是停止再投资。货币政策委员会预计将首先通过停止所持证券红利再投资的方式，并以渐进的、可预期的方式减少所持证券。委员会预计将在开始加息之后，逐步停止再投资进程，至于何时终止再投资将取决于金融市场状况和经济前景展望。第四，当前并不会减持 MBS，但未来将有限出售，并事先与公众沟通时点和节奏。委员会尚不认为出售所持 MBS 是货币政策正常化进程的一个部分，虽然在未来有限出售部分 MBS 以减少一些零散头寸也是可能的。关于售出的时间节点和节奏，委员会将事先与公众沟通。第五，为保证货币政策效率和效果所持证券将是国债。委员会试图在更长期限内仅保留执行货币政策效率和有效性所必需的证券规模，基于这一考虑，联储将主要持有国债，以将联储持债对经济中信贷资源的部门间配置差异的影响降低到最低限度。

2014 年 12 月联邦公开市场委员会之后的新闻发布会上耶伦表示，通胀保值国债（TIPS）隐含的“通胀补偿”和“通胀预期”不是一回事（即，TIPS 隐含的盈亏平衡通胀率可能受到通胀风险溢价以及与流动性状况有关的市场技术性因素变化的干扰）。指引暗示首次加息“至少要等几次会议”，前提是前景基本按预期发展。

2015 年 3 月美联储议息会议对货币政策正常化的程序加以补充说明，预计在实施缩表政策后即减少逆回购操作。货币政策委员会会议决定联邦基金目标利率区间的宽度仍然是 25bp，超额存款准备金 IOER 利率水平应等于联邦基金目标利率的上限，逆回购 ON RRP 利率应等于目标利率的下限。暂时增加逆回购操作的规模以支持货币政策执行，调整超额存款准备金 IOER 利率和逆回购 ON RRP 利率，并使用其他短期工具以配合加息的货币政策。委员会预计将在实施货币紧缩政策后立即减少此类工具的使用。2015 年 3 月议息会议下调经济增长预期和通胀预期。

2015 年 9 月美联储经济预测首次发布长期利率预测，经济预测和点阵图显示 12 月加息，2016 年加息 4 次，长期中性利率 3.5%。9 月 16—17 日联邦公开市场委员会认为经济增长和劳动力市场几乎均衡，但有别于 7 月，此次提示货币政策委员会正监测海外增长，并首次在经济预测中发布联邦基金利率长期预测。经济预测 2015 年美国 PCE、核心 PCE 同比增速分别为 0.7%、0.4%，会议决议显示委员会将通胀预期逐渐上调至中期目标 2%，并表示当劳动力市场进一步改善，扩大基准利率的目标区间将是合适的政策选项。同时，经济预测将中性利率从 6 月的 3.8% 下调至 3.5%，联邦基金利率长期预测和点阵图均显示，2015 年内加息一次，12 月加息基本上是确定的。

一周后耶伦演讲解释通胀预测和利率决定，2015 年 12 月加息基本确定。2015 年 9 月 24 日耶伦发表题为“通胀动态和货币政策”（*Inflation Dynamics and Monetary Policy*）的演讲，其核心内容是，向公众阐释美联储对通胀预测的理论与实证框架。耶伦指出，核心通货膨胀决定于三个重要因素：产能利用率、中间品价格以及通胀预期。产能利用率，通常是指实际产出和潜在产出的差异，也可以理解为实际失业率和自然失业率的差异，也就是泰勒规则中的产出缺口 Y，或者是 $u - u^*$。影响中间投入品价格的一个重要因素则是主要投入品的进口价格。产能利用率和进口品价格，这两个因素对核心通胀的影响是动态的，它们的变动对通胀的影响，取决于它们是否会影响长期通胀预期。美国产能利用率恢复到金融危机爆发前水平，但是劳动力市场仍然存在一些疲弱因素，而且菲利普斯曲线所阐释的失业率和物价之间的负相关关系已经不适用当前美国经济增长实际情况。耶伦在结论中表明 2015 年底前加息的货币政策是合适的，除非油价和美元汇率变动引发市场意外风险。

耶伦同时指出，加息的风险在于经济学家对通胀的认识是不足的，而且宏观经济中实际通胀率往往低于经济预测显示的通胀率水平。以日本为例，市场调查的结果总是显示日本经济通胀预期稳定并且总为正，但是实际上该国经历了长期的温和通缩。耶伦此次演讲基本上确定了2015年内联储将启动加息进程，12月加息可以说是板上钉钉。此时距离中国人民银行8·11汇改仅月余。美国市场从人民币突然贬值之后的资产抛售中恢复。

2014年四季度中国央行开始货币宽松，首先通过中长期公开市场工具向市场投放流动性，随后开启降准降息周期。2014年4月，央行创设抵押补充贷款PSL，“以支持国家开发银行加大对‘棚户区改造’重点项目的信贷支持力度，为开发性金融支持棚改提供长期稳定、成本适当的资金来源”。7月开始首次PSL操作，2014年PSL年末余额3,831亿元。同时，央行从四季度开始MLF操作，并通过MLF利率引导中期利率下行。2014年全年，央行累计开展中期借贷便利操作1.14万亿元，年末余额为6,445亿元，期限均为3个月，利率为3.5%。11月22日，央行开启降息周期，至2015年10月24日的一年内降息8次，将政策利率从6%调降至4.35%。2015年2月开始降准，至2016年3月的一年内5次降准，将大型存款类金融机构存款准备金率从20%降至17%，中小型存款类金融机构存款准备金率从18%降至15%。

2014年末中国大资管行业进入加速倍增时期。2014年12月至2016年末的两年内，2012年、2013年涌现出来的金融创新工具在此期间爆发式增长，大资管行业资产管理规模从20.5万亿元增至51.8万亿元，2年内增长1.5倍。

资本市场过度繁荣引发激烈的调整，2014 年 6 月中国 A 股股灾后，货币政策进一步宽松，一行三会、国资委、财政部、公安部也都分别采取稳定市场政策行动。2014 年四季度开启货币宽松周期，开启 A 股大牛市，三个季度后爆发股灾。6 月 12 日沪指站上七年最高点 5,178。6 月 19 日端午节前最后一个交易日，沪指单日大跌 6.42%，收至 4,500 点以下，两市近千只个股跌停，当周累计跌幅近 13%。6 月 27 日央行宣布降准降息，8 月 26 日央行再次降准降息。6 月 29 日，人力资源社会保障部和财政部会同有关部门发布《基本养老保险基金投资管理办法》征求意见稿，办法规定养老金入市比例最高可达 30%，金额或超万亿元。7 月 8 日国资委表态，央企在股市异常波动期间不得减持所控股上市公司股票，财政部也承诺不减持所持有的上市公司股票，并将择机增持。次日，公安部副部长孟庆丰带队到证监会，会同证监会排查近期恶意卖空股票与股指的线索。7 月保监会也颁布系列救市措施，放宽保险资金投资蓝筹股票监管比例，及保险资产管理公司与证券公司开展融资融券债权收益权转让和回购业务的期限要求。银监会发布四大措施，允许已到期股票质押贷款重新确定期限、支持调整平仓线、鼓励向证金公司提供同业融资、支持对回购提供质押融资等。

中证金救市。2015 年 7 月 5 日为维护股票市场稳定，证监会决定，充分发挥中国证券金融公司的作用，多渠道筹集资金，扩大业务规模，增强维护市场稳定的能力。中国人民银行将协助通过多种形式给予中国证券金融公司流动性支持。7 月 3 日，中证金拟增资扩股，注册资本从 240 亿元增至 1,000 亿元，增资获得 760 亿元，作为第一批救市资金。7 月 4 日 21 家券商齐聚证监会商讨救市方案之一，参会券商按照 2015 年 6 月底净资产 15% 出资 1,280 亿元，由中证金统一调配。7月7日晚中证金拟向银行间市场发行800亿短期融资券。7月8日上午开盘前，央行宣布多渠道提供资金支持中证金稳定资本市场。随后证监会宣布，已获得央行充足流动性支持，并持续通过多渠道向证券公司提供足额资金，当日向21家证券公司提供了2,600亿元信用额，还向5大基金公司购买2,000亿元主动型基金份额。另据推测，7月央行向中证金提供再贷款约2,000亿。据报道，中证金获商业银行授信规模约2万亿元。

8·11**汇改后人民币兑美元名义汇率两个交易日内贬值**6%。中国央行宣布完善人民币兑美元汇率中间价报价机制，做市商在每日银行间外汇市场开盘前，参考上日银行间外汇市场收盘汇率，综合考虑外汇供求情况以及国际主要货币汇率变化向中国外汇交易中心提供中间价报价。汇改决定宣布当日及次日，银行间外汇市场人民币兑美元即期汇率贬值幅度累计达3%，离岸市场人民币兑美元即期汇率两日内贬值幅度累计达6%。

2015**年**8**月鼓励商业银行支持基建**。周小川表示，如果未来政策性银行资本积累略低于扩张速度，国家可以视能力提供补充资本支持，并可以考虑吸收其他资本。央行称，国家外汇储备已分别向国开行和进出口行注资480亿美元和450亿美元。这有助于两家银行进一步加大对“一带一路”、棚户区改造、京津冀协同发展、国际产能合作等重点领域的支持力度。银监会和发改委联合下发《关于银行业支持重点领域重大工程建设的指导意见》，要求银行业做好重大工程项目建设金融服务。指导意见提出，对于重大工程项目建设提供差别化信贷支持；鼓励银行业金融机构实施银团贷款、联合授信等信贷创新。

2015**年末中国经济政策全面转向，供给侧结构性改革政策出台**。

2015年12月21日闭幕的中央经济工作会议强调，推进供给侧结构性改革，是适应和引领经济发展新常态的重大创新，是适应国际金融危机发生后综合国力竞争新形势的主动选择，是适应我国经济发展新常态的必然要求。明年经济社会发展主要是抓好去产能、去库存、去杠杆、降成本、补短板五大任务。中国进入全面推进供给侧管理政策时期。

5.4 暂缓加息

美联储首次加息引发金融市场大幅波动。2015年12月美联储首次加息并且前瞻指引显示2016年有4次加息操作，联储议息会议后，2016年初全球金融市场即发生两件大事：一是2016年初中国市场熔断引发抛售，二是2016年2月1日日本央行采取负利率政策，这两件事引起全球金融市场大幅调整。

2016年2月14日，耶伦的国会证词打消了3月加息的可能性。 耶伦表示，如果数据显示增长强劲，美联储将加速加息进程，但是如果经济增长令人失望，美联储并不排除降息的可能性。耶伦美国国会半年度货币政策报告中认为，美国劳动力市场表现稳健，经济活动持续扩张，中期通胀预期稳定，但是美国金融市场表现不佳，股票价格明显下滑，高风险资产融资成本上升，美元持续升值，人民币贬值压力加重中国汇率政策和经济增长的不确定性，油价和大宗商品价格下滑触发发展中大宗商品出口国金融经济风险。美联储关于联邦基金利率的决定将依据经济数据所传递的经济展望信息，包括劳动力市场状况、通胀指标、金融市场和国际市场状况等因素。

耶伦对“市场通胀补偿”衡量（Market – Based Measures of Inflation Compensation）的解释并不明显鸽派。她谈到市场对通胀补偿的衡量，也即国债收益率和通胀指数国债收益率之差，近期该指标下降到历史低位，其原因主要是风险溢价和流动性溢价在过去的一年半的时间里持续发挥作用。“市场通胀补偿”也称为市场通胀预期。对“市场通胀补偿”的衡量，通常以盈亏平衡通胀率（Breakeven Inflation）表示，以国债收益率和通胀指数国债收益率之差衡量。根据美联储数据（图 5－3：市场通胀补偿），2014 年 7 月以来，该指数持续下行，2016 年 2 月美国 10 年期国债收益率和 10 年期通胀指数国债收益率之差下降到 1.23%，较半年前下降 60 个基点，相当于 2009 年 4 月水平。从公式来看：

国债名义收益率＝实际收益率＋预期通胀率＋通胀风险补偿，

通胀指数国债名义收益率＝实际收益率＋流动性风险补偿，

因此：

盈亏平衡通胀率＝国债名义收益率－通胀指数国债名义收益率
＝预期通胀率＋通胀风险补偿－流动性风险补偿

“市场通胀补偿”或者盈亏平衡通胀率的下降，既可能是预期通胀率下降所致，也可能是因为预期的高通胀未能兑现而导致通胀风险补偿下降，同时也不排除市场追逐安全资产而导致流动性风险补偿上升。耶伦将“市场通胀补偿”下降归因于风险溢价和流动性溢价因素，显然是弱化市场预期通胀率下降的影响。

2016 年 5 月，美联储开始通过三个系列小额操作测试缩表方案。 2016 年 5 月美联储三个系列小额操作，售出所持 MBS 和国债。2016 年 5 月 17 日，在美联储公布 4 月联储会议纪要前日，纽约联储官网发布公开市场操作政策，决定将于 2016 年 5 月 24 日进行 2.5 亿美元

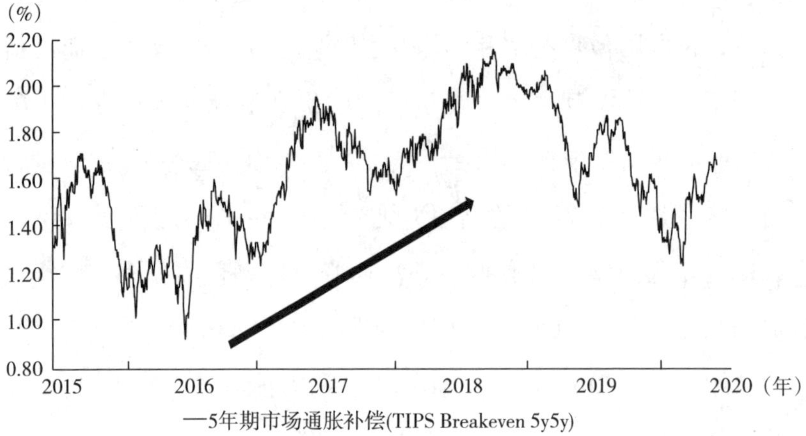

图 5-3　市场通胀补偿

数据来源：Wind、FED

的国债出售操作，所售国债仅限于到期日在 2～3 年的债券；5 月 25 日进行总额不超过 7 亿美元的国债、机构债和 MBS 回购操作；并将于 5 月 25 日和 6 月 1 日进行两次 MBS 出售操作，两次售出的 MBS 总额不超过 1.5 亿美元。纽约联储在政策公布中说明，此次三个系列的小额操作旨在测试操作上的可行性，只是事先计划的审慎措施，并不意味着美联储政策的任何转向。

2016 年前三季度美联储都没有加息操作，并且逐季下调加息次数，三次经济预测分别将中性利率调降 0.3、0.3、0.1 **个百分点。**2016 年 3 月议息会议下调 2016 年加息次数至 2 次；2016 年 6 月议息会议维持年内 2 次加息预期，下调 2017 年加息次数至 3 次；2016 年 9 月议息会议决定年内 12 月加息一次，下调 2017 年加息次数预期至 2 次。直至 2016 年 12 月，美联储议息会议决定加息 0.25 个百分点，同时经济预测上调经济增长预期，下调失业率预期，调升中性利率 0.1 个百分点至 3%，上调 2017 年加息次数至 3 次。

中国央行的另类宽松——公开市场流动性投放，通过公开市场操作的数量型宽松力度相当于降准500bp（图5-4：中国央行公开市场月度净投放）。2016年3月最后一次降准之后，央行停止降准操作，改由公开市场投放流动性。2014年9月，中国央行公开市场操作从净回收流动性转为净投放。2016年则是公开市场投放增长最快的一年。全年公开市场操作（不包括再贷款）净投放流动性5.6万亿元，其中，MLF净投放总额1.8万亿元，PSL净投放总计9,700亿元，逆回购净投放1.3万亿元。按照降准50bp释放5,000亿~6,000亿流动性来衡量，2016年通过公开市场释放的流动性相当于降准500bp，货币数量型宽松的力度甚至超过2015年。

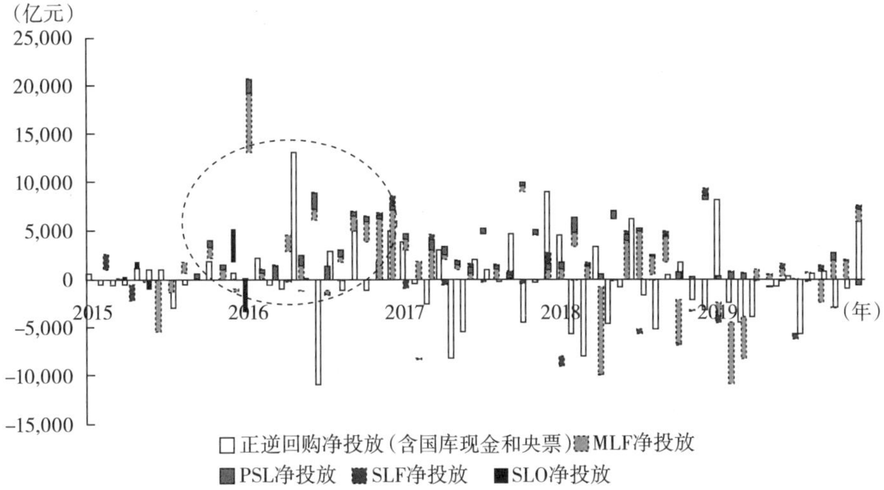

图5-4　中国央行公开市场月度净投放

数据来源：Wind、中国人民银行

金融去杠杆，叠加美联储加息，2016年12月爆发债灾。2016年7月27日，银监会下发《商业银行理财业务监督管理办法（征求意见稿）》，要求对银行理财业务分类管理，对分级理财产品、资金池业务、产品嵌套、风险准备金制度、杠杆率上限、投资比例、第三方托管制度等方面做明确规定。2016 年 10 月 10 日国务院印发《关于积极稳妥降低企业杠杆率的意见》和《关于市场化银行债权转股权的指导意见》。11 月中旬中国债券市场开始加速调整，受特朗普当选美国总统后对美国基建投资加码和货币政策收紧预期的影响，债市收益率开始逐步走高。11 月 9 日通胀数据和中央政治局会议提农业供给侧改革，提升市场对明年的通胀预期，12 日债市加大调整幅度，10 年期国债收益率当天上行 6bp 至 3. 15%。12 月 15 日凌晨，美联储公布加息缩表决议，当天债市大幅下挫，10 年期国债收益率上行 11bp 至 3. 33%，较 9 月下旬的历史低位上行 60bp，国债期货全线跌停，期限利差收窄，国海证券代持事件随之发酵。

5. 5　加息缩表提速和中国金融监管

2017 年美联储加息提速。2017 年首季，美联储将中性利率调回至 3% 之后，9 月和 12 月又将中性利率调降至 2. 8%，3 月、6 月和 12 月联邦公开市场委员会议息会议分别加息 25 个百分点。

2017 年 6 月议息会议发布《货币政策正常化原则和计划的补充说明》（*Addendum to the Policy Normalization Principles and Plans*），**10 月启动缩表**。补充说明指出，缩表将首先采取停止所持国债红利再投资的方式，最初的缩表上限为每月 60 亿美元，并将以每个季度递增 60 亿美元的速度逐步扩大，直至每月规模达到 300 亿美元。对于暂停所持机构债和 MBS 红利再投资的额度，美联储预计将是每月 40 亿美元的规模，并将以每个季度递增 40 亿美元的速度逐步扩大，直至每月规模达到 200 亿美元。联储货币政策委员会预计，将在减少再投资的额度触及上限后，仍然在一定时间内维持该额度上限，以便将联储缩表的速度维持在一个渐进的、可预期的范围内，并且将在合适的时候不再持有有价证券。按照这一速度，预计联储开始缩表的一年内，联储资产负债表将缩减4,500亿美元，此后的每年缩表规模将达到6,000亿美元。也即，此后4年内的联储缩表规模将为2.25万亿美元。补充说明同时表示，委员会确认调整联储目标利率区间是货币政策调整的首要方式。如果委员会认为经济展望的恶化需要调降联邦基金利率水平，则将恢复再投资政策。如果未来经济状况要求更为适应性的货币政策，委员会将会充分使用所有的货币政策工具，包括调整资产负债表的规模和结构。10月美联储正式开启缩表操作。

中国人民银行跟随加息操作，2017年3月开始上调公开市场利率，此轮加息进程一致延续至2018年4月，其间加息4次（图5-5：中国央行公开市场操作利率）。2017年3月17日中国央行公开市场操作利率上调10bp。央行上调7天期逆回购操作中标利率10bp至2.45%、14天期逆回购操作中标利率至2.6%、28天期逆回购操作

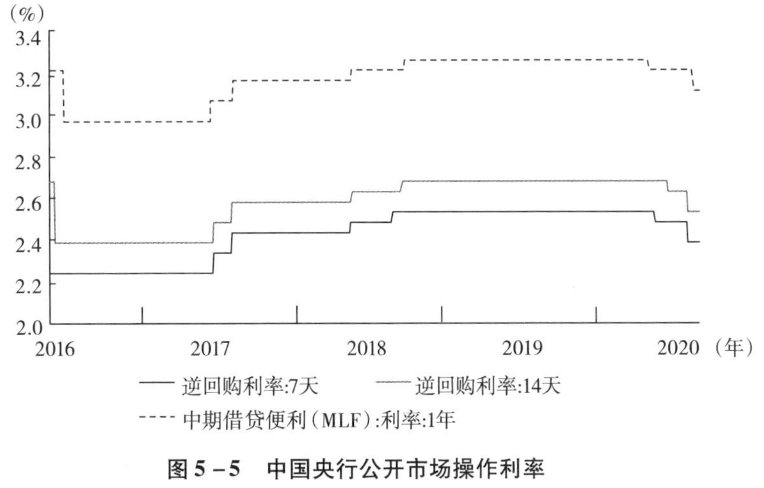

图5-5 中国央行公开市场操作利率

数据来源：Wind、中国人民银行

中标利率至2.75%。上调6个月期MLF操作利率10bp至3.05%、1年期MLF操作利率10bp至3.20%。2017年没有降准降息操作，公开市场净投放规模约1.8万亿元。

2017年3月中国金融强监管来临，股债均大幅调整。2017年3月17日，证监会证券基金机构监管部发布《机构监管情况通报》，落实委外定制基金新规。4月中国银监会接连发布《关于开展银行业“监管套利、空转套利、关联套利”专项治理的通知》（46号文）、《关于开展银行业“不当创新、不当交易、不当激励、不当收费”专项治理工作的通知》（53号文）、《关于银行业风险防控工作的指导意见》（6号文）等一系列七道监管令，商业银行“监管风暴”来临。七道监管令，直指商业银行表外理财和委外业务，尤其是针对理财和委外业务中多层套嵌的复杂交易结构。监管文件对于同业套利、理财套利等方面要求银行自查，并要求商业银行加强同业存单、债市、房地产市场风险防范。其间，证监会和中基协先后发文落实委外定制新规，保监会发文防范地产风险、严格保险资金运用监管。委外业务资金提供方主要是商业银行的表外理财资金和表内自营资金。资金管理人，一般是基金、券商、保险、信托等。从资金投向来看，90%的资金投资于债券市场和货币市场。监管新规发布后，4月股债均大幅调整。

5.6 鲍威尔之鹰

2018年新上任的美联储主席鲍威尔在任期间，连续三个季度加息25bp。3月、6月、9月联邦公开市场委员会分别加息25bp，3月经济预测调升中性利率0.1个百分点至2.9%，9月经济预测显著上调美国经济增速预期0.3个百分点，同时上调中性利率预期0.1个百分点至3%。

鲍威尔上任后发表一系列演讲，表明其货币政策偏鹰派的政策取向。他在2018年8月24日杰克森霍尔央行行长年会上发表题为《经济环境变化下的货币政策》（*Monetary Policy in a Changing Economy*）的演讲，指出如果劳动生产率增长是促使产出和就业增长的原因，经济增长就未必会带来通胀风险，但是模型测算的自然失业率 u^* 有时可能会误导人们对经济增长的实际情况和未来通胀预期的判断。他将金融危机前的美联储货币政策划分为两个时期：1960—1985年的高通胀时期，20世纪90年代中期以来的大缓和时期。高通胀时期的联邦公开市场委员会，过于关注对 u^* 缺乏准确度的测算，但是却忽视 π 的通胀预期可能存在的失误。大缓和时期的1996年中期，美国失业率低于自然失业率，联储预期经济增速超过潜在增长率，货币政策委员会成员认为需要加息以遏制通胀风险，但是时任美联储主席的格林斯潘认为美国经济正经历“新经济”奇迹，劳动生产率的增长使得产出和就业增长的同时，并未制造通胀风险。

10月2日鲍威尔再次提示通胀预期的重要性，但是显然侧重点不同于8月的演讲。他在题为《低通胀和低失业时代的货币政策和风险管理》（*Monetary Policy and Risk Management at a time of Low Inflation and Low Unemployment*）的演讲中，认为美国经济增长强劲，失业率在2020年底之前都将保持在4%以下，预期通胀水平将在2%左右。大通胀时代，美国失业率在4%~10%的水平间波动，通胀也在相似波动。大缓和时代，失业率同样在4%~10%的区间内波动，但是通胀已经变得更为可控，这段时期，通胀率均值1.7%，而且在1%~2.5%的区间内波动。即便在金融危机期间，核心通胀也未见过于膨胀。

他认为，对菲利普斯曲线的再认识，以及大通胀时代美联储“behind the curve”的教训，说明央行的主要职责是锚定通胀预期。菲利普斯曲线显示失业率和通胀率之间的替代关系，基于菲利普斯曲线，政策制定者可能错误地相信高通胀可以实现高就业，而另一些政策制定者没有真正理解所谓的自然失业率。高通胀时期，自然失业率高企，劳动力市场压力就会很大，通胀上行压力也就更大，也就是所谓工资－物价螺旋上升机制。人们的预期，对通胀发展也起到推波助澜的作用。如果人们预期通胀加速，他们会将这一预期体现在工资和价格决策中，因此人们的预期继续推动通胀上行。结果是，美联储一再反应迟缓（behind the curve）。这正是20世纪80年代联邦基金利率接近20%的原因所在。大通胀时代的教训告诉我们，货币政策的主要任务是将通胀预期锚定在一个低水平。

同时，鲍威尔表示，当前距离中性利率还有很长一段路。10月3日，鲍威尔接受PBS采访时表示，美国经济表现“相当正面”（remarkably positive），没有理由不认为当前的经济扩张可以延续相当一段时间，利率仍然宽松，我们在逐渐让它达到中性水平，当前可能距离中性利率还有一段长路。虽然和耶伦一样重视预期的作用，但是有别于耶伦，鲍威尔对通胀的解读似乎始终并不关注进口品价格的影响。

在鲍威尔鹰派政策实施的2018年，由于中美贸易之间的摩擦，中国央行采取一系列宽松政策以对抗经济下行风险。2018年6月15日美国政府发布了加征关税的商品清单，将对从中国进口的约500亿美元商品加征25%的关税，其中对约340亿美元商品自2018年7

月 6 日起实施加征关税措施，同时对约 160 亿美元商品加征关税开始征求公众意见。**此后，中国央行采取降准 150 个基点的宽松货币政策，同时放松金融监管政策**。6 月 20 日，国务院常务会议确定了进一步缓解小微企业融资难融资贵的多项措施。7 月 5 日定向降准 50bp，支持“债转股”。10 月 15 日继续降准 100bp 置换 4,500 亿元 MLF，增量资金投放 7,500 亿元。部分金融机构的 MPA 结构性参数将被下调。7 月 20 日资管新规细则出台，公募资管可以适当投资非标，过渡期内金融机构可以发行老产品投资新资产，银行的现金管理类产品参照货币市场基金的“摊余成本 + 影子定价”方法进行估值，非标回表在 MPA 考核时可调整有关参数，难以回表的存量非标以及未到期的存量股权类资产可安排妥善处理。

5.7 鲍威尔看跌期权[①]

经历 2018 年四季度美股抛售潮之后的 2019 年，美联储货币政策转向。

第一，3 月美联储议息会议决定暂停加息，但是缩表继续执行至 9 月末。2019 年 3 月议息会议美联储按兵不动，预计全年不加息，2020 年加息一次。当年 9 月末停止缩表，货币政策委员会打算通过将每月收回资金的上限从目前的 300 亿美元减少到 2019 年 5 月开始的 150 亿美元来减缓缩减持有的国债的规模，并在 2019 年 9 月底完成减少系统公开市场账户（SOMA）中的总证券持有量。

第二，5 月美联储议息会议决定重启降息周期。2019 年 5 月中

① 鲍威尔看跌期权(Powell Put)，Put:“看跌期权”是一种观点。

美贸易摩擦之火重燃，美联储自 7 月开启降息周期，7 月、9 月、10 月分别连续三次降息 25bp。

第三，9 月美联储重启回购操作，以应对缩表以来商业银行准备金水平下降而导致的“美元荒”。9 月中旬，美元回购市场的紧张局势非常罕见。回购利率通常在 10bp 或至多 20bp 的盘中波动。9 月 17 日，隔夜融资担保利率（SOFR）——基于回购市场的美元隔夜参考利率——增加了一倍多，盘中区间跃升至约 700bp。联邦基金利率的日内波动也异常高。

第四，10 月美联储重启扩表，宣布 200 亿美元的再投资计划，纽约联储随后又推出每月 600 亿美元购债，购债计划以 1 年期以内的短期国债为主。10 月 4 日美联储临时会议提出短期国债购买计划，鲍威尔称之为“organic”的被动扩表机制。从 2019 年 10 月开始至 2020 年 2 季度，从机构债券和机构 MBS 赎回的本金将再次投资于美国国债，最高金额为每月 200 亿美元，任何超过该最高金额的本金将继续再投资于机构 MBS。10 月 11 日，纽约联储 SOMA 宣布从 10 月中旬开始，将额外购买规模为 600 亿美元的美国国债，此项资产购买是 10 月 4 日美联储宣布的再投资计划的补充，随后各月可能购买规模根据金融市场情况确定。

美联储在公告中一再强调此次扩表是为帮助管理流动性、更好地实施货币政策“技术性措施”，与 QE 不同，更不代表货币政策立场的变化。事实上，与 QE 相比，美联储 2019 年四季度开启的扩表有几点显著不同。首先，力度相对较小，虽然为建立“缓冲垫”的未来 6 个月购买力度可能在 600 亿美元每月，但随后的购买力度可能为每月 150 美元。相比之下，此前美联储三轮 QE 是持续大规模购买，总购买量达万亿美元级别。其次，购买集中在短期债券，压低短端利率，有助于改善收益率长短期倒挂的问题，但对长端利率的压制或许并不明显，反而可能因经济基本面状况的改善而出现长端利率上行的情况，这是和 QE 集中购买长期国债、意在压低长端利率有所不同的。

第五，使用750 亿美元隔夜回购和350 亿美元的定期回购操作工具直至2020 年1 月。定期回购操作一般每周两次，每次至少350 亿美元，隔夜回购操作至少750 亿美元，有助于保持货币市场稳定。10 月23 日，纽约联储提高隔夜回购操作额度至1,200 亿美元，定期回购操作额度提高至450 亿美元。

5.8 新冠危机应对

5.8.1 利率政率

美联储2020 年首次联邦公开市场委员会议息会议决议，维持目标政策利率区间，并表示在经过2019 年四季度的快速扩表后，后续美联储总资产扩张节奏将逐步放缓。

第一，利率政策方面，维持利率在1.5% ~1.75% 区间不变，同时小幅上调超额准备金率（IOER）和隔夜回购利率（ONRRP）5bp 分别至1.6% 、1.5% 。美联储2018 年6 月、9 月、12 月加息过程中均对 IOER 利率做了技术性调整，分别相对联邦基金目标利率上限低 5bp、5bp 和 10bp。2019 年 5 月美联储维持联邦基金利率不变，IOER 利率相对目标利率上限下调 15bp 至2.35% ，7 月、9 月、10 月降息后 IOER 利率相对目标利率上限低分别低 15bp（2.10% ）、20bp（1.80% ）和20bp（1.55% ）。隔夜逆回购利率 ON RRP 则位于目标利率下限之下 5bp。

第二，1 季度美联储总资产扩张节奏将放缓，准备金规模将逐步收缩至 1.5 万亿美元。美联储资产负债表中商业银行准备金已经相比 2019 年 9 月初增加，达到 1.61 万亿美元的规模。议息会后的新闻发布会上，鲍威尔表示美联储的目标是维持准备金不低于 1.5 万亿美元，因此对美联储而言，近期已无必要继续大规模扩张总资产投放流动性。

第三，将隔夜回购期限由此前的 2020 年 1 月延长至 4 月。鲍威尔一再强调回购计划的调整只是为了将隔夜市场恢复至 2019 年 9 月市场波动前的状况。短期国债回购计划将持续至 2020 年 4 月，之后美联储将转向更小规模的资产购买，目的在于保证准备金在不使用隔夜正回购工具的前提下合理充裕。当前回购存量规模为 1860 亿美元，若以 600 亿美元每月的资产购买节奏进行替代，恰好在 4 月底完成，也即，4 月底回购存量将回落至零附近。

第四，会议重申短期国债回购计划将维持至 2020 年 2 季度。在 2019 年 4 季度与回购工具共同完成大规模流动性投放，并在 2020 年 1—4 月完成替代存量回购工具后，预计 5 月开始国债购买将从 600 亿美元下降至 150 亿美元。

虽然新型冠状病毒已在中国境内爆发，但是鲍威尔国会政策展示的基本货币政策主张保持与 1 月议息会议的一致性。2020 年 2 月 11 日美联储主席鲍威尔出席国会众议院金融服务委员会的半年度听证，重申对美国经济有信心，暗示“按兵不动”的利率政策暂时不变。鲍威尔指出，美联储打算逐步取消积极地使用回购操作，因为购买短期美债可以建立并维持充足的准备金水平，随着准备金达到持续充足的水平，美联储打算将购买短期美债的速度放慢到“令资产负债表与负债趋势需求的增长相协调”。美联储可能会在 2020 年中左右完成对货币政策战略、工具和沟通做法的审查。同时，美联储将继续进行回购操作，至少维持到2020年4月，预计将在二季度继续购买和回购短期美国国债，并预计将在年中达到合适的准备金水平。

3月3日美联储紧急降息，并称新型冠状病毒对经济活动构成了不断演变的风险，为实现其充分就业和价格稳定目标，联邦公开市场委员会决定将联邦基金利率的目标区间下调50bp至1.00%～1.25%。议息会议后的记者会上，鲍威尔指出病毒开始广泛传播，甚至在美国也有流行的迹象，对于疫情的持续时间，没有人能够确定，最终的解决方案将来自其他部门，尤其是流行病学相关专业人士。降息行动是为了帮助美国经济在危机中保持强劲，就业增速稳健，薪资保持增长。预计G7其他国家将采取措施。病毒爆发需要多方面的应对，财政政策也可能提供支持。一次降息不足以解决供应链问题，目前还没有考虑其他措施，降息可以避免金融环境收紧。

降息政策并未阻止金融市场抛售，3月12日纽约联储推出大型公开市场操作计划。降息政策推出后，避险资金大量买入美国国债和日元，10年期美国国债收益率一度突破0.4%的历史极低位，随后机构开始抛售各类金融资产，长期债券收益率转而上行，金融市场状况非常类似2008年金融危机时期。3月12日，纽约联储表示新推出1.5万亿美元回购操作，并开始购买一系列各年期美债。当日下午1时30分进行5,000亿美元3个月期回购操作，3月13日，将再进行5,000亿美元1个月期回购和5,000亿美元3个月期回购操作，两天内预计投放流动性1.5万亿美元。在接下来的一个月里，3个月期和1个月期的5,000亿美元回购操作将每周操作一次，也即，一个月内美联储的回购操作总额预计可以达到4.5万亿美元。纽约联储也将继续每天提供 1,750 亿美元的隔夜回购操作，以及每周提供两次 450 亿美元规模的 14 天期回购操作。

3 月 15 日美联储将联邦基金利率降至 0 ~ 0.25%，并重启包括 5,000 亿国债和 2,000 亿美元 MBS 总额达 7,000 亿美元资产购买计划，以支持国债和 MBS 市场的正常运转。纽约联储 SOMA 自 3 月 16 日将购买 400 亿美元的各期限的国债和通胀保值债券，其后购债速度将视国债市场的功能修复而进行调整。同时，所有到期债券的本金将继续投入国债购买。MBS 购买将集中于 30 年期和 15 年期固定利率 MBS。自 3 月 16 日至 4 月 13 日期间，联储将购买 800 亿美元的 MBS，其中，包括 230 亿美元的 3 月份即将到期的机构债和 MBS 本金再投资。联储货币政策出台后，道琼斯股指期货跌 4%。

5.8.2 流动性管理工具

美联储同时推出一系列流动性管理工具，支持金融机构对家庭和企业的信贷行为。这些政策工具包括：

CPFF：Commerical Paper Funding Facility，**商业票据融资机制**。2020 年 3 月 17 日美国联邦储备委员会宣布建立商业票据融资机制（CPFF），以支持对家庭和企业的信贷流动。CPFF 将通过一个特殊目的工具（SPV）向美国商业票据发行人提供流动性支持，为汽车贷款和抵押贷款提供信贷和资金，并提供流动性，以满足一系列公司的运营需求。这一工具将鼓励投资者再次参与商业票据市场的定期贷款。财政部将从财政部的外汇稳定基金（ESF）中为联邦储备局提供 100 亿美元与 CPFF 有关的信贷保护。然后，美联储将向 CPFF 下的特殊目的公司提供融资，其贷款将由特殊目的公司的所有资产担保。

PDCF：Primary Dealer Credit Facility，**一级交易商信贷支持工具**。

2020年3月17日美国联邦储备委员会宣布，将建立一个初级交易商信贷支持工具PDCF。PDCF将向一级交易商提供期限最长为90天的隔夜融资和定期融资。PDCF将于2020年3月20日上市，它将至少存在6个月，并可能在条件允许的情况下延长。根据该贷款向一级交易商提供的信贷，可以由各种投资级债务证券（包括商业票据和市政债券）和各种股权证券作为抵押。

MMLF：Money Market Mutual Fund Liquidity Facility，**货币基金流动性支持工具**。2020年3月19日美联储通过建立货币市场共同基金流动性工具，波士顿联邦储备银行将向合格的金融机构提供贷款，这些贷款由金融机构从货币市场共同基金购买的高质量资产担保。符合条件的资产类型，包括**无担保和有担保的商业票据、机构债和国库券**等，财政部将从财政部的外汇稳定基金中为联邦储备系统提供100亿美元的信用保护。MMLF计划的结构与2008年末至2010年初运营的资产支持商业票据货币市场共同基金流动性工具（AMLF）非常相似。2020年3月20日美联储宣布将MMLF购买资产的范围扩展至市政货币市场共同基金。

2008 **年美联储采用的流动性管理工具包括：**

TDF：Term Deposit Facility，定期存款机制。定期存款通过提供一种额外的工具来促进货币政策的实施，通过这种工具，美联储可以管理存款机构持有的准备金余额的总量。定期存款中的资金在定期存款期间从参与机构的准备金账户中移除，从而从银行系统中消耗准备金余额。储备银行通过定期存款机制（TDF）提供定期存款，所有有资格从其在储备银行的余额中获得收益的机构都可以参与定期存款计划。美国联邦公开市场委员会（FOMC）于2014年9月17日表示，在货币政策正常化的过程中，美联储打算根据需要使用其他辅助工具，如 TDF，以帮助控制联邦基金利率并将其移至 FOMC 设定的目标范围内。

MMIFF：Money Market Investor Funding Facility，货币市场投资者融资支持机制。MMIFF 为货币市场的投资者提供资金，用于购买美元存托凭证和 90 天以内的商业票据。根据该机制，纽约联邦储备银行可以向一系列特殊目的机构提供高级担保融资，以推动一项由行业支持的私营部门倡议，为合格投资者购买合格资产提供资金。MMIFF 于 2008 年 10 月 21 日宣布，并于 2009 年 10 月 30 日到期。

ABCP MMMF：ABCP MMMF Liquidity Facility，流动性工具。资产支持商业票据货币市场共同基金流动性机制（ABCP MMMF），是一种贷款工具，它向美国存款机构和银行控股公司提供资金，在特定条件下为他们从货币市场共同基金购买高质量资产支持商业票据（ABCP）提供资金。该计划旨在帮助持有此类票据的货币基金满足投资者的赎回需求，并促进 ABCP 市场和更广泛的货币市场的流动性。AMLF 于 2008 年 9 月 22 日开始运营，并于 2010 年 2 月 1 日关闭。

TSLF：Term Securities Lending Facility，资产支持证券信贷支持工具。以资产支持证券为抵押，非银金融机构也可获得美联储的定向信贷支持，支持发放信用卡贷款、学生贷款、汽车贷款、商业抵押贷款、中小企业贷款等，从而缓解特定领域的流动性压力。TSLF 是一种每周一次的贷款机制，促进了国库和其他抵押市场的流动性。TSLF 于 2008 年 3 月 11 日宣布，第一次拍卖于 2008 年 3 月 27 日举行。TSLF 于 2010 年 2 月 1 日关闭。

TAF：Term Auction Facility，定期拍卖机制。根据定期拍卖机

制，美联储将定期资金拍卖给存款机构。所有有资格在一级信贷计划下借款的存款机构都有资格参与 TAF 拍卖，所有的贷款都是完全抵押的。2010 年 3 月 8 日进行了最后一次定期拍卖融资机制拍卖。

TALF：Term Asset - Backed Securities Loan Facility，定期资产支持证券贷款机制。定期资产支持证券贷款机制 TALF，通过支持向各种类型的消费者和各种规模的企业发行以贷款为抵押的资产支持证券，帮助市场参与者满足家庭和小企业的信贷需求。在 TALF 协议下，纽约联邦储备银行（FRBNY）在无追索权的基础上向某些 AAA 级资产支持证券的持有者提供了高达 2000 亿美元的贷款，FRBNY 发放的贷款额等于资产支持型证券的市场价值减去一个折扣，这些贷款一直由资产支持型证券担保。美国财政部根据 2008 年紧急经济稳定法案的不良资产救助计划，向 FRBNY 提供了 200 亿美元与 TALF 有关的信贷保护。TALF 于 2009 年 3 月开始运营，2010 年 6 月 30 日因新的贷款延期而关闭。最后一笔 TALF 贷款已于 2014 年 10 月全部偿还。

MEPRP：Maturity Extension Program and Reinvestment Policy，到期延期计划和再投资政策。根据期限延长计划，美联储出售或赎回总计 6,670 亿美元的短期国债，并用所得资金购买了长期国债，从而延长了美联储投资组合中证券的平均期限。通过对长期利率施加下行压力，延长到期日计划旨在促进金融市场状况的广泛缓解，并为经济复苏提供支持。联邦公开市场委员会 FOMC 于 2011 年 9 月宣布了一项 4,000 亿美元的计划，该计划将于 2012 年 6 月底完成，其后该计划延续至 2012 年底，并扩张另外 2,670 亿美元的美国国债延期和再投资。

企业债和股票 ETF。《联邦储备法》第 13 条第 3 款授权美联储可以在紧急情况下为包括个人、合伙企业和公司等实体提供资金。不排除美联储在金融市场出现系统性风险时直接购买有违约风险的企业债和股票 ETF，但前提是需要修改法律并提交国会投票通过，目前来看难度较大。

5.8.3 贷款计划

2020 年 4 月 9 日，美联储宣布采取额外行动，提供高达 2.3 万亿美元的贷款来支持经济。第一，为小企业提供流动性，增强小企业管理局的薪资保护计划（PPP）的有效性。PPP 为小企业提供贷款，使他们可以继续为工人发放工资。第二，通过所谓“主街贷款计划”购买多达 6,000 亿美元的贷款，确保信贷流向中小企业。4 月 30 日扩大申请范围。雇员人数不超过 1.5 万人、年收入不超过 50 亿美元的企业可以申请。根据新的方案，贷款借出方将保留 15% 的贷款份额。第三，通过资本市场增加对家庭和企业的信贷流，方法是扩大一级和二级市场公司信贷机制（PMCCF 和 SMCCF）以及定期资产支持证券贷款机制（TALF）的规模和范围。这三个项目现在将支持高达 8,500 亿美元的信贷，由财政部提供 8,500 亿美元的信贷保护。扩大符合 TALF 抵押条件的资产范围。正如在更新的条款清单中所详述的那样，符合 TALF 条件的抵押品现在将包括未偿商业抵押贷款支持证券和新发行的抵押贷款债务的三 A 级部分。贷款规模将保持在 1,000 亿美元，TALF 将继续支持发行资产支持证券，为包括学生贷款、汽车贷款和信用卡贷款在内的广泛贷款提供资金。第四，建立一个市政流动性基金，向各州和市政当局提供高达 5,000 亿美元的贷款。财政部将为联邦储备局提供 350 亿美元的信用保护，用于市政流动性工具。美联储成为真正的最后贷款人，美国进入超级债务周期。

截至2020年8月12日，美联储总资产6.96万亿美元，为2008年的8倍，英格兰银行、欧洲央行和日本银行则分别为2008年的4倍、3.5倍和5倍。美联储总资产GDP占比35%，英格兰银行、欧洲央行和日本银行这一比例为39%、56%和123%。

5.9 美联储货币政策框架调整

联邦公开市场委员会2020年8月27日发布《关于长期目标和货币政策战略更新的声明》（*Revised Statement on Longer - Run Goals and Monetary Policy Strategy*），阐明其货币政策方法，并作为其政策行动的基础，这些更新反映了过去十年经济的变化，以及政策制定者在实施货币政策时如何考虑这些变化。美联储主席鲍威尔声称，修订后的声明反映美联储更倾向于支持强劲的劳动力市场，并且强劲的就业市场可以持续下去而不会引致通货膨胀。

框架文件重要的变化包括三个方面：第一，关于最大限度的就业。最大限度的就业是一个基础广泛和包容性的目标，美联储决定将根据其“从最大限度就业状态下滑的评估”来决定货币政策。第二，关于价格稳定。调整实现2%长期通胀目标，提出“寻求实现平均2%的长期通胀目标”，指出“在通货膨胀率持续低于2%的时期之后，适当的货币政策可能会在一段时间内实现通货膨胀率适度高于2%的目标”。第三，战略声明的更新明确承认了持续低利率环境给货币政策带来的挑战，在美国和世界各地，货币政策利率比过去更有可能受到其有效下限的约束。

美联储此次引入“平均通胀目标制”是美联储自2012年以来，对货币政策框架进行的最大一次调整。此前，美联储相关政策表述是，致力于实现通胀率位于“对称性的2%目标”附近。美联储引入“平均通胀目标制”，对通胀上行压力的容忍度提升，不会在实现通胀目标前通过加息来遏制通胀，而是会等到通胀在一个不确定的时期内持续高于2%的目标水平时，再考虑实施加息。

6

欧洲中央银行政策演变路径

站在新冠肺炎疫情下的全球金融市场风暴中，回溯2008年金融危机以来欧洲中央银行货币政策，蓦然警醒，危机从未远离。

2008年金融危机爆发时，欧洲央行将基准利率降至1%，并且通过公开市场操作投放大量流动性，但是并未如美联储一般同步开启量化宽松货币政策。美联储自2009年3月启动总额达1.725万亿美元的量化宽松货币政策，造成全球流动性泛滥的过程中，美国以外的经济体如欧洲、中国等，都在2009—2010年出现通胀加速上行的局面。有别于美联储的双重目标体系，欧洲央行始终将通货膨胀作为货币政策唯一目标。由于其治理通胀的责任，欧洲央行货币政策开始受到牵制。在2009年至2011年6月期间，欧洲央行总资产基本保持在一个窄幅波动的状态，并开启加息政策周期。

欧洲主权债务危机升级后，欧洲央行通过长期再融资操作（LTRO）投放流动性，但商业银行选择在利率下行过程中逐步偿还，造成欧洲央行2013年开始实际上缩表。2008年金融危机后，欧洲财政状况不佳的南欧五国（希腊、葡萄牙、爱尔兰、西班牙、意大利）陆续出现政府债务偿债问题。由于国际市场对其财政稳健的质疑，这些国家国债收益率持续上行，经济减速导致税收收入下降，再融资成本上升使得这些国家难以从国际市场融资，五国主权债务出现偿债危机。欧元区商业银行交叉持有欧元区内各国国债的行为，商业银行偿付危机一触即发。加之五国银行体系出现大量资本外逃的现象，银行体系流动性危机进一步加重欧洲主权债务危机。2011年4月，虽然希腊、葡萄牙、爱尔兰、西班牙债务问题已经十分严峻，但是欧洲央行受制于其通胀目标而开启加息周期，南欧国家在经济扩张时期积累大量债务，欧洲央行加息操作进一步刺破这一债务泡沫，欧元区经济增速开始回落。2011年9月，意大利10年期国债收益率触及7%，欧洲主权债务危机全面爆发。2012年初，欧元区重新进入衰退，实际GDP同比增速连续六个季度负增长。2011年末欧洲央行重启降息周期，同时在当年12月和2012年2月分别进行两轮3年期长期再融资操作LTRO，投放万亿欧元流动性，并宣布扩大资产抵押品范围。然而，从2013年初开启的欧元区利率下行趋势中，商业银行选择提前偿还通过LTRO操作融入的资金，迫使欧洲央行短期扩表之后即进入被动缩表状态。

直至次贷危机爆发六年之后的2014年，在全球需求放缓和原油供给冲击的双重压力下，欧洲央行真正启动资产购买计划。2014年6月，欧洲央行正式进入负利率时代，其后虽然继续推出LTRO、CBPP 3、ABSPP等公开市场操作以及资产购买计划，但是对实体经济和资本市场流动性的影响都收效甚微。2015年初，欧洲议会扫除欧洲央行直接购债的立法限制，3月欧洲央行推出量化宽松货币政策，在其后直至2018年末的三年半的时期内，购入成员国国债2.17

万亿欧元、私人部门债务1,800亿欧元。至2020年3月，欧洲央行资产负债表规模达到4.7万亿欧元，央行资产负债表GDP占比达40%。

6.1 后金融危机时代

欧洲央行首先采取降息政策应对次贷危机，除此之外所采用的非常规货币政策，主要方式是通过公开市场操作投放中短期流动性，以及有限的资产购买计划。具体的政策工具包括，主要再融资操作MRO、长期再融资操作LTRO、扩大再融资操作抵押资产范围、购买有担保的债券、延长短期流动性贷款的期限等。欧洲央行开始启动担保债券购买计划CBPP和证券市场计划SMP，两项资产购买计划到2012年初的总量不过2,300亿欧元。

2008年次贷危机爆发后，欧洲央行首先通过7次降息将基准利率降到2009年5月1%的历史低位。

公开市场操作。2008年10月欧洲央行大幅提高再融资规模，当月主要再融资操作和长期再融资操作额度分别达到3,266亿欧元和5,000亿欧元。至2010年5月，通过长期再融资操作为金融体系提供的流动性一度达到历史峰值7,000亿欧元。

担保债券购买计划CBPP 1。2009年4月欧洲央行引入600亿欧元的第一期担保债券购买计划（Covered Bond Purchasing Programme, CBPP），在证券市场上买入有担保的债券，直接为欧元区银行体系提供流动性。欧洲央行持有这些购入的担保债券至到期，截至2019年7月，欧洲央行第一期担保债券购买计划项下购入的债券已经基本完全到期，CBPP I项下的资产总额约28亿欧元。

通过证券市场计划 SMP，购入部分高债务国国债。由希腊公债收益率大幅攀升而引发的欧洲债务危机爆发后，2010 年 5 月 10 日欧洲央行开始实施证券市场计划（Securities Market Programme，SMP），每周逐步在二级市场购入成员国国债，其中主要是高债务国希腊、爱尔兰、葡萄牙、西班牙等国政府公债。证券市场计划实施过程中，欧洲央行一直都在通过公开市场微调操作冲销由于购债而投放市场的过度流动性。2014 年 6 月，欧洲央行停止冲销操作，一周后终止该项计划的购债操作。目前证券市场计划存量余额 1,625 亿欧元。

欧洲央行开始扩大可接受的抵押资产范围。截至 2010 年中，欧洲央行对金融机构贷款所接受的抵押资产中，资产抵押证券（ABS）20%，非市场化资产 17%，而政府公债占比从 2004 年的 30% 下降到 10%。

6.2 欧债危机期间

然而由于美联储量化宽松政策实施后的全球流动性宽松推升通胀，虽然希腊、葡萄牙、爱尔兰主权债务风险已经开始逐步暴露，迫于区内通胀压力，欧洲央行仍然于 2011 年 7 月、9 月两次加息 25bp，9 月意大利将 10 年期国债收益率升至 7% 的历史高位，引爆意大利政府偿债风险，欧洲主权债务危机全面爆发。欧洲主权债务危机的爆发迫使欧洲央行再度开启货币政策宽松周期，而此轮宽松周期内，欧洲央行货币政策操作和第一阶段次贷危机爆发后的货币政策操作路径基本类似，主要是通过降息、公开市场流动性投放以及有限的资产购买计划等。

2011 年 11 月开启降息周期。欧元区内金融市场压力日益显著，经济活动明显放缓，未来经济下行风险凸显，欧洲央行自2011年11月开启降息周期。先后经过9次降息操作，分别将主要再融资利率从1.5%调降至0.00%，隔夜存款利率从0.75%调降至-0.4%，隔夜贷款利率从2.25%调降至0.25%。

3年期长期再融资操作LTRO，拉长公开市场操作流动性投放的期限。2011年推出3年期长期再融资操作LTRO。2011年11月欧洲央行决定将实施两项期限为36个月的长期再融资操作LTRO，并为银行业提供1年后提前偿还的可能性。第一笔长期再融资操作于2011年12月27日进行，并取代2011年10月6日所宣布的期限为12个月的长期再融资操作，通过此次长期再融资操作，欧洲央行为金融市场提供了4,892亿欧元流动性。第二笔长期再融资操作于2012年2月26日实施，通过此次操作欧洲央行共计向市场投放5,295亿欧元流动性。两次长期再融资操作，欧洲央行共计向市场提供1万亿欧元流动性。两期3年期的LTRO到期日分别为2015年1月29日和2月26日。

第二轮担保债券购买计划CBPP 2，规模仍较为有限。2011年11月宣布从之后的一年内实施新一轮总额为400亿欧元的担保债券购买计划（CBPP2），将担保债券购买计划总额增至164亿欧元，并准备将在担保债券购买计划下购入的资产持有至到期。

非公开政府债券购买。希腊债务危机爆发后，市场传闻欧洲央行开始秘而不宣地在二级市场上购入希腊国债，其后也少量购入葡萄牙、爱尔兰国债，这些购入的资产通常被置于欧洲央行资产负债表的“其他资产”项下。该项目下的资产规模在2010年5月至2012年2月期间，从2,000亿欧元左右升值4,000亿欧元左右，照此推算欧洲央行的购债规模可能达到2,000亿。

继续扩大公开市场操作抵押品范围。2011 年 11 月欧洲央行议息会议宣布，扩大资产抵押品范围，将资产抵押证券的范围扩大至在发行时具有至少 A 级信用评级的证券，包括居民住房抵押贷款、对中小企业贷款都可被接受用作欧元区信贷操作的质押证券。

万亿欧元 LTRO 的流动性投放，短期内缓解了欧元区由于主权债务危机导致的流动性短缺，然而在整体利率下行周期内，商业银行事实上逐步归还长期再融资操作释放的流动性。因此，从 2013 年开始，欧洲央行资产负债表中的长期再融资操作项下的资产规模就已经逐步收缩，至 2015 年 1 季度两期 LTRO 到期时，该项下的资产规模重新回到 2011 年末水平。

6.3 负利率时代

2014 年 6 月欧洲央行开始实施负利率政策。2014 年 6 月 11 日欧洲央行议息会议正式决定推行负利率，分别将主要再融资利率调降至 0.15%，隔夜存款利率调降至 -0.1%，隔夜贷款利率调降至 0.4%。此后分别在 2014 年 9 月、2015 年 12 月和 2016 年 3 月，通过三轮降息，将主要再融资利率、隔夜存款利率、和隔夜贷款利率分别调降至 0%、-0.4% 和 0.25%（图 6-1：欧洲央行政策利率）。

两轮 4 年期的定向长期再融资操作 TLTRO。2014 年 6 月推出两轮期限 4 年的定向长期再融资操作 TLTRO，总额 4,000 亿欧元。所谓定向长期再融资操作，是向不包括家庭的购房贷款的非金融部门提供的融资支持。截至 2019 年 5 月，欧洲央行资产负债表中 LTRO 总额 7,200 亿欧元。

2014 年 10 月欧洲央行第三轮担保债券购买计划（CBPP 3）。债

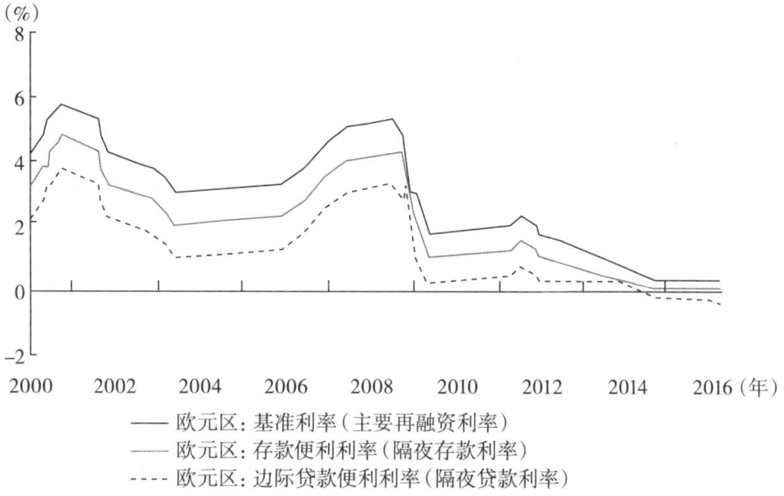

图6-1　欧洲央行政策利率

数据来源：Wind、ECB

券由欧元区信贷机构发售，对于多方发售的债券则需在欧元区有专用分支/企业，需要有资产抵押/担保，至少 BBB -/CQS3 以上的信用评级，未取得BBB -/CQS3 评级的塞浦路斯/希腊担保债券，需要得到欧盟的评估和审查，参与担保债券购买的对手方需要满足于欧洲央行货币体系的要求，或者是欧洲央行在欧元计价投资的投资组合中指定的机构，欧洲央行将最多购买担保债券销售总额的 70%。

2014 年 11 月资产担保证券购买计划（ABSPP）。在一级和二级市场买入 ABS 债券高级和有担保中间级部分，ABS 基础资产的绝大部分（至少 95%）应由欧元区的非金融私营部门担保。

6.4　量化宽松货币政策

在欧洲主权债务危机发酵之初，欧盟成员国就针对欧洲央行直接购买成员国国债的量化宽政策有过争论，但由于欧洲联盟基本条约的限制，在欧债危机爆发初期，欧洲央行不具备无限制购买成员国国债并扮演欧元区最后贷款人角色的职能。2013 年 12 月 5 日，德法两国领导人达成一项与修改欧盟条约有关的总体欧债危机救助计划，而与此同时，标准普尔一份或将调降欧元区 15 个国家信用评级（其中包括 6 个 3A 评级国家）的声明，再度将欧洲央行推向“是否承诺充当欧债危机最后贷款人”的困境之中。

2015 年 1 月欧洲央行直接购买成员国国债的立法障碍清除。1 月 14 日担任欧洲法院法律顾问的毕亚隆表示，欧洲央行购买政府债券符合欧盟法规，这一表态被视为替“欧版”QE 开绿灯。2014 年包括德国央行官员及学者在内的共 3.7 万人曾上诉至德国宪法法院，质疑欧洲央行承诺无限量买债挽救欧元区边缘国财政困境的合法性，德国宪法法院其后把诉讼转交欧洲法院审理。此次欧洲法院的表态，认为欧洲央行通过公开市场直接货币交易（OMT）购买国债，与欧盟条约原则上无抵触，属欧洲央行职权范围，但必须符合特定条件，包括欧洲央行不能直接参与接受 OMT 支持国的援助计划等。以德国为首的反对阵营批评，QE 只会减少财政困难国家推行改革的动力，最终只会要欧洲纳税人买单。但是同时，欧洲央行行长德拉吉强调，央行在对抗欧元区通缩危机上“其他选择不多”。

2015 年 3 月欧洲央行议息会议正式推出公共部门购买计划（Public Sector Purchase Programme，PSPP），初期每月购债规模为 600 亿欧元。欧洲央行开始直接在表内购入成员国国债以及欧元区内区域性政府机构或国际组织发行的债券，其中，成员国国债占比将为 90%，其余 10% 为国际组织发行的债券。但是由于希腊国债的垃圾债评级，使得该国被自动排除在欧洲央行资产购买计划之外。

2016 年 6 月欧洲央行决定实施公司债券购买计划（Corporate

Sector Purchase Programme，CSPP），通过购买公司债以疏通资产购买计划向实体经济的传导渠道。

欧洲央行量化宽松货币政策推出后，购债规模几经调整。2015年3月至2016年3月间每月欧债规模为600亿欧元。2016年3月议息会议扩大月度购债规模至800亿欧元，并将扩大QE范围，包括非银行企业债券。2017年3月欧洲央行将购债规模恢复到每月600亿欧元。2017年10月议息会议，决定从2018年1月开始削减政府和企业债券的购买计划，从600亿欧元削减至300亿欧元，期限为9个月。但在必要情况下，欧洲央行也可能扩大购债规模或延长购债时间。2018年6月议息会议决定，自9月之后将继续每月购债150亿欧元直至2018年末。2019年1月议息会议决定，维持当前基准利率水平至2019年夏天，在首次加息之后一段时期仍将继续目前的资产购买计划到期再投资政策。

2019年3月议息会议打消年内加息预期，决定9月重启TLTRO。3月议息会议决定，维持当前利率至少直到2019年末；继续资产购买计划到期债权再投资操作；2019年9月开始TLTRO III操作直至2021年3月，每一轮操作期限均为2年，机构融资上限为2019年2月28日贷款存量的30%，利率以主要再融资操作利率为基准，当前主要再融资操作利率为0。

2019年6月议息会议调高TLTRO操作利率10bp。6月议息会议决定维持当前利率至少到2020年上半年，较3月议息会议决定推迟半年；继续资产购买计划到期债权再投资操作；TLTRO III执行利率将高于主要再融资利率10bp（即，0.1%），对于净借贷高于基准水平的银行适用存款便利利率上浮10bp的利率（当前存款便利利率为-0.4%，则TLTRO执行利率为-0.3%）。

2019 年 9 月降息并重启每月 200 亿欧元的资产购买计划，并表示 LTRO 利率会更优惠。政策声明显示，欧洲央行将存款利率下调 10 个基点至 -0.50%，维持主要再融资利率 0% 和维持边际贷款工具利率在 0.25% 不变。前瞻指引调整为计划将基准利率保持在目前或更低水平，以保证通胀在中期内趋近 2% 的目标。新一轮资产购买计划从 11 月 1 日起重启，每月 200 亿欧元，欧洲央行管委会预计 QE 将持续足够长的时间以增强货币政策效果，直到下一次加息前夕结束。维持资产购买计划中到期证券本金再投资政策不变直到欧洲央行再次加息后的一段时间，在必要情况下保持足够流动性和货币宽松政策环境。欧洲央行将改变新一轮季度目标长期再融资操作（TLTRO III）的模式，以保持有利的银行贷款条件。对于符合资格的净贷款额超过基准的银行，TLTRO III 业务所适用的利率将会较低，甚至可能低至存款安排在整个业务期间的平均利率，期限从 2 年延长至 3 年。

2020 年 3 月 18 日，为应对新冠肺炎疫情对经济的影响，欧洲央行宣布 2020 年底之前针对疫情实施 7,500 亿欧元的购买计划，将覆盖私营和公共领域的证券，将合格资产扩大至非银行商业票据，该购买计划将包括在现存资产购买计划下的所有种类资产，欧洲央行表示，将考虑修改量化宽松政策的限制。

6.5 欧洲央行资产负债表的结构性特点

根据欧央行数据，截至 2020 年 11 月（图 6 -2：欧央行资产负债表结构），欧央行总资产规模 6.9 万亿欧元，较 2014 年末的 2 万亿欧元增长 3.5 倍。近 2.7 万亿欧元的“为货币政策持有的证券”

增量资产中，公共部门购买计划 PSPP 项下的政府部门债务总计 2.33 万亿欧元，担保债券购买计划项下 2,877 亿欧元，公司债券购买计划下的私人部门债务 2,470 亿欧元。

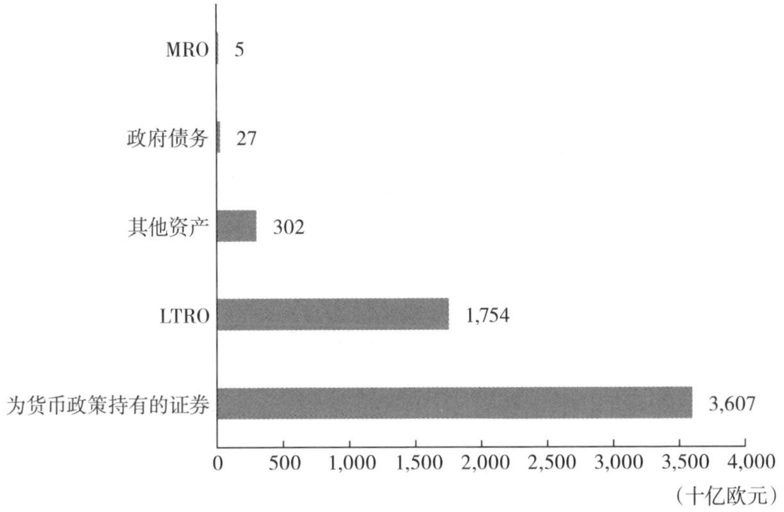

图 6－2　欧央行资产负债表结构

数据来源：Wind、ECB

欧央行资产负债表总量和结构有四个特点。

首先，欧央行总资产的 GDP 占比高于美联储，其扩张的绝对和相对幅度已经远超美联储。欧央行总资产 6.9 万亿欧元，央行总资产的 GDP 占比为 68%。截至 2020 年 11 月美联储总资产 7 万亿美元，美联储总资产与美国名义 GDP 之比为 33%。同期，英格兰银行总资产的 GDP 占比为 36%，日本银行总资产 GDP 占比 131%。从总资产的相对规模看，欧央行资产负债表扩张的速度超过美联储和英格兰银行。

其次，从结构上看，欧央行持有的成员国国债在央行总资产中占比低于美国国债在美联储总资产中占比。欧央行持有的成员国国债总计 2.33 万亿欧元，在欧央行总资产中占 1/3。相较而言，美联储持有美国国债 4.58 万亿美元，在美联储总资产中占 2/3。

第三，欧央行持有的成员国国债在欧元区政府债券中占比，高于美联储持有的国债在美债总额中占比。根据欧盟统计局数据，截至 2020 年 2 季度，欧元区中央政府债券总计 10.9 万亿欧元，政府债券的 GDP 占比 95%。根据美联储数据，截至 2020 年 11 月，美国国债 GDP 占比 136%。欧央行持有的成员国国债在区内政府债券总额中占比 20%，美联储持有的美国国债在国债总额中占比为 17%。欧央行持有的成员国国债在欧元区内政府债券总额中占比，略高于美联储持有的美国国债在美债总额中占比。

第四，欧央行资产购买计划中不仅包括成员国国债，而且包括以公司债券购买计划为主的私人部门债券。新冠疫情之前美联储购入的资产中尚未包括私人部门公司债，但是 2020 年 3 月美联储推出的一系列流动性管理工具中，已经将资产购买的范围拓展至无担保和资产支持商业票据、投资级企业债、以及企业债 ETF。

7

美国“令人惊艳的十年”里的新兴市场

——重审20世纪90年代东亚金融危机

20世纪90年代的全球经济和金融发展，给予我们两个教训。第一，历次金融危机无一例外肇始于超级宽松货币周期。第二，我们所认识的全球经济一体化，并不表示发达经济体和发展中经济体周期同步，甚至也不表示发达经济体之间是周期同步的。

20世纪90年代墨西哥金融危机和1997—1998年东南亚经济危机，爆发的原因是这些发展中经济体过度借贷，而起源却是发达经济体采取零实际利率的超级宽松货币政策。1990年7月美联储开启降息周期，并于1992年中开启持续18个月的“零实际利率”时期。日本从1991年7月开始降息并在之后的四年中逐步将基准利率降至0.5%，进入所谓“流动性陷阱”。欧洲国家在苏联解体、东欧剧变后大多采取宽松货币政策，支持经济增长。在低利率环境下，全球资本从低利率经济体向高利率的发展中经济体加速流动。一些资本市场开放程度较高的发展中经济体开始过度借贷，这些国家美元、日元债务迅速增加，尤其是短期外债增长过快，推动新兴经济体经济增长加速，同时推升这些国家资产泡沫。1994 年美联储开启加息周期，全球流动性方向发生逆转，包括墨西哥、东南亚国家等发展中经济体偿付能力和偿债成本急剧上升，此时经常项目收入不足以支持资本项下的流出压力的经济体，即爆发由于偿付能力不足的货币、金融和经济危机。

相反，20 世纪 90 年代的美国却经历了经济发展史上“令人惊艳的十年”。当聚焦于美国加息、新兴市场危机这一反馈机制时，经济周期和债务周期循环远未结束。由于对新兴市场金融危机之后全球经济减速的担心，1994 年墨西哥金融危机、1997—1998 年东南亚金融危机爆发后，美联储为对抗全球经济增速下行压力，首先暂时放弃加息操作，重启降息政策。由于新兴市场危机而引致的全球资本回流，加上超级宽松货币政策支持美国经济繁荣，世界见证了美国“令人惊艳”的十年（耶伦，布林德，2013）经济增长。随之而来的，仍然是超级宽松政策之后的资产泡沫破灭，1999 年 6 月，美联储重启加息周期，美国纳斯达克科技泡沫破灭。

7.1 超级宽松货币政策

1990 年美国经济衰退迫使美联储采取超级宽松货币政策，将实际利率逐步降至零，并维持至 1994 年 2 月。20 世纪 80 年代，美国储贷危机的坏账问题开始扩散到商业银行业，1990 年到 1991 年出现经济衰退时，金融体系也遭受重创，金融体系反过来又给经济复苏造成严重阻碍。1990 年衰退开始之际，联邦基金利率位于 8.25% 的高位，1990 年 7 月首次降息开始，至 1992 年中，美联储将联邦基金利率降到 3%，并将实际利率水平维持在超级宽松的零利率水平长达 18 个月直至 1994 年 2 月，从而为经济提供了持续刺激。

日本央行先紧后松，1991年7月开启降息进程。1989年日本央行开始大幅收紧货币政策，泡沫经济崩溃，地产和股市开始去杠杆。1987年8月美联储启动加息周期，日元兑美元升值周期暂告一段落，1989年5月日本银行为了防止日元大幅贬值引发通货膨胀而开始启动加息周期，并连续五次加息将贴现率提高到1990年8月6%的水平。随着货币政策的大幅急剧收紧，日本资产泡沫开始崩溃。1989年12月东京日经指数创下39,000点的历史最高纪录后，到1992年6月跌至谷底16,000点，之后便在此水平上下波动。1992年土地价格开始下滑，东京土地价格指数（2000年1季度为基期）从190跌到1996年的120。泡沫经济崩溃将日本经济增长拉入流动性陷阱，实际GDP增速从1990年3季度的7.7%开始一路下滑至1992年底的-0.2%，日本经济进入负增长区间，同期名义增速从9.9%下滑到0.7%。日本央行1991年7月开始降息以防经济陷入衰退。

日本银行的宽松货币政策导致日本银行业加速海外扩张，日元套利外汇套利交易套利交易（carry-trading）盛行，迅速推升东南亚资产泡沫。投机者们通过借入日元获得资金，然后存入泰铢获取17%的隔夜利率，进行套利交易。以泰国为例的，泰国从1984年实行盯住一篮子汇率制度，一篮子货币构成为美元80%~82%，日元11%~13%，西德马克6%~8%，港元、林吉特和新加坡元0%~3%。泰国央行每天公布中心汇率，浮动区间为中心汇率的±0.02，1美元稳定在兑24.5~26.5泰铢。由于美联储和日本银行，尤其是日本银行，采取超宽松货币政策，大量资本流入泰国，而日本成为泰国最大的外商投资来源，泰国55%的外债是日元。加之日元的套利交易盛行，流入泰国的外国资本多为短期资本。银行从国际上借得短期资本，在国内进行长期贷款，大量海外贷款流向房地产市场和股票市场。1993 年，外资对泰国证券的投资为 30 多亿美元，而 1994—1995 年上升到 60 多亿美元。在房地产市场上，外国银行贷给泰国银行的低息美元贷款，有 30% 投向房地产业。股票价格和房地产价格飞涨，形成资产价格泡沫。

7.2 美联储加息周期

1993 年克林顿经济计划，紧缩财政预期促使长债收益率下行。1992 年克林顿当选总统，他主张削减开支以及对高收入人群增加税收，同时对中产阶级采取刺激消费以减税政策。1993 年 2 月克林顿提出经济计划，“一揽子”预算案最终通过了立法机构层层审查，于 1993 年 8 月出台，削减赤字的总额较竞选宣言略有提升。1993 年预算协议刺激债券市场，30 年期国债收益率从 1992 年大选到 1993 年 10 月一路下跌超过 160bp。事实上，从宣布计划开始到计划正式出台，长债收益率在整个立法过程内都出现明显下滑。

美联储认为紧缩财政需要宽松货币配合，因此联储低利率一直维持至 1994 年 2 月。理论上认为，宽松的货币政策和紧缩的财政政策，不会对总需求产生任何净效应。短期利率是由联储货币政策和名义货币需求共同决定的。长期利率与未来短期利率预期的加权平均值大致相等，此之谓利率期限结构的预期理论。已经公告的财政政策变化涉及未来而非现在，因此在支出上尚未有立竿见影的效果。对未来经济衰退的预期则刺激了债券市场，从而刺激了 1993 年的美国经济，尽管没有真的出现衰退。

1994 年 2 月至 1995 年 2 月，美联储开始积极提高利率。1993—1994 年美国经济持续两年的强劲增长，美联储决定将实际利率调整到零利率水平以上。美联储试图将联邦基金利率提升到“中性”水平。所谓货币中性，按照布林德（Alan Blinder）的定义，就是当其联邦基金利率自身所有时滞都显现出来以后，利率依然保持稳定，既不会刺激通胀上升也不会使之下降。1994 年布林德（Blinder，1994）明确将中性联邦基金实际利率的可能区间定义为 1.75% ~2.75%，也就是说名义利率在 4.75% ~5.75%。1994 年 2 月 4 日，美联储将联邦基金利率提高 25 个基点，由 3% 提高至 3.25%，此后的一年内，美联储连续 7 次加息，合计 300bp，截至 2015 年 2 月 1 日紧缩周期结束时，联邦基金利率已经上调至 6%。30 年期长债收益率在联储结束加息周期之前，已经从 1994 年 11 月的高位下降了 40bp。

7.3 墨西哥金融危机

墨西哥金融危机和东南亚金融危机之前，两个地区都出现非常显著的资产泡沫，同时伴随着大量的资本流入，继续推动总需求扩张，股票和不动产价格大幅上扬，银行业资产负债急速增长，经常账户开始出现大规模逆差。

1982 年债务危机爆发后不久，墨西哥政府对 60 家私人银行中的 58 家实施了国有化，从而取得对银行业的绝对控制权。同时，政府还对银行资产、利率、贷款流向等作出严格限制。20 世纪 80 年代末，墨西哥开始进行金融自由化改革，1990 年国会修改宪法，允许对银行实施私有化。到 1994 年 1 月，墨西哥国有银行私有化进程基本结束。

墨西哥比索高估的问题实际上在 20 世纪 90 年代初期就已经被多次提出，但是鉴于北美自由贸易区谈判的压力，墨西哥放弃了本币贬值的政策选项。1992 年初多恩·布什就指出墨西哥比索高估对经济增长将是十分危险的，墨西哥政府应及早采取比索贬值的方案。然而，这一建议并没有引起墨西哥政府的重视。1993 年初在与美国和加拿大讨论北美自由贸易协定时，墨西哥政府也发现了比索高估与贸易逆差之间的联系及其潜在的危机，但是在美国的压力下，为了能够加入北美自由贸易区，墨西哥政府放弃了比索贬值的考虑。1994 年 9 月和 11 月，后来担任墨西哥总统的塞迪略两次向当时的萨利纳斯总统建议，立即下调比索汇率，防止经常项目逆差进一步扩大和经济形势进一步恶化，但是遭到当时墨西哥财政部部长和中央银行行长的强烈反对。

1994 年美联储启动加息进程，墨西哥采取降息措施以应对经济增长压力，导致短期资本抽逃，货币危机爆发。1994 年美联储进入加息周期，墨西哥央行不仅没有提高利率，相反却从 1994 年 5 月起将短期利率逐月下调，放松银根以对抗经济下行压力。利率下行，导致短期资本开始抽逃。1994 年 9 月至 10 月墨西哥股票市场价格指数不断下滑，到 12 月初下跌压力加剧，12 月 1 日到 16 日的半个月时间股指下跌 9%。墨西哥实行的是盯住美元的汇率制度，新比索对美元的比价长期限定在 3 ~3.5 比索兑 1 美元的狭窄范围内，汇率波动幅度由一个固定下限和浮动上限组成，上限允许每日增加 0.0004 新比索。由于墨西哥国际国内的紧张情况导致比索的贬值压力不断增大，进入 12 月份，新比索的美元汇价一直紧临政府干预上限。

新政府宣布比索贬值，市场开始恐慌抛售。1994 年 12 月 19 日上任伊始的墨西哥新政府突然对外宣布新比索贬值 15%，在市场上引起极大恐慌，外国投资者疯狂抛售比索，抢购美元，比索汇率急剧下跌。从 20 日至 22 日的三天内，墨西哥比索兑换美元的汇价暴跌40%，创现代金融史上最为惨烈的货币危机的先例。伴随比索贬值，金融市场压力进一步加剧，外国投资者大量撤资，墨西哥外汇储备两日内消耗40亿美元。

外储枯竭，宣布采取浮动汇率。12月22日，墨西哥外汇储备几近枯竭，降到了少于一个月进口额的水平。当日，政府金融当局与由企业、工会、农民代表组成的“福利、稳定和发展契约”委员会进行紧急磋商，宣布政府决定取消干预，实行新比索汇价自由浮动，由市场供求决定汇率，直至其趋于稳定。同时，墨西哥政府要求企业和工会支持冻结商品和劳务价格60天，以便稳定民心和消除混乱。

股市崩盘，下跌幅度超过比索贬值幅度。比索贬值局面一再失控，暴跌进一步挫伤投资者信心，投资者纷纷从证券交易市场撤资。墨西哥吸收的外资，70%左右是短期证券投资。资本外流压力下，墨西哥股市继续暴跌。12月30日，墨西哥指数续跌6.26%，1995年1月10日继续狂跌11%，被称为“黑色星期二”。3月3日，墨西哥股市IW指数已跌至1,500点，比1994年金融危机前最高点2881.17点已累计跌去近半，股市下跌幅度超过了比索贬值的幅度。1995年1月3日墨西哥开始实施《克服经济紧急状态团结协定》。

1995年3月9日墨西哥获得美国、IMF、世界银行和美洲发展银行的联合贷款，以避免政府债务违约，联合贷款的附加条件包括，如浮动汇率制、经济结构调整政策、进一步开放本国金融市场等。联合贷款援助同时也防止墨西哥金融风险的国际传导。

国际社会援助基本落实后，墨西哥公布了新经济计划，包括大幅度增加政府收入、削减政府开支、抑制工资和物价上涨等。从1996年开始，墨西哥政府通过实施稳定财政计划，减少亏损项目。

在工资检查、节约公共开支、限制贷款以及减少亏损等方面实施一揽子计划，取得明显成果。另外，墨西哥政府致力增强产品竞争力，为出口创汇创造条件。在整顿金融秩序方面，墨西哥政府改革完善金融体制，建立管理和监控机制。墨西哥议会先后通过《证券市场法》（修正案）、《金融组织协调法》《信贷机构法》《银行间交易法》等一系列法规，逐步完善金融市场法律制度。金融市场预防性措施，包括出台银行业金融机构救助方案以防止金融危机的国际传导，中央银行为商业银行提供外汇流动性以防止其对外部债务违约，为处于金融困境的商业银行提供临时资本金援助，允许外资增持银行业股权，为银行债权人提供支持等。根据 IMF 测算，金融危机后的墨西哥，支持金融体系恢复运转的财政成本达到 GDP 的 14.4%，并分摊至 30 年内偿付。1995 年墨西哥 GDP 增速 -6.2%，1996 年、1997 年快速恢复到 5.2% 和 7%，为 15 年来最高增速。

7.4 原油供给冲击下的低利率

1995 年末至 1996 年初，美国短暂降息，经济增长仍然保持强劲。1995 年 2 月美联储再次加息之后就一度暂停操作，1995 年 12 月和 1996 年 1 月则两度降息，将联邦基金利率下调至 5.25%。这段时期美国经济增长仍然保持强劲。1995 年底，美联储在充分就业的情况下实现巧妙的经济软着陆，5.6% 的失业率在当时被认为对非加速通胀水平下的失业率（NAIRU）较为乐观的估计。美国 1995 年下半年的 GDP 增速为 2.2%，核心通胀 3% 左右。1996 年初经济状况非常好，而且在之后的几年日益增强。与当时流行的观点认为的 NAIRU 介于 5.5% 到 6% 之间不同，美国失业率也仍在下降，一直到

2000 年 3 月降至 3.8%，为三十年来最低水平，同期，实际 GDP 同比增速维持在 4% ~5.5%，核心 PCE 持续下行并维持在 2% 以内直至 2001 年。

1997 年至 1998 年间通胀却是不同寻常的低。低通胀的决定因素主要来自几个方面：强美元的影响、原油的供给冲击、工资增长温和。

强势美元的影响。1995 年春天至 1998 年夏天，由于墨西哥金融危机和东南亚金融危机影响，美元急速升值，外加世界经济疲软，对美国通胀环境十分有利。美国消费品篮子中 10% ~12% 是进口产品，根据美联储粗略计算，贸易加权的美元指数升值 18%，应使消费价格水平降低约 2%。根据 FRB – US 宏观经济计量模型，美元升值对物价水平的直接影响仅在 1998 年达到 –0.5%，但是模型认为美元升值使美联储不必通过提高联邦基金利率来控制总需求，如果美元没有升值，则需要将联邦基金利率提高 250 ~350bp，以使得失业率保持在 NAIRU 的水平上。

原油的供给冲击。受墨西哥金融危机影响，1996 年委内瑞拉大幅增产原油，油价开始下跌。欧佩克（OPEC）开会增产，油价继续下跌。东南亚金融危机、日本银行业危机、1998 年 8 月俄罗斯违约，1998 年 9 月 23 日 LTCM 破产，新兴市场和日本一系列金融危机相继爆发，1998 年欧佩克两度减产，都未能阻止油价下跌。下跌的油价强化了强势美元对降低通胀的影响，一方面能源成本降低直接导致名义通胀而非核心通胀的下行，另一方面较低的能源成本也可能通过降低生产成本而导致核心通胀的下降。

工资温和上涨，福利成本增速放缓。在劳动力市场明显收紧的情况下，工资上涨比预期要低。增速一度超过工资的额外福利，在

1993—1994 年间显著放缓，1995 年实际增速已经不及工资，此之谓负面“福利冲击”。而各项福利中，医疗保险费用的增速在减缓。20 世纪 80 年代末期，医疗成本通胀飙升，但是到 90 年代中期开始逐渐缓和，实际上团体医疗保险成本在 1995—1998 年间已经变成负增长。

1994—1998 年，美国股市加速上行。其间美国一直保持 3.6% 的平均失业率，这一失业率水平显著低于美联储所认为的 6% 的 NAIRU 水平。而根据菲利普斯曲线经验，这样的失业率水平应当推高通胀约 1.8 个百分点。1994—1998 年间，由于美国经济需求超预期走强，股票市场加速上行。道琼斯工业指数从 1994 年末的 3700 点上行至 1998 年 5 月的 9,000 点，涨幅 140%。

1997 年 3 月美联储重启加息。1996 年 11 月学院派经济学家和华尔街分析师对股票市场的看法已经偏空，12 月格林斯潘在演讲中提出“非理性繁荣”的概念，据称为美联储主席 30 年来首次讨论股市估值。1997 年 3 月美联储重启加息进程。1997 年夏天，美联储似乎准备进一步收紧货币政策，但是泰铢遭受攻击并且开始贬值。8 月美联储公开市场委员会的会议纪要中并未提及泰国的问题。

7.5 东南亚金融危机

泰国贸易逆差扩大、短期资本撤离。1995 年出口增速下降贸易逆差扩大，短期资本撤离，资产泡沫破裂。泰国出口增速从 1995 年的 24% 降到 3%。出口下降导致贸易逆差迅速扩大。1995 年泰国贸易赤字达到 162 亿美元，占 GDP 比率超过 8%。同时，由于美元升值，大量短期资本撤离泰国资本市场，资产价格开始破裂。泰国房地产市场泡沫破裂，造成商业银行和金融公司经营状况恶化，银行体系积累大量因房地产贷款形成的不良贷款，银行因此无法清偿外债。

1996 年底、1997 年初两次攻击泰铢。新兴市场危机并未因美国暂缓加息而停止。由于房地产市场的不景气，到期未偿债务急剧上升，泰国金融机构出现资金周转困难，银行挤兑事件频频发生，爆发泰铢贬值风波。3 月 2 日，索罗斯的量子基金以及其他国际投机者的对冲基金，向泰国银行借入高达 150 亿美元的远期泰铢合约，并在现汇市场大规模抛售泰铢，泰铢的贬值压力空前加大，泰铢贬值幅度 5%，泰国中央银行动用 20 亿美元的外汇储备进行市场干预。

1997 年 5 月国际金融市场上再次风传泰铢贬值，引发泰铢汇率大幅波动。“五月攻击”已经是 1995 年 1 月墨西哥金融危机发生以来，对泰铢的第三次投机攻击。泰国央行与新加坡金管局、中国香港金管局以百亿美元的代价联手干预外汇市场，央行将离岸拆借利率提高到 1,000%，并且禁止国内金融机构向外借出泰铢。1997 年 6 月底，泰国的外汇储备下降 300 亿美元，彻底失去了干预的能力。

1997 年 7 月 2 日凌晨，泰国政府被迫发表声明，放弃固定汇率制，宣称泰铢与美元脱钩，实行浮动汇率制，放任汇率自由浮动。泰铢随即一泻千里，泰铢对美元最低曾达到 1 美元兑 32.6 铢，贬值幅度高达 30%。亚洲金融危机拉开帷幕。泰国差瓦立政府采取种种对策，首先是推出浮动汇率制，其次是责令资金周转困难的 58 家金融机构停业；三次改组总理内阁；争取国际货币基金组织的资金援助；削减下个年度的财政预算……，但最终未能收到预期效果。在国会议员的强烈反对下，11 月 6 日，执政刚刚一年的泰国总理差瓦立被迫黯然下野。

IMF 援助。7 月在上海召开东亚和太平洋地区央行行长会议，8

月在东京由IMF主持有关对泰国提供经济援助的会议，IMF等国际组织和包括中国及中国香港在内的亚太一些国家和地区共同承诺向泰国提供172亿美元援助。

泰国为了能从国际货币基金组织IMF得到援助，根据IMF的要求，做了一系列的改革。不仅对原来的外国企业法进行了修改，出台了新的外国企业法（Foreign Business Act，FBA），并出台了11条旨在促进经济复苏的法令和许多新的投资政策，进一步放宽了外企对泰国的投资限度、提高对外资的优惠条例。直到1999年下半年，泰国经济得以走出风暴的低谷，全年实现GDP增长4%。2000年6月，泰国宣布脱离国际货币基金组织的监管，经济逐步回升。

印尼的情况类似。1997年7月印尼宣布印尼盾波动幅度从8%扩大到12%，8月14日印尼宣布印尼盾自由浮动，当天再贬5%。1998年初，印尼金融风暴再起，面对有史以来最严重的经济衰退，国际货币基金组织为印尼制定的对策未能取得预期效果。2月11日，印尼政府宣布将实行印尼盾与美元保持固定汇率的联系汇率制，以稳定印尼盾。2月16日，印尼盾同美元比价跌破10,000:1。受其影响，东南亚汇市再起波澜，新元、马币、泰铢、菲律宾比索等纷纷下跌。同时印尼遭到IMF及美国、欧洲一致反对，IMF扬言将撤回对印尼的援助，印尼陷入政治经济危机。1998年4月8日，印尼同IMF就一份新的经济改革方案达成协议。

7.6 1998年港币保卫战

联系汇率制是固定汇率制度的一种，即将汇率盯住某一种外币，按照固定比例兑换。它是一种把货币发行制度同汇率制度紧密相连、由货币发行制度决定汇率制度的安排。香港现行的联系汇率制度起源于20世纪80年代初期。1982年9月，中英就香港前途问题开始展开正式的谈判。但由于最初谈判进程缓慢，港币贬值。1983年9月24日，港元在外汇市场上暴跌，兑美元汇价一度达到1∶10的历史最低水平，形势严峻。港英当局接受了经济学家格林伍德（Lawrence Greenwood，时任美国国务院货币事务官员Office of Monetary Affairs，Department of State，Financial Officer，现任亚洲开发银行副行长，日本和美国同为ADB大股东，拥有一票否决权）的建议，建立一个盯住美元的浮动汇率制度。在该制度下，港元兑一美元只能在强方兑换保证7.75至弱方兑换保证7.85之间游走。理论上，金管局无须干预这个区间的汇率波动，在必要情况下，金管局也可以出手进行操作。

香港1995年修订通过《外汇基金条例》和《银行纸币发行（修订）条例》，这两个条例的有关主要内容如下。第一，关于发钞银行的规定。由《银行纸币发行（修订）条例》规定，中国银行、渣打银行和香港上海汇丰银行有限公司为香港的发钞银行，有权依法在香港发行钞票。香港的这种货币发行制度实际上是历史的延伸，20世纪30年代以前几乎所有国家的货币发行权都是分散的，各大商业银行都拥有货币发行权，30年代出现的货币国定价理论迅速地被各国接受，货币发行权随之被中央银行或财政部垄断，但是，由于香港没有中央银行，且经济制度也非常自由，这种特殊的情况决定了香港采用的是分权式的货币发行制度。第二，严格的货币发行准备制度。港元的发行以美元做准备，上述三家发钞银行在获得香港财政司的有关在香港发行港元的授权后，必须向外汇基金缴纳100%的港元发行准备金，并换取负债证明书，负债证明书由外汇基金发出或赎回，它是发行银行增加或减少港元发行量的凭证。第三，固定汇率制。香港于1983年10月17日以1美元兑7.8港元的汇价建立起同美元的固定联系以来，历时14年，其间2005年5月24日开始调整弱方兑换保证，分五周进行，至6月20日弱方兑换保证移至7.85港元。

1996年8月至1997年9月在泰国金融危机的情况下，即便7月东南亚各国货币市场均剧烈动荡，港府成功守住联系汇率制，其间恒指不跌反涨，从10,600点涨至1997年9月的16,400点，涨幅50%以上。

1997年10月台湾放弃外汇市场干预。10月17日，台湾货币当局在经济增长状况良好，经常项目盈余，外汇储备充裕，有能力维护新台币稳定的情况下，突然主动放弃外汇市场干预。当日新台币贬值3.46%，汇率触及十年最低。新台币主动贬值，被认为竞争性贬值的方式。此举再次动摇投资者对东南亚经济的信心，加剧东南亚金融市场动荡，并且进一步孤立香港，加大了对港币和香港股市的压力。

1997年10月香港同业拆借利率急升，港股暴跌。10月21日、22日投资者在伦敦外汇市场抛出60亿美元港币，市场盛传香港联系汇率制不保。10月23日中午，香港同业拆借利率急升至280%，港府对银行业实施窗口指导，严控短期拆借额度。香港居民和外国投资者已经开始抛售港币资产，尤其是港股。银根突然收紧，短期利率大幅上扬，股市重挫，恒指当天暴跌10.4%，10月28日香港恒生指数再度暴跌13.4%。香港特区政府重申不会改变现行汇率制度，恒指上扬。

1998年8月港府启动外汇市场干预，稳定利率。1998年6月日元兑美元跌破150，东南亚货币再次承压。1998年8月之前的四次对港币保卫战中，时任香港金管局总裁任志刚都以提高利率来应对，此次则改变战略，主要通过外汇市场干预，稳定汇率和利率。8月5日市场抛售200亿港元，8月6日继续抛出200亿港元，金管局悉数购入，将汇率稳定在强方兑换保证的7.75。同时转手将购入的港汇存入银行，稳定利率。8月14日，特区政府首次动用外汇基金和土地基金约40亿美元进入股市、期市，大量收进蓝筹股和期票，同时提高银行隔夜拆借利率。港府入市后大量买入8月股指期货合约，将期指由入市前的6,610点推高到24日的7,820点。两周的拉锯战中，港府入市干预资金达千亿港元，约125亿美元，相当于香港外汇储备的13%。

1998年9月7日，香港金融管理局颁布外汇、证券交易和结算新规。1998年香港政府连续9个月停止出让住宅用地。1999年恒生指数回到10,000点以上，港府从股市全部退出，盈利数十亿美元。

7.7 日元套利交易和金融危机

日本试图摆脱通货紧缩的努力导致了东亚经济泡沫的产生，其对银行海外贷款的撤回则使亚洲经济陷入严重衰退。1991年后泡沫消失带来的通货紧缩，产生了三种根本性的政策反应。

第一，基建刺激经济。作为1990年OECD成员国中财政体系最为健康的日本，由于采用减税和财政扩张刺激经济增长的政策，财政赤字规模上升到GDP总量的6%~7%，这一状况导致日本公共债务GDP占比急速上升。

第二，实施宽松货币政策。日本央行1991年7月开始重新降息以防经济陷入衰退，在之后的四年中逐步将基准利率降至 1995 年 9 月的 0.5%。低利率政策，催生外汇套利交易，1995 年到 1998 年间，美国联邦基金利率和日本银行目标利率间的利差大约为 5%，而当时流向东南亚地区的日元海外贷款粗略估算有 2,600 亿美元。

第三，日本希望刺激经济复苏，同时避免日元高估，1985 年后大量推出日元外国直接投资、银行贷款和债券投资，包括以日元计的官方援助和贷款。日本银行贷款和大量日元外流，为东亚经济泡沫以及随后 1997 年金融危机创造条件。

1995 年初日元开启贬值趋势，银行业开始从海外撤资。1995 年 1 月 17 日神户大地震，3 月 20 日到 4 月 19 日间，日元对美元汇率在达到80∶1 的峰值后开始贬值。此时，日本的银行业开始利用日元贬值的趋势回收其海外贷款。1996 年到 1999 年间，日本银行在五个发生危机的国家减少了 474 亿美元贷款，1995 年到 1999 年间，在东南亚地区总共减少 1,925 亿美元贷款。日本银行的撤贷，制造了东南亚信用急剧紧缩，成为东南亚金融危机重要导火索之一。

1997 年 4 月加税。由于日本错误地估计了经济复苏的情况，将增值税税率由 3% 升至 5%，导致脆弱的经济再次陷入严重衰退，这次衰退一直持续到了 1999 年。1997 年下半年日本的一系列银行和证券公司相继破产，四大证券公司爆出行贿黑社会丑闻。1997 年 11 月，连续发生日本第十大银行北海道拓殖银行和第四大证券公司山一证券倒闭事件。1998 年初，日元兑美元跌破 134，日经指数破 15,000 点大关，较 1997 年 5 月的 21,000 点跌去 1/3。1998 年 6 月，日元兑美元汇率跌至 150。

日本开启量化宽松货币政策的超级宽松周期。日本银行将基准利率从 1996 年的 0.5% 逐渐降至 1999 年的零，进入零利率时代。

2001 年 3 月日本银行推出量化宽松政策，向市场投放 35 万亿日元，以便使市场保持足够的货币量。

7.8 长期资本和油价冲击

东南亚金融危机并没有对美联储货币政策产生实质影响，但是俄罗斯债务危机对美国的影响却不一样。1998 年 8—9 月间，由于俄罗斯债务违约和巴西经济危机，美国长期资本管理公司（Long - Term Capital Mauagewneat，LTCM）开始陷入崩溃边缘。1998 年 8 月 17 日俄罗斯中央银行宣布年内将卢布兑换美元汇率的浮动幅度扩大到 6. 0∶1 ~ 9. 5∶1，并推迟偿还外债及暂停国债现券交易。9 月 2 日，卢布贬值 70%。俄罗斯股市、汇市急剧下跌，引发金融危机乃至经济政治危机。俄罗斯政策突变，带动美欧国家股市、汇市的全面剧烈波动。1998 年 9 月和 11 月美联储两度降息，下调联邦基金利率 75bp，9 月下调是因为俄罗斯债务违约，11 月下调是长资资本崩盘给大多数金融市场造成短暂但可怕的流动性枯竭。

油价上行的供给冲击。从 1996 年的委内瑞拉超限生产导致供应激增，1997 年亚洲金融危机导致需求放缓，双重矛盾下油价跌去 50%，下跌过程中也经历多次 OPEC 会议，从口头减产到实际增产，最终经历数次会议之后，1998 年底随着委内瑞拉的查韦斯上台，产出增量的核心委内瑞拉最终加入到减产计划，使得油价最终见底，沙特、墨西哥、委内瑞拉三巨头 1998 年底达成减产共识，油价 4 月迎来大幅上涨。从 1999 年年中开始，随着全球库存下降，沙特、委内瑞拉、墨西哥均表示在 2000 年 3 月份之间将不会增产计划，油价再次上行。

1999年6月美联储重启加息周期。1999年6月美联储开启加息进程，一年内连续6次加息，将联邦基金利率从4.75%推升至2000年5月的6.5%。1999年11月欧洲央行跟随加息，并连续7次将主要再融资利率水平从2.5%提高至2000年10月的4.78%。

8

人民币均衡汇率决定

对于人民币汇率决定，均衡汇率决定理论提供了一个价值决定的锚。中国实施的是以市场供求为基础、参考一篮子货币进行调节、有管理的浮动汇率制度，在机制上人民币汇率就是由市场供求决定的，不存在“汇率操纵”的问题。人民币汇率历史走势具备阶段性特征，从均衡汇率决定（相对劳动生产率、贸易品和非贸易品劳动生产率差异、净出口、财政支出、地产价格、实际利差、居民部门对外净资产等）的角度来看，2005 年汇改后的十年，人民币汇率升值分为汇率重估、投机推动和均值回归三个阶段，2015 年 8 月汇改以后人民币国际化阶段，人民币汇率波动则更加常态化。

2019 年 8 月 6 日美国财政部将中国列为“汇率操纵国”，并与国际货币基金组织接洽，以消除人民币贬值所带来的竞争优势，特朗普政府或将通过长臂管辖权推出金融制裁措施。对于美国财政部的指控，中国人民银行表示，这一标签不符合美财政部自己制定的所谓“汇率操纵国”的量化标准，是任性的单边主义和保护主义行为，严重破坏国际规则，将对全球经济金融产生重大影响。2020 年 1 月 13 日美国财政部发表声明，将中国移出汇率操纵国名单。

8.1 人民币汇率历史走势

过去 20 年人民币经历了 1994 年 1 月、2005 年 7 月、2010 年 6 月和 2015 年 8 月共计 4 次汇改，以及 2012 年 4 月、2014 年 3 月两次扩大人民币兑美元银行间市场汇率单日波动幅度。截至 2015 年汇改前夕，人民币兑美元名义汇率从 1 美元兑 8.7 元人民币升值至 1 美元兑 6.11 元人民币，名义汇率升幅 40%。同期，贸易加权的人民币有效汇率升值幅度更大，名义有效汇率指数从 65.58 上升至 132，累计升幅达 101%，实际有效汇率指数从 73.5 上升至 127，累计升幅达 70%。但是 2015 年汇改成为人民币汇率走势分水岭，人民币兑美元名义汇率以及有效汇率走势逆转。根据汇改的时间节点，我们将人民币汇率历史走势分成以下五个阶段。

第一阶段：1994 年汇改至 2005 年 7 月

1994 年汇改至 2005 年 7 月间，人民币兑美元名义汇率小幅升值 5%，有效汇率“M”型双向波动。1994 年 1 月 1 日，中国宣布实行以市场供求为基础的、单一的、有管理的浮动汇率制度，将人民币兑美元名义汇率从 1993 年底的 1 美元兑 5.8 元人民币下调到 1 美元兑 8.7 元人民币。从 1994 年至 1997 年的三年间，人民币保持小幅升值，兑美元名义汇率升值幅度 5%，名义和实际有效汇率分别升值 20% 和 45%。1997—1998 年东南亚金融危机爆发后，中国政府承诺人民币不贬值，主动将人民币对美元汇率稳定在 8.28 元左右的水平。2002 年至 2005 年间，由于欧元兑美元名义汇率大幅升值 60%，人民币名义和实际有效汇率分别贬值14%和17%。

第二阶段：2005年汇改至2008年9月

2005年汇改至2008年9月间，人民币大幅升值，兑美元名义汇率升幅20%，有效汇率升幅15%左右。2005年7月21日中国宣布再次完善人民币汇率形成机制，人民币对美元一次性升值2%，开始实行以市场供求为基础、参考一篮子货币进行调节、有管理的浮动汇率制度，人民币名义汇率进入第一个大幅升值时期。在2008年金融危机全面爆发前的三年里，人民币名义汇率从1美元兑8.1元人民币升至6.83元人民币，升幅达20%。同期，由于美元兑其他主要货币贬值，人民币有效汇率指数升值幅度略小于人民币兑美元名义汇率升值幅度。名义有效汇率从88.5上升到99.5，升幅12%，实际有效汇率从85.1上升到98.6，升幅16%。

第三阶段：2010年汇改至2012年4月

2010年汇改至2012年4月间，人民币兑美元名义汇率升值8%，有效汇率呈现“W”型双向波动走势。金融危机爆发后，避险需求导致美元兑主要货币大幅升值，中国再度收窄人民币兑美元名义汇率浮动区间以稳定市场预期，名义有效汇率则伴随美元指数的涨跌而出现一段“倒V”型走势。随着全球经济金融货币环境逐步趋稳，2010年6月19日，央行宣布进一步推进人民币汇率形成机制改革，增强人民币汇率弹性，坚持以市场供求为基础，参考一篮子货币进行调节。人民币兑美元名义汇率重新步入升值通道，随后欧债危机不断升级，则促使人民币有效汇率开始加速回升。总体而言，这段时期人民币兑美元名义汇率升值8%，人民币名义和实际有效汇率升幅分别达9%和5%。

第四阶段：2012 年汇改至 2015 年 8 月

2012 年 4 月至 2015 年 8 月汇改，央行两度扩大人民币兑美元单日波幅，人民币名义汇率双向波动，有效汇率被动大幅升值 20%。2012 年 4 月央行宣布将外汇市场人民币兑美元波动幅度从 ±0.5% 扩大至 ±1%，6 月、7 月份又连续两次降息，人民币兑美元名义汇率开始了 1994 年汇改以来的首次贬值趋势。然而短期弱势并没有得到延续，9 月美联储启动第三轮量化宽松政策，人民币兑美元名义汇率重拾升值趋势。2014 年 3 月，央行再次宣布将外汇市场人民币兑美元波动幅度从 ±1% 扩大至 ±2%。之后的一年半时间，人民币兑美元名义汇率基本稳定，人民币名义有效汇率则继续上行至 2015 年 7 月 127.5 的历史高位。总体看来，在 2012 年 4 月至 2015 年 8 月的三年半时间里，人民币兑美元汇率小幅升值 4%，名义和实际有效汇率累计升幅都达到 20%。

第五阶段：2015 年 8 月汇改之后

2015 年 8 月汇改之后，人民币升值趋势逆转。2015 年 8 月 11 日中国央行宣布决定完善人民币兑美元汇率中间价报价机制，做市商在每日银行间外汇市场开盘前，参考上日银行间外汇市场收盘汇率，综合考虑外汇供求情况以及国际主要货币汇率变化，向中国外汇交易中心提供中间价报价。汇改决定宣布当日及次日，银行间外汇市场人民币兑美元即期汇率贬值幅度累计达 3%，离岸市场人民币兑美元即期汇率两日内贬值 6%，离岸价差一度飙升至 780 个基点。

8.2　均衡汇率决定理论框架

均衡汇率决定一直是个颇有争议的课题。较为常用的分析方法主要有两种：一种是基于内外部平衡的模型的分析，以基本均衡汇率（Fundamental Equilibrium Exchange Rate，FEER；Williamson，1983）为代表；另一种分析方法基于简约形式的回归模型，以行为均衡汇率（Behavioral Equilibrium Exchange Rate，BEER；Clark & MacDonald，1999）为代表。

所谓基本均衡汇率 FEER，指经济体同时达到内外部均衡时的汇率。内部均衡指所观察的经济体达到充分就业并且价格稳定（即产出保持在潜在产出水平上）的状态，而外部均衡则指国际收支至少在中期处于可持续的状态。由于潜在产出不易确定，一般假定达到外部均衡时，经济的调节机制可保证内部平衡的实现。基于 FEER 的分析侧重于经济中期基本面因素分析的均衡实际有效汇率决定，通常考虑的因素包括，一国净外国资产、贸易品和非贸易品部门相对生产率差异，以及贸易条件的相对变化对实际汇率的影响等。

所谓行为均衡汇率 BEER，其核心问题是经常账户长期内应趋于均衡，并且同时考虑由基本经济变量所决定的长期趋势和由利率等因素所决定的短期波动。决定长期趋势的基本变量一般包括贸易条件、净外部资产、政府相对债务、劳动生产率等；短期趋势则主要由非抛补利息率平价（Uncovered Interest Rate Parity，UIP）所决定。与 FEER 相区别的是，BEER 较少关心宏观经济内部平衡，也就不需要一个复杂的多国宏观经济模型作为分析框架的支持。因此，BEER 被较多地用于对单一国家的实际有效汇率数据进行分析而非作国别比较（Cline & Williamson，2008）。

本书对人民币均衡汇率决定因素的分析主要基于 BEER 的分析框架，并涵盖 FEER 方法的部分宏观经济变量，具体包括以下要素：相对劳动生产率、贸易品和非贸易品部门非完全替代性、工资增速、净出口、实际利差、财政政策、对外净资产等。

贸易品部门劳动生产率

所谓巴拉萨—萨缪尔森效应（Balassa & Samuelson, 1964）是指国家间和部门间劳动生产率差异是实际汇率长期变动的主要决定因素。一国贸易部门劳动生产率增长，引致贸易部门实际工资增长，在劳动力市场自由流动的前提下，该国非贸易品部门实际工资上涨导致非贸易品价格上升，因此该国货币实际汇率趋于升值。巴拉萨—萨缪尔森效应是解释所谓的 PPP Puzzle（购买力平价之谜）（Rogoff, 1996）的主要理论。在巴拉萨—萨缪尔森效应中，劳动生产率对实际汇率的影响路径是工资水平。假设贸易品存在完全替代性、本国贸易品部门和非贸易品部门间劳动力自由流动，那么贸易品部门劳动生产率上升将使该国货币趋于升值。国家间贸易品部门劳动生产率相对差异，通常以相对人均实际 GDP 以及相对 CPI/PPI 比率来表示（Hsieh，1982）。

贸易品及非贸易品的非完全替代性

贸易品及非贸易品的非完全替代性决定了贸易品部门劳动生产率对汇率的影响是双向的。实体经济全球化条件下，汇率调整的幅度可能受外国产品和本国产品替代程度的影响，本国贸易品部门生产率的上升并不必然引起实际汇率升值。当贸易品为非完全替代时，国内贸易部门生产率的上升对价格的影响是双重的：一方面，贸易品部门劳动生产率的上升，通过工资的传导机制，引致非贸易品价格上涨；另一方面，贸易品部门劳动生产率上升，又对贸易品价格产生下行压力（MacDonald & Ricci，2007）。如果国内消费偏好贸易品，也就是说，终端需求中贸易品的比重远高于非贸易品的比重，那么贸易品部门劳动生产率的上升将导致本币贬值。通常贸易品部门包括农业、制造业和交通运输业，非贸易品部门包括共用事业、建筑业、服务业等。

贸易品部门工资增速

MacDonald 和 Ricci（2007）对美国的 10 个主要发达经济体的贸易伙伴国兑美元实际汇率的研究发现，如果在模型中同时引入本国贸易品部门劳动生产率和非贸易品部门劳动生产率变量，则本国贸易品部门劳动生产率的上升使本币升值，而非贸易品部门劳动生产率上升将使货币贬值。这一结论，事实上与巴拉萨—萨缪尔森效应并不冲突。然而，如果引入贸易品部门工资变量（将贸易品部门工资换成工业或者制造业部门工资，结果不受影响），根据巴拉萨—萨缪尔森效应，工资是劳动生产率影响实际汇率的唯一路径，那么理论上说，加入工资变量后，模型中劳动生产率的系数应该为零。但是回归的结果发现，贸易品部门和非贸易品部门劳动生产率都与实际汇率负相关，而贸易品部门工资则与实际汇率正相关。

净出口

净出口是基于 BEER 的单个国家均衡实际有效汇率决定分析中的一个重要变量。对实际有效汇率和经常账户的分析，讨论实际汇率变动对经常账户调整的作用的文献不胜枚举，通常的政策观点认为，削减经常账户逆差必须配合以实际有效汇率的贬值（Obstfeld & Rogoff, 2005）。MacDonald 和 Dias（2007）发现，对于美国、日本和英国而言，贸易顺差和实际汇率存在显著的负相关性，然而对其他发展中国家却不存在这一统计上的显著性。

财政支出

政府财政支出增加，对非贸易品的需求上升，从而推高非贸易品相对价格，促使本币实际汇率升值（Cline & Willisamson，2010）。

实际利率差异

理论上认为，外国利率水平上升会导致本币贬值。MacDonald 和 Dias（2007）采用了本国实际利率与贸易加权的主要贸易伙伴国实际利率水平差异作为变量，对全球失衡影响最大的 15 个经济体实际有效汇率的单方程回归分析发现，实际利率差异与美元实际有效汇率正相关。克鲁格曼（Krugman，2006）却从另一个角度说明长期实际利率和汇率之间的相互关系具有相当的不确定性，而地产价格预期和远期汇率预期才是影响实际汇率的主要因素。他以托宾 q 和套利定价模型相结合，说明房地产价格、租金、外国债券收益率以及实际汇率预期等因素之间的关系，由于投资者对房地产价格（资产价格）存在非理性预期，一旦市场对房地产价格预期和美元远期汇率预期同时存在下修风险，则美元汇率贬值的同时，实际利率既可能上升也可能下降。

净外国资产

金融全球化意味着，如果全球贸易日益趋于不平衡，则国际间资本流动也就愈加多样化复杂化，大规模的外国资产和负债的相互持有现象，使得汇率调整的估值机制比传统的贸易账户调整机制更为重要，实际有效汇率波动更经常地偏离由实体经济所决定的均衡。均衡汇率决定的另一因素是居民所持有的净外国资产（Lane & Milesi Ferretti，1999，2005），净外国资产增加意味着资本外流，引致本国货币贬值，反之则升值。巴拉萨—萨缪尔森效应以相对价格作为影响汇率变动的长期因素，而净外国资产则是影响汇率的短期波动因素。

8.3 均衡汇率决定实践

2005 年汇改以来的人民币兑美元名义汇率决定，经历了三个重要的阶段。第一个阶段是 2005—2008 年的汇率重估时期，第二个阶段是 2008 年金融危机之后至 2015 年汇改之间的投机推动时期，第三个阶段则是 2015 年汇改之后的由中国经济潜在增速下行和资本外流决定的人民币兑美元名义汇率均值回归时期。

8.3.1 汇率重估

2005—2008 年这段时期，是人民币兑美元名义汇率以及人民币有效汇率指数同时大幅增长的时期，也是人民币汇率重估的阶段。这一阶段人民币汇率升值的原因在于经济长期基本面因素：相对劳动生产率差异和净出口大幅增长。

相对劳动生产率差异加大，决定人民币升值趋势。根据巴拉萨—萨缪尔森定律（Balassa - Samuelson Effect：Balassa & Samuelson，1964），一国贸易部门劳动生产率增长，引致贸易部门实际工资增长，在劳动力市场自由流动的前提下，该国非贸易品部门实际工资上涨导致非贸易品价格上升，因此该国货币实际汇率趋于升值。实证研究中，通常以相对人均 GDP 作为国家间劳动生产率差异的代理变量。1992 年至 2008 年金融危机爆发之前的 15 年，是中国经济高速增长的时期。特别是 2000 年至 2007 年间，中国实际人均 GDP 从东南亚金融危机后的 6.7% 的谷底值恢复上行，至 2007 年达到历史峰值 13.6%。这一期间，以人民币计实际人均 GDP 年均增速为10%，德国、日本和美国以其本币计实际人均GDP增速均值分别为1.6%、1.2%和2%。同期，以美元计的中国人均GDP名义增速均值达15%，德国、日本和美国以美元计人均GDP名义增速均值则分别为5.2%、1.3%和4.3%。2005年汇改后，中国劳动生产率增速与主要贸易伙伴国劳动生产率增速之间的差距，促使人民币汇率重估，人民币开始升值趋势。

进出口高速增长和净出口大幅积累，奠定人民币升值的基础。净出口是基于BEER的单个国家均衡实际有效汇率决定分析中的一个重要变量，实证研究（Mac Donald & Dias，2007）发现净出口和本币汇率通常正相关，即，净出口增加促使本币升值，反之则本币贬值。中国加入WTO之后的三年，进出口都出现30%以上的高速增长。到2005年至2008年间，中国出口商品总额继续保持25%以上的高速增长，进口商品总额增速虽然略有放缓但仍然保持在20%左右。2007年中国出口额破1万亿美元，2008年进口额也相继破万亿美元大关。伴随着对外贸易的快速增长，贸易顺差也开始大幅积累。2001年中国贸易顺差尚且为225亿美元，到2005年跃升至1,000亿美元，增长四倍有余，到2008年已接近3,000亿美元，相当于2001—2008年年复合增长率的44%。出口的高速增长和贸易顺差的急速累积，人民币面临兑美元汇率升值压力。

8.3.2 投机推动

金融危机爆发后，财政扩张周期因为四万亿刺激政策的出台而被动延续，财政货币政策双宽松促使地产价格飙涨，中美利差不断加大，境外投机性资本大量流入，决定2010年汇改至2015年间人民币汇率升值。

金融危机后，财政支出放缓的周期性趋势被打破，财政扩张周

期延续。政府财政支出增加，对非贸易品的需求上升，从而推高非贸易品相对价格，促使本币实际汇率升值（Cline & Williamson，2010）。金融危机爆发后，中国政府随即于2008年12月推出总额四万亿元人民币的经济刺激政策，财政支出增速在2008年开始放缓的周期性趋势被完全打破，支出延续增长趋势。在2009年至2012年初的40个月间，中国财政支出月度增速均值达到25%，甚至超过2004—2008年间经济高速增长时期的20%的年均增速。同期，非贸易品价格也是大幅上升，2010—2012年间CPI同比增速均值4.3%，高于2004—2008年间3.6%的年均增速。财政扩张是2010年汇改后人民币继续升值的主要因素。

房地产价格上涨及地产价格上涨的一致预期下，人民币名义汇率升值。对非贸易品需求上升的一个最典型的例子，是房地产投资和房价的上升，这是后危机时代中国宏观经济增长的主要特征。2008年底中国政府推出4万亿元的财政刺激政策和宽松货币政策引发一轮地产投资热潮和地产价格飙涨趋势。2010和2011年这两年，中国房地产开发投资分别达到4.8万亿元和6.2万亿元，当年名义增速达历史峰值的33%和28%，大幅高于同期固定资产投资增速。房地产价格也进入高速增长时期。虽然国务院于2009年底开始先后颁布国四条、国十条以遏制房价过快增长，但是在对未来房价继续上涨的强烈预期下，地产价格在2009年至2011年中期的两年半时间里暴涨65%，之后虽因经济增速下滑而一度回调，但在2012年上半年央行两度降息之后又重启暴涨模式。

中美利差加大。本国与外国利差拉大，本币升值；利差缩小，本币贬值。在2002—2007年这期间，美国10年期国债收益率大多高于中国10年期国债收益率。但是金融危机之后，特别是2010年10

月以来，比较明显的趋势是中国长债收益率明显高于美国。随着美国第二轮量化宽松货币政策的推出，美债收益率急速下行并一度跌至1.5%的历史低位，同期中国10年期国债收益率始终在3.3%以上，中美10年期国债利差一度达到180个基点。虽然2013年上半年受美联储紧缩预期的影响，美债收益率曾一度飙升，但2013年中期中国对银行业金融机构非标业务整顿导致钱荒，促使中国国债收益率加速上行，中美利差再度扩大。

跨境资本流入和金融账户顺差大幅累积。金融危机爆发之前，中国国际收支账户盈余主要由贸易账户贡献，金融账户则基本处于均衡状态，危机爆发后情况发生变化，金融账户顺差开始大幅增长。2009年2季度至2011年3季度间，中国金融账户资本流入季度均值达到700亿美元，超过同期510亿美元的经常项目顺差季度均值。2012年跨境资本出现双向流动特征。2013年境外资本重新大举流入，至2014年1季度，金融项目顺差单季均值达到900亿美元，同期经常账户顺差单季均值则下降到310亿美元。由于经常账户和金融账户双顺差的作用，中国外汇储备在金融危机后到2014年中期翻了一番，从1.9万亿美元攀升至3.99万亿美元，其间，金融账户顺差累计达11,376亿美元。

8.3.3 均值回归

2015年8月汇改之后人民币贬值预期持续发酵，中国经济潜在增速下降，非贸易品部门劳动生产率增速高于贸易品部门，对外直接投资和净外国资产增加，中美货币政策周期非同步性，等等因素叠加，人民币汇率开始修正。

中国经济潜在增速下降，是人民币进入贬值周期的宏观经济基本面因素。从中美两国经济相对增速看，2006年至2010年间，中美两国经济增长趋势同步性特征明显。但是2013年以来，两国经济增长出现趋势性背离，中美经济增速的差距在逐步缩小。中国GDP增速从10%一路下滑至2016年的6.7%，美国实际GDP增速从2013年2季度的低位持续恢复。就两国潜在经济增速来看，2017年初政府工作报告将当年GDP增速目标设定为6%~6.5%，也就是说，中国经济潜在增速中枢下移至6%，而美国经济潜在增速相对稳定在2%，中美相对GDP增速收窄。经济相对增速收窄，决定人民币兑美元面临中期贬值压力。

贸易品部门劳动生产率开始下降，非贸易品部门劳动生产率增速高于贸易品部门，构成人民币贬值压力。根据均衡汇率决定理论，贸易品部门劳动生产率上升导致贸易品部门工资水平上升，并通过消费环节导致国内价格水平上升，本币趋于升值。非贸易品部门劳动生产率上升，引致非贸易品价格水平下降，通过生产环节引致国内总体价格水平的下将，引致本币贬值。若以中国工业部门代表贸易品部门，以第三产业代表非贸易品部门，以行业人均GDP表示部门劳动生产率，根据统计局年度数据，1992—2008年间，中国工业部门劳动生产率年均增速达21%，同期第三产业劳动生产率年均增速18%，贸易品部门（工业）劳动生产率增速高于非贸易品部门（第三产业）劳动生产率增速，人民币汇率以升值趋势为主。2008年之后情况发生明显变化，工业部门劳动生产率年均增速大幅跌落至2.3%，第三产业生产率年均增速7.4%，大幅高于工业部门劳动生产率，也即，2008年以来，非贸易品部门劳动生产率增速高于贸易品部门劳动生产率增速，对本币构成贬值压力。

对外直接投资和居民对外资产增长。对外直接投资和净外国资产增加意味着资本外流，引致本国货币贬值，反之则升值。2007年以来，中国对外直接投资增长十分迅速，2007 年当年对外直接投资总量 265 亿美元，存量规模 1,160 亿美元。伴随着对外直接投资的发展，居民对外资产增长迅速。截至 2015 年 3 季度，中国企业对外直接投资存量规模 1.01 万亿美元，其他投资项（主要包括对外贸易信贷）1.4 万亿美元。对外直接投资和居民对外资产增长引致资本外流，带来人民币贬值压力。

中美货币政策周期非同步性，中国宽松、美国加息，形成人民币兑美元名义汇率贬值预期。2010 年，中美货币政策周期出现明显的非同步性。2010 年美联储继续将联邦基金利率维持在 0 ~ 0.25% 的历史低位，同时连续推出第二轮、第三轮量化宽松政策。中国由于四万亿元刺激政策和大量资本流入，国内地产、农产品、服务等非贸易品价格超预期增长，央行从 2010 年 10 月开始连续 4 次加息以抑制不断走高的通胀，中美两国利差扩大。2014 年，中美货币政策再度分化。随着美国经济增长动能的不断释放，劳动力市场持续复苏，加息预期不断升温，美联储货币政策从 2013 年年初开始逐步转向，并最终于 2015 年 12 月启动金融危机后的首次加息周期。中国央行自 2014 年初创新中短期基础货币供给工具以缓和流动性压力，并从 2014 年 11 月起正式进入货币政策宽松周期，连续 5 次降息将基准利率下调至 4.35% 的历史低位。美国收紧、中国宽松的货币政策非同步性，中美两国利差缩小，成为中期内人民币贬值的主要决定因素。

8.4 人民币国际化和汇率制度改革

2015 年 8 月汇改之后，11 月人民币正式成为特别提款权（SDR）货币篮子，此后人民币汇率形成机制变革并未停止，中国先后发布人民币汇率指数，并宣布采用“收盘汇率+一篮子货币汇率变化”的人民币兑美元汇率中间价形成机制，并在经济增长企稳回升的背景下加入逆周期调节因子。

8.4.1 人民币加入SDR

2015年11月30日国际货币基金组织执行董事会完成五年一度的特别提款权（SDR）货币篮子组成的审议工作。此次执行董事会审议的一个主要焦点是人民币是否符合现有标准，从而可以被纳入特别提款权货币篮子。执行董事会决定认为，人民币符合所有现有标准，自2016年10月1日起，人民币被认定为可自由使用货币，并将作为第五种货币，与美元、欧元、日元和英镑，一起构成特别提款权货币篮子，新的货币篮子将于2016年10月1日正式生效。人民币在SDR货币篮子中的权重被确定为10.92%，美元权重从41.9%略降至41.7%，欧元和英镑权重则分别从37.4%和11.3%下调至30.9%和8.1%，日元权重从9.4%略降至8.3%。

8.4.2 人民币汇率指数

2015年12月11日，中国外汇交易中心发布人民币汇率指数，强调要加大参考一篮子货币的力度，以更好地保持人民币兑一篮子货币汇率基本稳定。CFETS人民币汇率指数参考CFETS货币篮子，具体包括中国外汇交易中心挂牌的人民币对外汇交易币种，样本货币权重采用考虑转口贸易因素的贸易权重法计算而得。样本货币取价是当日人民币外汇汇率中间价和交易参考价。指数基期为2014年12月31日，基期指数为100点。

“收盘汇率+一篮子货币汇率变化”的人民币兑美元汇率中间价形成机制。所谓“收盘汇率+一篮子货币汇率变化”，是指做市商在进行人民币兑美元汇率中间价报价时，需要考虑“收盘汇率”和“一篮子货币汇率变化”两个组成部分。其中，“收盘汇率”是指上日16时30分银行间外汇市场的人民币兑美元收盘汇率。“一篮子货币汇率变化”是指为保持人民币对一篮子货币汇率基本稳定所要求的人民币对美元双边汇率的调整幅度，主要是为了保持当日人民币汇率指数与上一日人民币汇率指数相对稳定。做市商在报价时既会考虑CFETS货币篮子，也会参考BIS和SDR货币篮子，以剔除篮子货币汇率变化中的噪音，在国际市场波动加大时，有一定的过滤器作用。

8.8.3 逆周因子

2017年5月中国进一步在人民币汇率形成机制中，引入逆周期调节因子。根据外汇交易中心2017年5月26日官网信息，外汇市场自律机制汇率工作组考虑在人民币对美元汇率中间价报价模型中引入“逆周期因子”。引入“逆周期因子”的主要考虑是，全球外汇市场形势和我国宏观经济运行出现了一些新的变化，美元整体走弱，主要国家货币都兑美元出现不同程度的升值，同时中国主要经济指标总体向好，出口同比增速明显加快，经济保持中高速增长态势。然而人民币兑美元市场汇率仍然在按照“收盘价+一篮子”机制确定的中间价的贬值方向运行，显示人民币汇率可能存在一定的顺周期性，容易受到非理性预期的惯性驱使，放大单边市场预期，增大市场汇率超调的风险。因此，在人民币中间价形成机制中引入逆周期调节因子，当中国经济增速企稳回升时，人民币适度升值；经济增速下行压力加大时，人民币适度贬值。2018年1月人民银行在人民币汇率中间价形成机制中不再使用“逆周期因子”。

2018年8月24日人民银行宣布，近期受美元指数走强和贸易摩擦等因素影响，外汇市场出现了一些顺周期行为，基于自身对市场情况的判断，8 月以来已重启“逆周期因子”，以适度对冲贬值方向的顺周期情绪。

2020 年 10 月 27 日人民银行要求各银行在估算人民币中间价的分式中去除“逆周期因子”，主要原因在于中国经济从新冠疫情中强劲复苏，境外资金持续流入，人民币汇率稳健偏强。

8.4.4 跨境业务监管改革

自 2017 年 5 月至 2018 年 5 月的一年时间内，贸易加权的人民币名义有效汇率指数和实际有效汇率指数升值幅度均达到 8%，同期 CFETS 人民币汇率指数、参考 BIS 货币篮子的人民币汇率指数，以及参考 SDR 篮子的人民币汇率指数分别升值 5%、7.4% 和 4.6%，所有指数并未由于年初以来的经济增速、经常账户、中美利差等因素出现回调。2018 年 6 月中旬，美国发布对从中国进口的约 500 亿美元商品加征 25% 关税的商品清单之后，人民币兑美元离岸即期汇率出现一轮加速下行趋势，更多的是市场对中国贸易顺差收窄等基本面因素的预期兑现过程，是一个均值回归过程。汇率适度贬值，也有助于外贸企业以人民币计价的出口收入增长，一定程度上有益于受贸易摩擦影响较大的行业企业资产负债表修复。

2018 年 5 月 3 日，中国人民银行办公厅《关于进一步明确人民币合格境内机构投资者境外证券投资管理有关事项的通知》，中国人民银行根据跨境资金流动形势、离岸人民币市场流动性及人民币产品发展情况等因素对人民币合格投资者境外投资实施宏观审慎管理；人民币合格投资者开展境外投资的，不得将人民币资金汇出境外购汇。通知显示，人民币合格投资者开展境外投资的，应当按照规定向中国人民银行上海总部报送人民币合格投资者基本情况、托管银行、资金来源及规模、投资计划、资金汇出入、境外持仓情况等信息，QDII 在投资建仓 2 个工作日内，需向央行上海总部报送投资持仓情况表。

2018 年 5 月 18 日央行发布《关于进一步完善跨境资金流动管理支持金融市场开放有关事宜的通知》，境外人民币业务清算行和境外人民币业务参加行，可在现行政策框架之内开展同业拆借、跨境账户融资、银行间债券市场债券回购交易等业务，以此为离岸市场人民币业务发展提供流动性支持。中国人民银行将会同相关货币当局执行好现有的双边本币互换协议，进一步便利贸易和投资、维护金融市场稳定。港澳人民币业务清算行存放中国人民银行深圳市中心支行和珠海市中心支行清算账户人民币存款的存款准备金率调整为零。进一步完善沪深港通资金汇兑机制，便利境外投资者选择使用人民币或者外币进行投资：境外投资者可通过证券公司或经纪商在香港人民币业务清算行及香港地区经批准可进入境内银行间外汇市场进行交易的境外人民币业务参加行办理外汇资金兑换和外汇风险对冲业务，并纳入人民币购售业务管理；香港结算行为境外投资者办理人民币购售业务时，应确保与其相关的境外投资者在本机构的资金兑换和外汇风险对冲，是基于内地与香港股票市场交易互联互通机制下的真实合理需求。

2018 年 8 月 6 日央行将远期售汇业务外汇风险准备金率从 0 调整为 20%，增加金融机构做空人民币的成本，离岸人民币大涨。

2018 年 11 月 7 日重启离岸央票。10 月 31 日央行发布公告称，11 月 7 日将通过香港金融管理局债务工具中央结算系统（CMU）债券投标平台，招标发行 2018 年第一期和第二期中央银行票据。2015 年 10 月央行曾在伦敦采用簿记建档方式发行了 50 亿元央行票据，期限一年，票面利率3.1%。此次发行的第一期央行票据规模为人民币100亿元，期限3个月，到期还本付息；第二期发行量为人民币100亿元，期限1年，每半年付息一次。分析人士指出，发行离岸央行票据可以有效管理汇率走势，央行可以通过控制离岸的拆借利率来影响汇率，提高做空成本、降低套利动机。通过发行离岸央行票据的方式管理资金价格则能够促使投资者产生稳定的预期。

2019年3月24日，重提中间价透明度，金融开放开启汇率改革窗口。

2020年10月12日，央行将远期售汇业务的外汇风险准备金从20%下调为0。

8.5 全球金融危机和强势美元

2019年10月以来中美双边贸易冲突有逐渐缓和趋势，中国金融开放进程加速。2020年1月13日美国财政部发表声明，将中国移出汇率操纵国名单。1月15日中美高级贸易谈判代表签署美中第一阶段贸易协议。2020年4月1日起中国取消证券公司外资股比限制，符合条件的境外投资者可根据法律法规、证监会有关规定和相关服务指南的要求，依法提交设立证券公司或变更公司实际控制人的申请。

强势美元是全球经济金融现象，尤其是在金融危机期间，流动性紧张导致的“美元荒”，加速推升美元汇率。2020年2月末新冠肺炎疫情全球爆发，美国股市大幅波动，全球金融市场又现“美元荒”，美元指数3月中旬从94上行至103，接近2016年末的17年高位。类似的“美元荒”的现象通常出现在全球经济金融危机期间，如2008年金融危机。危机初始阶段，金融机构出于避险需求涌入美国国债市场，当危机进一步恶化时，对现金资产的追逐甚至超过对无风险国债的需求，只有现金才真正是可以满足结算需求的支付手段，金融机构争相抛售各类金融资产回笼现金的行为，迅速推升美元指数，导致“美元荒”现象。

9

经济下行周期的 M1、M2 剪刀差

2016 年中国出现 M1、M2 剪刀差不断走阔的现象，一些市场机构因此认为通胀风险升温，本文通过对美国 20 世纪 80 年代以来出现的四个 M1、M2 剪刀差走阔阶段的宏观经济、货币政策以及通货膨胀特征进行考察，发现 M1、M2 剪刀差基本都出现在经济减速周期内，M1 高速增长并不必然伴随高通胀。货币的量和价是一对矛盾，中央银行不可能维持货币供应量和金融市场利率的同时稳定。央行在经济下行周期，通过增加基础货币投放促使 M1 增长，并调降政策利率以引导市场利率下行，降低实体经济融资成本，促使经济走出衰退。央行逆周期宽松货币政策和经济下行周期居民储蓄意愿增强两个因素，共同推高 M1 增速。但是在金融创新的宏观背景下，M2 增速下行是制度性的，而非周期性的，和 M1 增速并不完全同步，M1 增速上升传导至 M2 增速有明显时滞。

9.1　M1 作为货币政策中间目标：20 世纪 80 年代初期

20 世纪 80 年代美国进入金融创新和金融自由化高速发展阶段，美联储以 M1 增速作为货币政策中间目标，但是金融自由化以及经济衰退促使 M1 增速大幅波动，以 M1 增速为中间目标的货币政策操作导致市场利率大幅波动，实体经济在增长和衰退间徘徊。

20 世纪 70 年代美国经济陷入滞账，通胀高企促使市场利率加速上行，迫使美国于 80 年代放弃利率管制，实现利率市场化。1980 年《货币控制法案》（Money Control Act）的出台，解除了美联储原先设定的利率上限，同时法案要求所有具备储蓄能力的机构都必须保留一定数量的美联储储备金，无论是美联储会员银行还是非会员银行，同时包括储蓄和贷款协会以及信用合作社。银行此后可以为活期存款支付利息，即所谓的“可开支票活期储蓄存款账户”（NOW 账户），目的是从货币市场基金中回收存款货币。1982 年《加恩·圣吉曼吸收存款机构法》（*Garn St Germain Depository Institutions Act*）允许存款机构提供货币市场存款，商业银行可发行按市场利率水平付息的超级可转让存单（Super NOW）。1986 年，大萧条后美联储出台的限制储蓄存款和活期存款利率上限的 Q 项条例正式废除，美国全面实现利率市场化。利率解禁后的美国 20 世纪 80 年代，4000 多家储蓄信贷机构中的大多数都无法应付来自商业银行的竞争压力，20 世纪 70 年代末通货膨胀加剧和利率居高不下严重破坏其资产平衡，储贷机构大量倒闭，金融机构兼并重组浪潮逐步巩固和加强大型金融机构的实力。

1979 年 10 月美联储将 M1 增速设定为货币政策中间目标（西尔

伯，2013)。1979 年 10 月时任美联储主席的保罗·沃尔克推出货币主义改革实验，放弃 1970 年至 1979 年间采用的以货币供应量增速为主、利率和 M1 增速并用的更具灵活性的货币政策运作模式，将 M1 增速设定为美联储货币政策中间目标。如果 M1 增速超过设定的范围，就意味着美联储必须紧缩向银行体系提供的储备金量，使 M1 总量下降；如果货币供给低于目标范围，则联邦公开市场委员会就要注入储备金，刺激货币增长。通过跟踪货币流通总量，而非利率，使货币供给达到“自动稳定”。

1979 年 10 月美联储货币政策改革之后，市场利率开始大幅波动。1979 年下半年美国经济减速、利率飙升，联邦基金利率从 1979 年 10 月的 11.4% 上升到 1980 年 4 月的 17.6%，其间货币供应增速迅速下行，至 1980 年 4 月 M1 增速降到 4%，M2 增速降到 7%。1980 年 4 月的美联储常务会议决定，对银行体系注入更多的储备金，直到萎缩的货币总量重新趋于稳定，美联储开始疯狂注水，拉升 M1 增速。截至 1981 年 4 月，宽松货币政策推升 M1 增速至 11.5%，M2 增速回升至 10.4%。大量的基础货币供给迅速降低联邦基金利率，1980 年 4 月初，联邦基金利率曾一度高达 20%，在美联储开始宽松之后仅 10 周，联邦基金利率即降至 8.5%。在美联储的宽松货币政策作用下，1981 年初，实体经济意外复苏重新恢复增长。通过公开市场操作投放基础货币引导联邦基金利率下行，降低实体经济融资成本，促使经济走出衰退的货币政策奏效。

但是由于市场和美联储都担心货币供给过多通货膨胀就会重新爆发，1981 年美联储开始收紧货币政策，M1 增速重新掉头下行，市场利率飙升。M1 增速从 1981 年 4 月的 11.5% 开始下滑到 1981 年末的 5%，联邦基金利率则从 12% 攀升至 15%。1982 年 1 季度，美国经济重新陷入衰退，当季名义 GDP 同比增速 4.5%，实际 GDP 同比增速 -2.4%，通胀率 5.6%。

总结一下，20 世纪 80 年代初美联储以 M1 增速作为货币政策中间目标的这三年，联储交替使用宽松和紧缩货币政策，实体经济在增长和衰退间徘徊，利率大幅波动。三年间利率出现两轮快速上升和快速下跌的阶段：1979 年 10 月联邦基金利率为 11.4%，1980 年 4 月上升到 17.6%，之后跌回 1980 年 7 月的 9%，然后又开始大幅上扬到 1981 年 1 月的 19.04%，在回撤三个月以后又上升到 6 月的 19.1% 的历史峰值。

原因在于 M1 本身是一个“反复无常”的指标（格雷德，2013），和通胀没有必然的因果关系，货币政策受制于 M1 增速，造成利率大幅波动。回顾一下 20 世纪 70 年代到 1982 年这段时期，1974 年到 1979 年间美国 M1 的平均增速为 7%，这是个货币供给过度、通货膨胀加剧的时代；1979 年到 1982 年的三年间，M1 平均增速为 7.4%，然而这段时期却是货币紧缩、通胀下滑的时代。对这种现象的解释是，M1 本身就是一个“反复无常的价值标准”。M1 高速增长的原因可能是 NOW 账户使 M1 人为膨胀，可能是由于失业率上升导致人们谨慎消费而持有更多的现金，也可能是由于前期利率下降促使企业和个人将资金投往其他生息资产。央行公开市场操作投放基础货币抬升 M1 增速，同时对于抑制市场利率上行有积极作用，但是 M1 增速本身和通胀率并不存在必然的因果关系。

1982 年 10 月 1 日，美联储宣布放弃三年前引入的货币主义运作程序，转为以 M2 增速为主、包括利率以及非金融部门负债率等指标的多元化体系，同时制定联邦基金目标利率水平。此次美联储货币政策委员会会议上，沃尔克同时警告经济不能立即实现复苏，银行体系将面临灭顶之灾，唯一明智的做法就是忽视货币流通总量以及进一步降低利率。三天后，美联储再次降低贴现率。1983 年 1 季度美国经济再次复苏。

9.2 M2 作为货币政策中间目标的初期阶段：1983—1987 年

美国 20 世纪 80 年代金融创新金融深化浪潮下，银行表外业务发展和金融脱媒现象的存在，促使 M2 增速大幅回落。这一趋势和经济周期关系甚微，是金融体系金融市场制度性因素的影响，M2 增速下行是制度性的，而非周期性的。金融自由化、金融创新深化和资产证券化发展，银行表内业务转表外，脆弱的银行体系，储蓄贷款机构破产危机，美元汇率高估，等等因素的存在，促使 M2 增速中枢下移。1983 年至 1993 年间美国 M2 增速从 12% ~13% 下降到零增长。这十年间美国 M2 增速均值 6%，低于 1973 年至 1982 年间的 9.3%。同期 M1 同比增速均值 8.3%，M1 增速均值高于 M2 增速均值。

20 世纪 80 年代成为美国经济结构转型的重要年代，美国企业国际竞争力受到来自德国、日本等工业国家的竞争压力。仍然在 20 世纪 70 年代滞胀阴影下的美国经济，面对货币增速放缓和经济结构性转型的双重挑战。

美联储货币政策中间目标盯住 M2 增速的 1983—1993 年这十年间，曾出现过两次 M1 增速大幅飙升，M1、M2 剪刀差走阔的情形，这两个阶段也都是美国经济减速或者经济衰退阶段。

1984 年中开始，美国经济增长出现不稳定的状况，1985 年 1 季度经济减速。5 月 17 日，美联储同意削减贴现率 0.5 个百分点，此后在 1985 年 7 月至 1986 年末的这一年半的时间内，美联储由于经济衰退的压力而六度降息，同期又在对通货膨胀的担忧中四度升息。截至 1986 年末，联邦基金目标利率从 8% 降至 5.875%。同期，美国 M1 增速却一路飙升，从 8% 升至 1986 年 12 月的峰值 16.8%，而 M2 增速则在 10% 以下。虽然 M1 同比增速大幅高于 M2，急速上升的 M1 却没有立即带来通货膨胀，这一阶段的美国通胀率 PCE 价格指数同比增速仍然从 3.5% 下滑到 1.7%。

通胀下行和房价飙升同时存在。1985 年初加利福尼亚房贷利率为 9.25%，一年后上升到 10.75%，9 月时已经超过 12%，居民购入房产的目的并不是居住，也不是为了长期投资，而是为了迅速转售赚取投机价差。美住宅建筑商协会（NAHB）/富国银行住房市场指数在 1985 年初为 50，一年后的 1986 年 6 月则录得 65。房价上涨和通胀下行在 M1 高速增长的这段时期并行不悖。

实体经济不景气，过度的货币供给流向金融市场，股市大涨。如果美联储默许货币扩张，就会刺激金融资产过度膨胀；但如果美联储拒绝货币增长，又可能迫使实体经济进入衰退，从而造成债务人及银行业的崩溃。在货币快速增长的条件下，美国金融市场经历了两年多的喷涌式发展。1982 年至 1987 年间，道琼斯指数从 800 点上涨到 2,655 点，涨幅超过 230%。

9.3 零实际利率时期：1991—1993 年

美联储 1987 年 7 月开始将联邦基金目标利率从 5.875% 调高至 1989 年 5 月的 9.8125%，连续加息进程后美国经济在 1989 年下半年开始出现减速迹象。但是脆弱的银行体系、大幅缩减的借贷机构、杠杆率过高的企业资产负债表以及负债累累的消费者，使得美联储在经济出现衰退的初期对于降息过度谨慎。1990 年 7 月美国经济再次进入衰退，美联储开始新一轮宽松货币政策，连续 10 次降息将联邦基金目标利率水平下调至 1992 年 10 月 3% 的历史低位，基本和通胀率水平相当。美联储将联邦基金实际利率水平维持在零增长达 18 个月，为经济提供了持续的、大剂量的刺激，可谓是超乎寻常的宽松货币政策（耶伦，布林德，2013）。

美联储再次大幅调低政策利率的这一时期，M1、M2 同样出现剪刀差走阔的情形，通胀率低，实际利率接近零。1991 年初 M1 增速 4%，到 1992 年 10 月则飙升到 15% 左右，同期 M2 增速却从 4% 左右一路下行至零增长。M1、M2 剪刀差走阔并未推升通胀率，相反这一时期美国通胀率也从 1991 年初的 4. 5% 下降到 2. 3% 左右。联邦基金利率 3%，同时通胀率 2. 3%，这一时期美国实际利率接近于零。

宽松货币政策和紧缩财政政策的组合，调低未来短期利率预期，并引导长期利率下行，刺激经济增长。1993 年初克林顿经济计划主张削减开支以及对高收入人群增加税收，同时对中产阶级采取刺激消费以及减税政策。在 1991—1992 年间美联储降息政策，叠加 1993 年克林顿预算协议的双重影响，美国长债收益率大幅走低。30 年期国债收益率从 1990 年末的 9% 降至 1993 年 10 月的 5. 9%，10 年期国债收益率从 8. 8% 降至 5. 4%。美国经济逐步走出衰退，并于 1991 年底恢复增长。

1993 年底，美国 M2 增速接近零增长。1994 年，美联储放弃 M2 作为货币政策中间目标，以实际利率作为货币政策中间目标。

9.4 非常规量化宽松：后危机时代

次贷危机全面爆发前夕，美国金融市场已经承受了一段时期的流动性压力，这一时期虽然美国通胀率仍接近4%，但M1增速已经降到几乎零增长。2008年3月美联储货币政策委员会议息会议决定实施定期证券借贷便利（Term Securities Lending Facility，TSLF），通过其他证券质押贷款向一级交易商发行期限为28天、额度高达2,000亿的美元债券，其中包括联邦机构债券，联邦机构住房抵押贷款支持证券（MBS）和非机构AAA/Aaa级私人住房抵押贷款支持证券。2008年5月M1开始飙涨。9月金融危机全面爆发后，通胀率和货币增速迅速跌落。

2009年3月美联储议息会议正式推出量化宽松货币政策，决定购买7,500亿美元的机构抵押贷款支持证券以进一步扩大美联储资产负债表的规模，同时决定在未来的六个月将购买3,000亿美元的长期国债。在量化宽松货币政策的作用下，美国M1同比增速迅速回升到2009年8月的17.8%，M2同比增速从5%回升至8.4%。但是货币供给对通胀的作用存在明显时滞，PCE同比增速远远滞后于货币增速回升的速度继续下行至2009年8月的-1%，之后才触底回升。2009年8月至2010年7月间，随着PCE同比增速的逐步回升，M1开始减速，从17.8%急剧下滑至3.7%，M2同比增速也从8.4%下降至2%，同期PCE也在短暂回升到2%上方后重新回落。

美联储2010年11月推出第二轮量化宽松货币政策，2010年7月至2011年8月间，M1再次经历了一个高速增长周期。11月美联储决定将以每月750亿美元的速度进一步购买6,000亿美元的长期国债直到2011年第二季度末。在此后的一年多时间里，M1同比增速从3.7%飙升至21%，M2同比增速从2%上升至10%。同期，PCE同比增速则从1.4%上升至2.9%，上升幅度远小于M1增速上行幅度。

后危机时代的非常规量化宽松货币政策时期，美国M1增速均值达到11%，M2增速均值为6.5%，PCE增速均值1.26%，通胀上行速度滞后于货币增速。其间，实际GDP增速均值1.8%，低于危机前增速均值。

9.5 总结和启示

回顾美国20世纪80年代以来的四个M1、M2剪刀差走阔的历史时期，我们发现：

第一，M1高速增长并不必然伴随高通胀，近30年的美国经济货币史说明，与通胀正相关的因素是宏观经济增长和货币供应量M2同比增速，金融创新、金融自由化、货币政策宽松以及经济衰退期居民储蓄倾向上升等因素，可能导致M2增速下行而M1增速高企，同时经济中不存在通胀压力。

第二，金融创新、金融脱媒的宏观背景下，M2增速下行是趋势性的。金融创新和金融深化，传统银行业缩表，M2增速下行，这一趋势其本身是制度性的，而非周期性的。

第三，货币的量和价也是一对矛盾，中央银行不可能维持量和价的同时稳定。如果货币供给不发生变化，利率就会发生剧烈波动；如果利率稳定，货币供给就会大幅波动。这一矛盾在利率市场化初期表现得尤为突出，特别是央行货币政策中间目标和政策传导机制的转变对量价关系有至关重要的影响。

第四，无论是常规货币政策（即通过公开市场操作增加基础货币供给而调降基准利率水平），还是非常规量化宽松货币政策（即通过央行直接购买国债影响金融市场利率水平），美联储在经济萎缩和通胀下行周期，通过增加基础货币投放的货币政策促使M1高速增长，并调降联邦基金利率以引导市场利率水平下行，降低实体经济融资成本，从而促使经济走出衰退。

10

中国资管行业结构特征

中国资管行业近十年经历了一轮金融创新到金融监管的结构调整。2012 年作为本轮金融创新元年，其后 2014—2015 年中国资管行业规模经历史无前例的快速扩张，资管行业也从之前的商业银行占绝对主导的结构，逐渐演变为包括银行存款、商业银行理财、券商资管、公募基金、信托、保险资管等主体的更为多元化的大资管行业。资管行业的快速发展以及影子银行的膨胀，给金融体系带来的潜在风险引起决策者的关注，在国家金融供给侧结构性改革政策的指引下，资管行业掀起一轮金融监管和重组转型浪潮。

10.1 商业银行信贷和资金运用结构

10.1.1 居民部门

2008 年以来中国居民部门信贷快速增长，尤其是 2016—2017 年居民部门新增信贷甚至超过非金融企业部门新增信贷总额。2008 年

9月中国居民部门信贷总额达5.68万亿元，在信贷总额中占比25%，居民部门信贷GDP占比17.8%。至2011年末，居民部门信贷总额达13.6万亿元，较三年前总量翻番，居民部门信贷的GDP占比达27.8%，较三年前上升10个百分点。2011—2012年经历了短暂停歇，2013年开始居民部门恢复加杠杆趋势。尤其是2016年以来，供给侧结构性改革过程中，房地产部门高库存加速去化，居民部门信贷规模加速扩张。其中，2016—2017年，居民部门新增贷款总量甚至超过非金融企业部门新增贷款总额，在存款类金融机构当年新增贷款中占比近半。

十年来，居民部门信贷存量总额增长十倍。根据央行存款类金融机构信贷收支表数据（图10-1：新增信贷结构——居民和企业部门），截至2019年末，居民部门信贷总额55.3万亿，较2008年增长近十倍，居民部门信贷在商业银行信贷总额中占比35%，较2008年上升10个百分点，居民部门信贷存量总额GDP占比55.8%，较2008年增38个百分点。2019年居民部门信贷同比增速13.8%，已

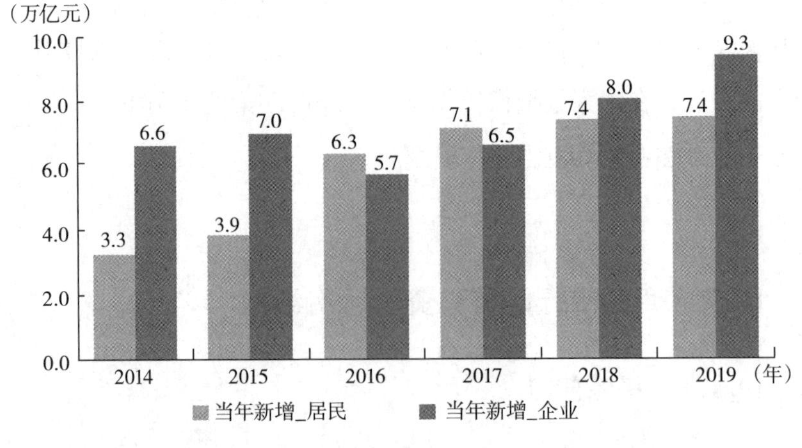

图10-1　新增信贷结构——居民和企业部门

数据来源：Wind、中国人民银行

经基本降至2008年水平，较2017年的峰值下降超过10个百分点。

10.1.2 非金融企业部门

非金融企业部门中长期信贷2017年以来加速扩张。根据央行存款类金融机构信贷收支表数据（图10－2：企业部门新增信贷结构），截至2019年末，非金融企业部门信贷存量规模98.4万亿元，较2016年的75万亿元增长近1/3。其中，非金融企业部门中长期信贷增速更快，非金融企业中长期信贷存量规模57万亿元，较2016年的40万亿元增长近40%。

非标回表是2017年以来信贷扩张的主要原因。2017年大资管监管政策陆续出台，表外资产萎缩，但是金融机构表内资产加速扩张。究其原因，有市场所共识的借新还旧的因素，但是借新还旧无法解释信贷增量。资管新政之后，商业银行负债端的保本理财，以及资产端的非标资产，双双加速回表。资产端，银行理财资金通过公募基金、券商资管以及信托的通道业务发放的委托贷款逐步回表，

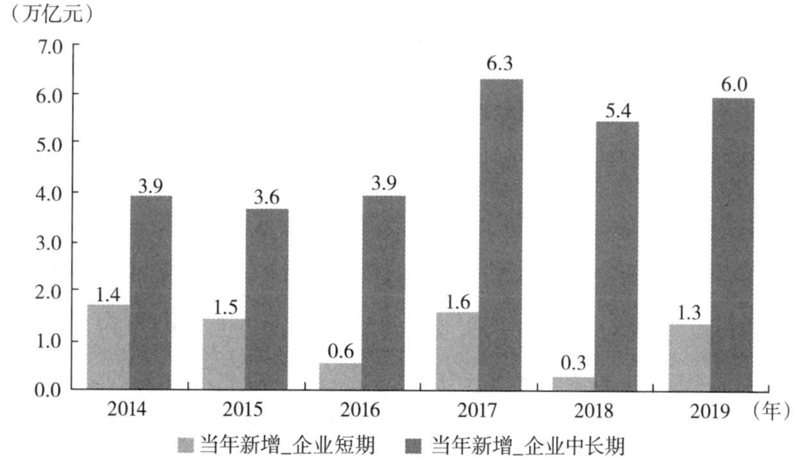

图10－2 企业部门新增信贷结构

数据来源：Wind、中国人民银行

2018 年 5 月资管新规、7 月资管细则，鼓励非标资产回表的同时，允许商业银行发行二级资本债券补充资本金的规定，继续推动非标资产加速回表，表内信贷扩张。负债端，保本理财回表内，银行存款规模扩张，为降准提供政策空间。

10.2 商业银行资本管理和流动性风险管理

10.2.1 商业银行资本管理

银监会 2012 年出台《商业银行资本管理办法（试行）》，从商业银行资本充足率等方面进行规范，明确资本充足率监管要求，要求商业银行在 2018 年底前达到规定的资本充足率监管要求。央行 2015 年研究构建了金融机构宏观审慎评估体系（Macro Prudential Assessment，MPA），作为差别准备金动态调整机制的升级版，MPA 体系的核心是宏观审慎资本充足率。

商业银行资本充足率监管要求包括最低资本要求、储备资本要求、逆周期资本要求、系统重要性银行附加资本要求，以及第二支柱资本要求。资本充足率测算的核心是所谓的风险加权资产，表内、表外各类资产对应其相应的风险权重，计算风险加权资产总额。资本充足率，是指商业银行持有的资本与风险加权资产之间的比率。各级资本充足率不得低于如下最低要求：核心一级资本充足率不得低于 5%、一级资本充足率不得低于 6%、资本充足率不得低于 8%。储备资本要求为风险加权资产的 2.5%，逆周期资本要求为风险加权资产的 0~2.5%，系统重要性银行还应当计提附加资本，要求为风险加权资产的 1%。因此，商业银行资本充足率要求在 10.5%~14% 的区间。

随着金融创新快速发展，资产负债类型更为多样，仅盯住狭义贷款越来越难以有效实现宏观审慎政策目标，央行2015年研究构建了金融机构宏观审慎评估体系（MPA）。MPA体系继承了对宏观审慎资本充足率的核心关注，保持了逆周期调控的政策理念，将对狭义贷款的关注拓展为对广义信贷的关注，从资本和杠杆、资产负债、流动性、定价行为、资产质量、跨境融资、信贷政策执行等七大方面对金融机构的行为进行多维度的引导。银行广义信贷的范围包括贷款、债券、股权及其他投资、买入返售资产以及存放非存款类金融机构款项等资金运用类别。宏观审慎资本充足率，是在2012年商业银行资本管理办法的基础上，明确定义逆周期资本缓冲：

逆周期资本缓冲 = max $\{\beta_i \times$ [机构 i 广义信贷增速 -（目标 GDP 增速 + 目标 CPI）]，0$\}$。

10.2.2　商业银行流动性风险管理

2018年5月25日银保监会出台《商业银行流动性风险管理办法》正式版，金融强监管时代具体监管规则开始逐步落地。有别于之前的征求意见稿修订版，此次流动性管理办法正式版，延长了新增的三项监管指标过渡期，引导商业银行回归传统存贷业务、同业业务回归金融机构流动性管理工具本源，促使商业银行增配利率债、准利率债等优质流动性资产，增加短期负债的监管成本以推动商业银行优化期限配置。正式版一定程度缓解了金融机构追逐优质流动性资产的避险需求，对市场流动性的结构仍将产生持续影响，正式版同时也体现了货币政策和监管政策的协调性。

2014年3月《商业银行流动性风险管理办法（试行）》、2015年的修订版，包括的商业银行流动性监管指标，主要有流动性比例和流动性覆盖率。根据Wind数据，截至2018年1季度，上市银行流动性覆盖率基本都已达到监管要求的100%。流动性覆盖率仅适用于资产规模在2000亿元（含）以上的银行。

此次流动性风险管理办法正式版，在2017年12月《商业银行流动性风险管理办法（修订征求意见稿）》的基础上，延长新增的三项监管指标过渡期。净稳定资金比例不设置过渡期，自2018年7月1日起执行。优质流动性资产充足率采用分阶段达标安排，商业银行应分别于2018年底和2019年6月底前分别达到80%和100%。流动性匹配率自2020年1月1日起执行，2020年前暂为监测指标。资产规模在2,000亿元以上的商业银行适用流动性覆盖率、流动性比例、净稳定资金比例和流动性匹配率；资产规模小于2,000亿元的商业银行应持续达到流动性比例、优质流动性资产充足率和流动性匹配率监管标准，或者选择流动性覆盖率和净稳定资金比例，则无须考核优质流动性资产充足率。

新商业银行流动性风险管理办法着重资产负债稳定性。净稳定资金比例确保商业银行具有充足的稳定资金来源，以满足各类资产和表外风险敞口对稳定资金的需求。证监会2016年7月发布的《证券公司风险控制指标管理办法》中已经引入净稳定资金率监管指标。此次银保监引入的净稳定资产比例考核指标，是商业银行融资风险监管工具，计算方式为可用的稳定资金/所需的稳定资金。可用的稳定资金根据商业银行资本与负债账面价值乘以可用稳定资金系数计算而得，可用稳定资金系数在0～100%不等，反映负债稳定性。期限越长的负债给予的可用稳定资金系数越高，例如，监管资本和有效期1年以上的资本工具，稳定系数为100%；央行和金融机构提供的剩余期限在6个月以内的融资，可用资金稳定系数则为0。所需的稳定资金则由商业银行各类资产账面价值以及表外风险敞口乘以所需稳定资金系数计算而得，反映资产稳定性。例如，现金、准备金的所需稳定资金系数为0，无变现障碍的BB资产所需稳定资金系数为50%，相应地，住房抵押贷款为65%，非交易所交易的权益类证券等为100%，表外风险敞口由监管机构视情况确定。

流动性匹配率着眼于期限错配问题，引导商业银行回归传统存贷业务，商业银行短期负债的监管成本上升。提出流动性匹配率的目的，在于引导商业银行合理配置长期稳定负债、高流动性或短期资产，避免由于期限错配而产生流动性风险。其计算公式为，加权资金来源/加权资金运用。管理办法正式版根据商业银行资金来源和运用的期限划分为≤3个月、3～12个月以及>1年三档，分别规定不同资金来源和运用方式的折算率，折算率在30%～100%不等。资金来源方面，3个月以下的同业存款和同业存单资金来源折算率仍为0，该项规定已显著降低商业银行3个月期限同业存单的发行积极性，政策出台时同业存单市场存量规模8.4万亿元，剩余期限3个月以内的存单余额1.5万亿元，主要由股份制商业银行和城商行发行，存单利率4.3%。相较于征求意见稿修订版，正式版在资金来源中新增了来自央行的资金，并给予70%～100%的折算率，同时将3个月以内各项存款的折算率从70%调降至50%。资金运用方面，7天以内的存放同业、拆放同业及买入返售的折算率为0，这一规则变化的目的体现了同业业务的本质回归金融机构间流动性管理工具。

优质流动性资产充足率监管要求，促使中小型商业银行增加利率债、准利率债等优质流动性资产配置。流动性风险管理办法将资产规模2,000亿元以下的商业银行纳入流动性风险管理体系，其优质流动性资产充足率需要达到监管规定的100%标准。根据银保监会定义，优质流动性资产被视为无变现障碍资产，由一级资产和二级资产构成。一级资产包括现金、准备金、国债、央票和政策性金融债，二级资产则包括地方债、铁道债以及 AA - 以上的非金融信用债，二级资产按照 85% 的折扣系数计入。短期现金净流出，则根据可能现金流出和确定现金流入乘以对应的折算率计算而得。可能的现金流出中，大中型企业存款和机构存款折算率 35%，除结算目的以外的同业业务 100%。此项政策出台后，之前几年以同业业务和发行债券高速扩张的城商行等中小型商业银行，面临优质流动性资产充足率的监管要求，则需增加准备金、利率债、准利率债的持有，或者减少金融债发行和同业业务规模。

10.3　商业银行表外信贷结构

商业银行表外信贷主要有三种方式：信托贷款（银信合作）、委托贷款（银证合作、银基合作）和未贴现银行承兑汇票（图 10 - 3：表外信贷）。这三种表外信贷发展时期，主要是 2009 年四万亿经济刺激政策出台后至今的基建投资和地产投资两轮大周期，所谓的影子银行主要是指银行业表外业务。2017 年 3 月开启的资管监管周期，直接影响商业银行表外信贷结构和总量。承兑汇票则受 2013 年同业监管的影响存量变化不大；2017 年 3 月银监会七道监管令下，委托贷款率先负增长；2018 年 5 月资管新政正式出台，信托贷款自此开启下行趋势。

10.3.1　信托贷款

信托贷款，是指信托机构运用吸收的资金，对企业和投资项目发放的贷款。2009 年四万亿经济刺激政策出台以及热钱大量涌入的宏观背景下，国内信贷规模暴增，为了规避国家对银行业信贷规模的限制，商业银行开始通过理财产品的表外资金对接信托公司的渠道向实体经济提供信贷支持。截至2019年末，信托贷款余额7.45万亿元，较2018年2月的峰值8.59万亿元收缩1.14万亿元。

10.3.2 委托贷款

委托贷款是指由企事业单位及个人等委托人提供资金，由金融机构（即贷款人或受托人）根据委托人确定的贷款对象、用途、金额、期限、利率等向境内实体经济代为发放、监督使用并协助收回的贷款。证监会在2012年券商创新大会后出台一系列政策和制度变革，鼓励证券行业金融创新，4月《关于修改关于证券公司风险资本准备计算标准的规定的决定》降低各类业务风险资本准备计算比例要求；10月《证券公司客户资产管理业务管理办法》将资管集合计划由行政审批改为事后证券业协会备案管理；《证券公司定向资产管理业务实施细则》取消定向产品的投资范围限制，允许客户与券商协商约定。证券业金融创新和监管新政的实施，商业银行开始发掘券商资管通道的价值，以银行理财作为定向资管计划委托人的银证合作模式开始爆发性增长。不仅券商资管可以作为通道，公募基金专户也成为商业银行委托贷款的主要通道之一。截至2019年末，委托贷款存量余额11.4万亿元，较2017年初收缩2.5万亿元。

10.3.3 未贴现银行承兑汇票

银行承兑汇票是商业银行作为承兑人的商业汇票，也是银行业提供短期融资便利的一种方式。2013年同业监管之后，承兑汇票始终受限。截至2019年末，未贴现银行承兑汇票存量余额近3.3万亿元，自2015年峰值收缩一半有余，但2016年以来变化不大。

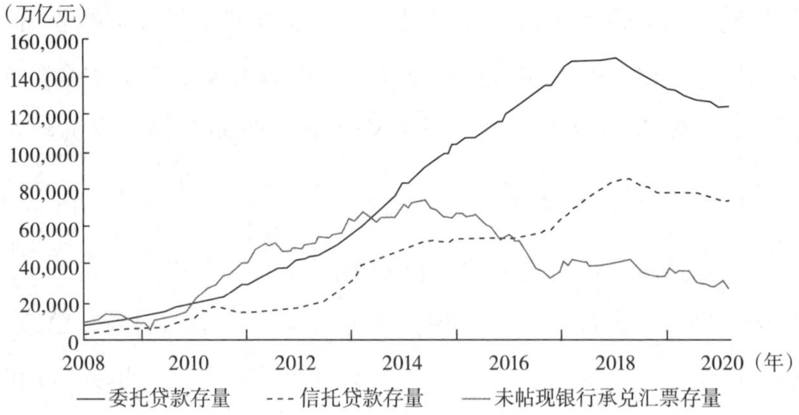

图 10－3　表外信贷

数据来源：Wind、中国人民银行

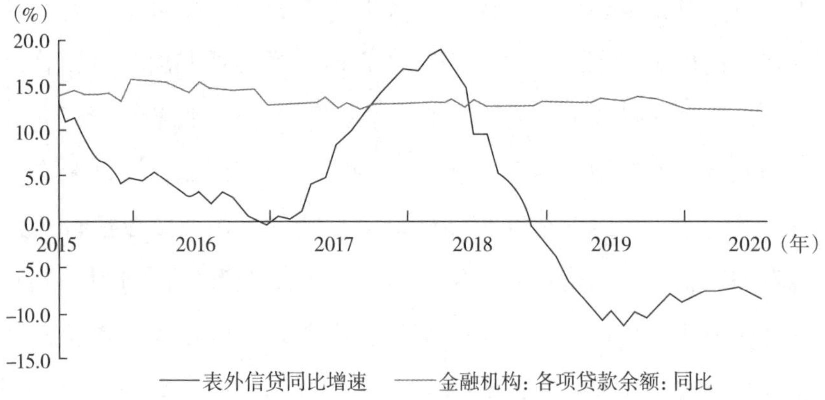

图 10－4　表外、表内信贷增速

数据来源：Wind、中国人民银行

10.4　资管监管政策

10.4.1　资管监管规则变化

2017 年 3 月底银监会接连发布七道监管令，直指商业银行表外理财、同业业务和委外业务，着力规范理财产品资金池、多层套嵌结构、资金空转、关联套利等。其中：

6号文《关于银行业风险防控工作的指导意见》，重点审查通过吸收同业理财后进行委外或者投资其他非标资产等涉及资金空转的问题。规范银行理财产品设计，加强风控，不得开展资金池业务，严控多层嵌套结构，强化穿透，控制杠杆。收紧房地产融资，银行理财资金严禁流入房地产领域，房企债市发债受限，加之私募资金限制投向热点城市住宅项目，因此近期房企融资需求尤其拿地需求的回归，一方面是银行通过通道业务拿地，另一方面信托公司通过股加债、股权投资等方式为房地产企业提供融资。加强地方政府债务风险管控，要求银行业金融机构严格落实相关法律法规，强化融资平台风险管控，规范开展新型业务模式，加强对高风险区域的风险防控。

46号文《关于开展银行业“监管套利、空转套利、关联套利”专项治理的通知》着重监管委外、同业、通道业务。对于委外业务，指出关注非银机构是否利用委外资金进一步加杠杆、加久期、加风险等现象。对于同业业务，特别提及“理财空转”“同业空转”等问题。对于通道业务，指出“通过各类资管计划违规转让等方式实现不良资产非洁净出表或虚假出表”“通过卖出回购或以表内资产设立附回购协议的财产权信托等模式，将金融资产违规出表或转换资产形态以达到调节监管指标的目的”等套利形式。

53号文《关于开展银行业“不当创新、不当交易、不当激励、不当收费”专项治理工作的通知》，对银行“四不当”进行专项治理，着重穿透原则。“不当交易”着重检查的业务包括同业业务、理财业务、信托业务。关于穿透，银行要自查是否对特定目的载体投资实施了穿透管理至基础资产，是否存在多层嵌套的情况。关于同业业务，银行要自查同业融资中买入返售业务项下金融资产是否符合规定；卖出回购方是否存在将业务项下的金融资产转出资产负债表等行为。关于“同业存单—同业理财”的资金空转问题，若将商业银行所持有的同业存单计入同业融出资金余额，是否超过银行一级资本的50%；若将商业银行发行的同业存单计入同业融入资金余额，是否超过银行负债总额的三分之一。

10.4.2 资管新政

2018年4月27日一行两会正式发布《关于规范金融机构资产管理业务的指导意见》，内容涉及资管业务定义、产品分类及投资比例、合格投资者、非标资产、资金池、所投资产集中度、风险准备金计提、净值化管理、刚性兑付、分级限制、多层套嵌等问题。

资管监管政策靴子落地。大资管行业监管相关政策的出台始于2016年7月银监会《商业银行理财业务监督管理办法（征求意见稿）》，文件要求对银行理财业务分类管理，并对分级理财产品、资金池业务、多层嵌套、风险准备金制度、杠杆率上限、投资比例、第三方托管制度等做相关规定。2017年3月底到4月初，银监会连发七道监管令，指向影子银行“三套利、四不当”行为，银行理财资金通道业务和信托业务中多层套嵌的复杂交易结构成为监管重点，并且强调“穿透”式管理。前后不到一年的时间出台两套监管政策，监管层对具体业务结构的了解和把握越来越细致，此时市场对大资管监管加强的理解也逐渐从预期转变为现实。2017全国金融工作会议后，11月央行牵头公布一行三会资管新政征求意见稿，对理财禁投非标、资金池、资产集中度、风险准备金计提、净值化管理、刚性兑付、分级限制、允许一层套嵌、穿透管理等都有全面规定。资管新政正式稿发布，意味着中国大资管行业业态将正式迎来历史性的变迁。

相较于2017年11月的征求意见稿，资管新政正式稿的变化主要集中在三个方面。第一，延长过渡期一年半至2020年底，并且允许过渡期内存量产品接续，但应当严格控制在存量产品整体规模内。新规给予金融机构更长的缓冲期，以适应新的经济金融环境，有利于稳定市场预期。第二，明确定义标准化债权类资产。标准化债权类资产应当具备等分化、可交易、信息披露充分、集中登记、独立托管、公允定价、流动性机制完善、在经国务院同意设立的交易市场上交易等特征。因此，所有不适用标准化资产衡量标准的都将归类为非标资产，属于银行理财限额管理的范围，此前资管机构所持有的非标资产则可能通过在银登、票交所、中信登等平台挂牌交易的方式实现非标转标。第三，确定净值化管理原则。新规引导金融机构转变预期收益率模式，强化产品净值化管理，允许部分资产以摊余成本计量，由托管机构核算、外部审计机构审计确认，被审计金融机构应当披露审计结果并同时报送金融管理部门。净值化管理的规定，长期内无疑是利好股权投资，有利于金融市场融资结构从债务性融资转向股权性融资，符合国家控制债务规模、增加股权融资的政策方向。短期内由于金融机构必须支付审计等费用，对金融机构资金成本构成一定的上行压力，尤其是在目前期限利差持续收窄的宏观环境下。

资管行业结构变迁已经出现，对广义货币的影响将逐步体现，M2增速有望保持平稳。资管通道业务已经收缩，净值化资管规模明显增长。根据基金业协会数据，2018年2月末较2017年1季度，券商资管规模从18.77万亿元下降到16.58万亿元，缩水约2.2万亿元，规模下降主要来自在券商资管中占比85%的定向资管计划；基金公司及子公司专户业务规模从16.36万亿元下降到12.06万亿元，缩水4.3万亿元，其中，基金子公司专户85%是通道业务，基金公司专户则主要是委外；公募基金主动管理的资产管理规模则增加 3. 3 万亿到 12. 64 万亿元。保本理财的去向也是未来关注的一个焦点，根据银监会数据，目前商业银行保本理财规模在 6 万亿 ~7 万亿元，保本理财回表可能是现实的解决方案。这意味着，表外融资存量规模加速下行甚至可能不久将出现负增长的情况，社会融资规模也将大概率减速。但是这一变化主要是由于资管行业结构性变化而引致的表外资产重回表内，广义货币 M2 增速则将保持平稳甚至可能出现短暂上行，特别是在央行降准政策护航的情况下。因此，总体而言，不存在由于资管新政实施推进金融去杠杆而引发流动性风险的可能。

资管新政正式稿明确金融去杠杆的总体方向，货币政策仍然保持稳健中性，央行将更多采用资管监管、降准、公开市场操作的政策组合。近期外围经济增长不确定性增加，个别国家存在贸易保护主义抬头倾向，主要发达经济体增长的不确定性局部有所显现，世界政治经济形势错综复杂，国内政策出现一些微调。4 月 23 日中央政治局会议强调扩大内需和金融市场稳定的重要性，4 月 25 日央行降准政策正式实施。根据央行公告，大型商业银行、股份制商业银行、城商行、非县域农商行以及外资银行人民币存款准备金率降低 1 个百分点，共释放资金近 1. 3 万亿元，相关银行同时归还所借央行的中期借贷便利 MLF 共计 9,000 亿元，两者相抵，净释放资金近 4,000 亿元。降准政策一度被市场解读为货币政策转向，但是从降准具体实施后一周央行公布的公开市场操作情况来看，央行通过公开市场净回笼货币 4,400 亿元，完全对冲降准提供的流动性增量。事实上，虽然央行采用的是数量型工具，但实际效果却是价格性的。降准提供的流动性对商业银行而言无须支付成本，降准事实上对冲资管新政要求非标转标和净值化管理给金融机构带来了成本压力。在资管新政过渡期内，降准主要是作为央行的冲销工具。我们预计降准政策将会被央行继续采用，资管监管、降准、公开市场净回笼的组合工具，或将成为未来两三年货币金融政策组合。

10.4.3 资管新政细则

2018 年 7 月资管新政细则，扩大摊余成本法适用范围，银行存量非标资产回表可发二级资本债补充资本金。银保监《关于进一步明确规范金融机构资产管理业务指导意见有关事项的通知》指出，过渡期内，对于封闭期在半年以上的定期开放式资产管理产品，投资以收取合同现金流量为目的并持有到期的债券，可使用摊余成本计量，但定期开放式产品持有资产组合的久期不得长于封闭期的 1.5 倍；银行的现金管理类产品在严格监管的前提下，暂参照货币市场基金的“摊余成本 + 影子定价”方法进行估值；需要回表的存量非标准化债权类资产，在宏观审慎评估（MPA）考核时，合理调整有关参数；支持有非标准化债权类资产回表需求的银行发行二级资本债补充资本。

10.5 资管行业总量和结构

大资管行业 2017 年以来总量小幅收缩，结构调整明显。

10.5.1 公募基金

2019 年末公募基金净值 14.7 万亿元，较 2010 年的 2.5 万亿元增长近 6 倍（图 10 – 5：公募基金净值）。从近十年来的公募基金净值走势来看，直至 2018 年三季度，公募基金净值规模扩张和货币型基金规模扩张趋势基本一致。货币型基金在公募基金中占比至2018年三季度达65%的峰值后逐渐开始回落，股票型、债券型、混合型基金净值则逐步提升（图10－6：股票型、债券型、混合型公募基金净值）。

图10－5　公募基金净值

数据来源：Wind、中国人民银行、中国基金业协会

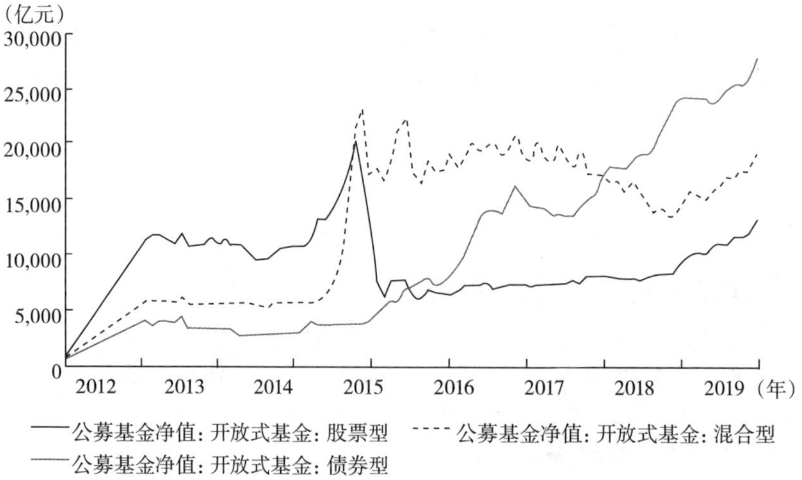

图10－6　股票型、债券型、混合型公募基金净值

数据来源：Wind、中国人民银行、中国基金业协会

货币型开放式基金经历两轮扩张时期。货币基金第一轮扩张时期是2013年至2015年，主要是2013年同业业务监管政策环境下，同业存单开始成为商业银行同业业务的主要渠道。2013年6月商业银行同业业务中操作不规范、信息不透明、期限错配以及逃避监管的情况引起监管层的担心，央行发文《合理调节流动性，维护货币市场稳定》提出谨慎控制信贷等资产扩张偏快可能导致的流动性风险，加强同业业务期限错配风险防范。受监管政策预期以及同业降杠杆的影响，货币市场利率大幅抬升。2013年末，央行发布《同业存单管理暂行办法》，为规范同业存单业务，拓展银行业存款类金融机构的融资渠道，促进货币市场发展，货币市场基金进入第一轮快速增长时期。货币市场基金第二轮高速增长时期主要是2017年至2018年上半年，这一时期金融去杠杆不断深化推进，同业理财扩张成为金融监管的重点对象。2017年上半年银监会开展对银行业机构“三套利”行为的专项治理，同业理财面临着严峻的监管格局，中小型银行以往通过发行同业理财获取资金、再将资金委外用于投资债券市场的方式难以持续，货币基金进入第二轮快速增长时期。资金充裕的大型银行面对同业理财投资受限、货币基金收益率不断提高的情况，更多将资金投向货币基金，大量配置收益率上行的中小型银行发行的同业存单。中小型银行通过提高同业存单的收益率来吸引货币基金配置，货币基金收益率的上升进一步吸引大型银行等机构投资者，如此形成一个资金链条。货币基金成为金融机构同业资金融通的重要渠道。

2018年三季度以来，货币市场基金规模下行，同期公募基金净值恢复增长，主要受益于股票型、债券型以及混合型基金净值规模扩张。债券型基金净值自2015年下半年以来持续增长，截至2019

年末，债券型基金净值约2.8万亿元。股票型基金净值2015年股灾后损失近3/4，2019年以来逐步回升。混合型基金净值2019年以来同样呈现逐步回升趋势。截至2019年末，债券型、股票型、混合型基金净值总计近6万亿元，在公募基金净值中占比40%。

10.5.2 基金管理公司专户

基金管理公司专户业务主要是影子银行通道业务。2012年金融创新允许基金管理公司开展专项资产管理业务，通过设立子公司的方式开展专户业务，大部分此类基金管理公司业务主要集中在非标、通道和一些与公募类似的专户业务。

2016年三季度监管政策调整后，基金管理公司专户资管规模首先大幅萎缩。根据基金业协会数据（图10－7：基金管理公司专户业务规模），截至2019年末，基金管理公司专户业务资管规模8.7万亿元，较2016年三季度的峰值17.3万亿元收缩近半。其中，基金公司专户业务规模4.3万亿元，基金子公司专户业务4.4万亿元。

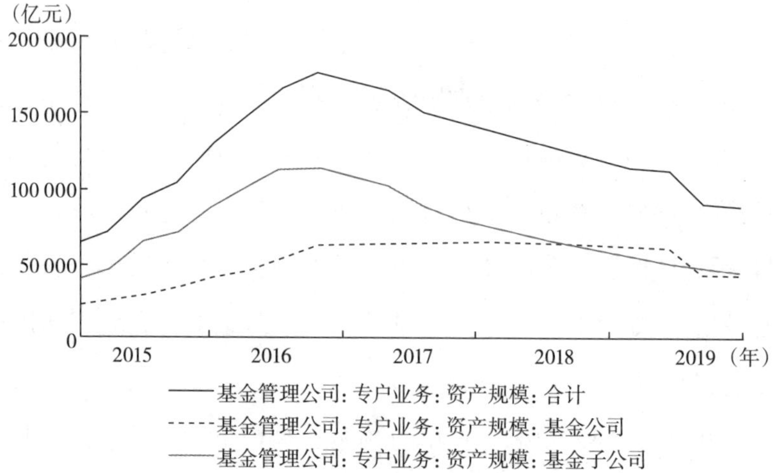

图10－7 基金管理公司专户业务规模

数据来源：Wind、中国人民银行、中国基金业协会作为通道业务的专户资管规模收缩的同时，基金管理公司社保和年金业务规模则逆势扩张。截至2019年末，基金管理公司社保基金和年金业务资管规模从2016年三季度的1.45万亿元增加到2.3万亿元。

10.5.3 券商资管

券商通道业务受资管新政影响比较直接，2017年以来券商定向资管规模降幅达40%（图10－8：券商资管规模）。券商资管规模主要源于定向资管萎缩，为资管新政“去通道”政策的直接影响。从券商资管规模来看，截至2019年末，券商资管存量规模11.5万亿元，较2017年1季度峰值收缩7.2万亿元。券商定向资管计划管理规模9万亿元，较2017年1季度峰值降7万亿元。

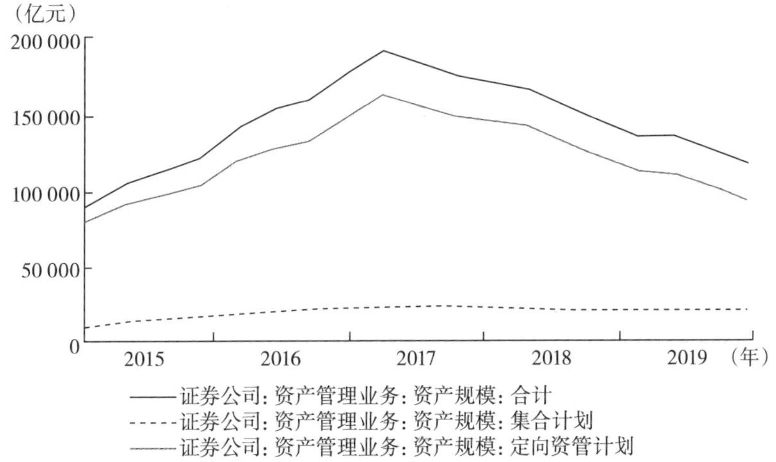

图10－8 券商资管规模

数据来源：Wind、中国人民银行、中国基金业协会、中国证监会

10.5.4 私募基金

私募股权基金管理规模扩张。截至2019年末，私募基金管理规模从2015年的2.65万亿元增长至13.7万亿元。其中，证券类私募

基金管理规模从近1万亿元增加到2.3万亿元，4年增加了1倍。创投类私募基金管理规模从1,700元亿增加到1万亿元，4年增加了5倍。股权类私募基金管理规模则从2万亿元增长至8万亿元，4年增加了3倍。其他私募基金管理规模从1,000亿扩大到1.8万亿元。

10.5.5 信托业

2019年信托业资产规模下降幅度明显收窄。根据信托业协会数据，截至2019年末，信托行业受托资产规模为21.6万亿元，较2018年的22.7万亿元同比下降5%，降幅较2018年同期的13.5%大幅收窄。

信托资金投向结构继续优化。自大资管监管新政实施以来，在信托行业“去通道”、强监管的政策导向下，行业按照国家“六稳”的要求，继续加大对实体经济的资金融资力度，着重引导资金进入工商企业和基础设施领域，积极支持国家重大战略实施，提高金融服务效率。从信托业资金投向来看（图10－9：信托资金投向结构），工商企业仍是信托资金投向的第一大配置领域。截至2019年末，投向工商企业的信托资金总额为5.5万亿元，较2018年同期小幅下滑1,700亿，在信托资金投向总额中占比30%。规模占比的上升体现信托行业脱虚向实、支持实体经济的转型方向。

基础产业和房地产业在信托资金投向中占比基本相当，分别为15%左右。2019年为应对经济下行压力，逆周期调节力度逐步加大，基建项目投融资需求有所上升。从信托资金流向结构上看，投入基础行业的信托资金占比上升。截至2019年末，投向基础产业领域的信托资金总额为2.82万亿元，与2018年末大体相当，在信托资金投向总额中占比15.7%，较2018年略升1.14个百分点，成为信托资金第二大配置领域。房地产信托一直以来就是信托公司重要的收入来源。投向房地产的信托资金占比在2013年之后一直呈现下降趋势，但在2017年之后出现了明显的提升，2017年和2018年均维持了较快的增速。截至2019年末，投向房地产领域的信托资金总额为2.7万亿元，与2018年末基本持平，在信托资金投向总额中占比15.07%，较上年小幅上升，与基础产业规模基本相当。

资金投向中，金融机构占比从第二位下滑到第四位。受金融监管“去通道”、防套嵌政策影响，2017年以来投向金融机构的信托资金总量规模逐渐收缩。截至2019年末，投向金融机构的信托资金总额为2.5万亿元，较2018年同比下降17.3%，投向金融机构的信托资金在信托资金投向总额中占比14%。

证券市场在信托资金投向中占比小幅上升（图10－10：信托资金投向证券市场结构）。2015年股灾之后，监管部门对跨市场风险尤其关注，投向证券市场的信托资金占比从2015年的20%持续下行。截至2019年末，投向证券市场的信托资金总额为1.96万亿元，较2018年末同比下降10.8%，在信托资金投向总额中占比11%，较

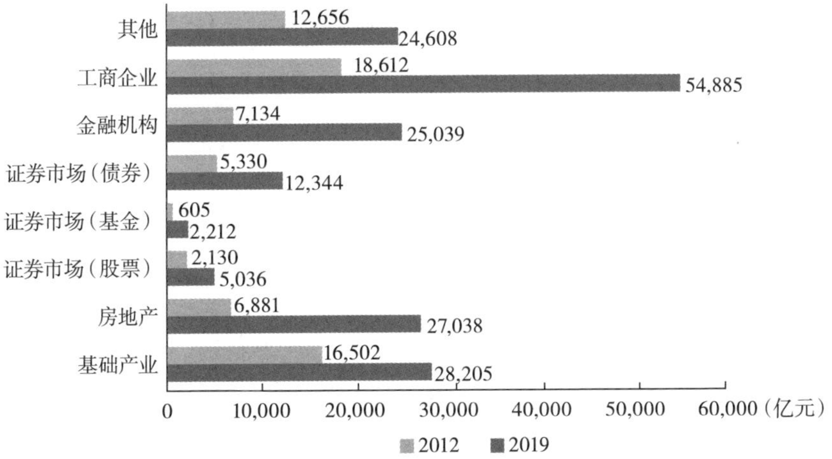

图10－9　信托资金投向结构

数据来源：Wind、中国人民银行、银保监会

2018 年小幅下降。2019 年随着金融供给侧结构性改革和资本市场回暖的影响下，2019 年 3 季度以来投向证券市场的信托资金规模和占比有小幅上升。

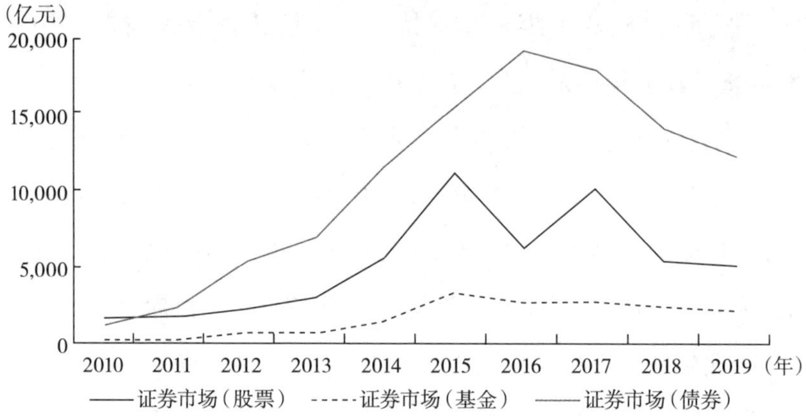

图 10－10　信托资金投向证券市场结构

数据来源：Wind、中国人民银行、银保监会、证监会

10.5.6　保险业

保险资金运用总额呈现稳步增长趋势。根据银保监会数据（图 10－11：保险资金运用总额），截至 2019 年末，保险资金运用总额 18.5 万亿元，较上年增长 12.9%，增速较上年回升 2.9 个百分点，但低于 6 年均值 15.9%。

保险资金运用结构仍以非标和债券为主（图 10－12：保险资金运用结构）。截至 2019 年末，保险资金运用总额中债券投资余额总计 6.4 万亿元，股票和基金总计 2.4 万亿元，银行同业存款 2.5 万亿元。除此之外，估计非标资产总额约为 7.16 万亿元，在保险资金运用总额中占比 56%，为 2013 年的 5.5 倍。

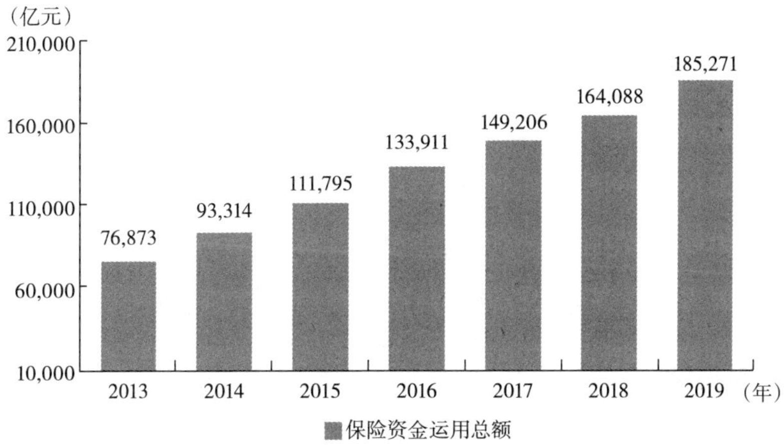

图 10－11 保险资金运用总额

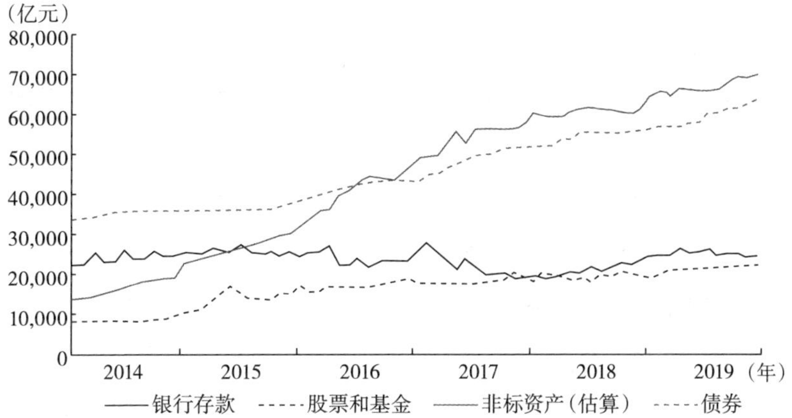

图 10－12 保险资金运用结构

数据来源：Wind、中国人民银行、银保监会

参考文献

[1]奥利维尔·布兰查德,拉古拉迈·拉詹,肯尼斯·罗格夫,劳伦斯·萨默斯. 拯救全球经济:方向、策略和未来[M]. 鲁冬旭,译. 北京:中信出版社,2015.

[2]拉斯·特维德. 逃不开的经济周期:历史、理论与投资现实[M]. 董裕平,译. 北京:中信出版社,2012.

[3]尼古拉斯·韦普肖特. 凯恩斯大战哈耶克[M]. 闾佳,译. 北京:机械工业出版社,2015.

[4]欧文·费雪. 繁荣与萧条[M]. 李彬,译. 北京:商务印书馆,2014.

[5]威廉·格雷德. 美联储[M]. 耿丹,译. 北京:中国友谊出版社,2013.

[6]威廉·西尔伯. 力挽狂澜:保罗·沃尔克和他改变的金融世界[M]. 上海:上海财经大学出版社,2013.

[7]珍妮特·耶伦,艾伦·布林德. 令人惊艳的十年:二十世纪九十年代的宏观经济经验与教训[M]. 巴曙松,白海峰等,译. 北京:法律出版社,2014.

[8] Balassa B. The Purchasing Power Parity Doctrine: A Reappraisal [J]. Journal of Political Economy 72(6):584 – 596. Samuelson P. Theoretical Notes on Trade Problems[J]. Review of Economics and Statistics,1964,46 (2):145 – 154.

[9]Blinder, Alan. On The Real World. Monetary Policy[M]. University of Chicago Press,1994: 117 - 150.

[10] Clark P. B. , R. MacDonald, J Stein. Exchange Rates and Economic Fundamentals: A Methodological Comparison of BEERs and FEERs, Equilibrium Exchange Rates. Kluwer: Amsterdam and IMF Working Paper,1998(3):98/67.

[11] Cline W. R. , J. Williamson. Estimates of the Equilibrium Exchange Rate of the Renminbi: Is There a Consensus, and If Not, Why Not? In Morris Goldstein and Nicholas R. Lardy (eds.), Debating China's Exchange Rate Policy[M]. Washington DC: Peterson Institute for International Economics,2008.

[12]Cline W. R. ,J. Williamson. Estimates of Fundamental Equilibrium Exchange Rates[M]. Washington DC: Peterson Institute for International Economics Policy Brief Number,2010:10 - 15.

[13]Dalio Ray. Economic Principles[J/OL]. Bridge Water Associates. https://economicprinciples. org/downloads/bwam102317. pdf,2015.

[14] Giannoni Marc, Giannone, Domenico, Tambalotti, Andrea, Del Negro. Safety, Liquidity and the Natural Rate of Interest[J]. FRB of NY Staff Report,2017:812.

[15]Hsieh D. The Determination of the Real Exchange Rate: The productivity approach[J]. Journal of International Economics,1982,12(2):355 - 362.

[16]IMF. Fiscal Monitor - Acting Now, Acting Together[OL]. https://www. imf. org/en/Publications/FM/Issues/2016/12/31/Acting - Now - Acting - Together - 43655,2016(4).

[17]Krugman P. Will There Be A Dollar Crisis? manuscript.

[18]Lane P. ,G. M. Milesi - Ferretti. The External Wealth of Nations: Measures of Foreign Assets and Liabilities for Industrial and Developing Countries [J]. IMF working paper, 1999: no. wp/99/115. Lane P. , G. M. Milesi - Ferretti. Financial Globalization and Exchange Rates [J]. IMF working paper, 2005:

no. wp/05/03.

[19]Laubach Thomas, Williams John C. Measuring the Natural Rate of Interest Redux[J]. FEDS Working Paper,2016(11).

[20]Mac Donald R, L. A. Ricci. Real Exchange Rates, Imperfect Substitutability, and Imperfect Competition[J]. Journal of Macroeconomics,2007,29(2): 639-664.

[21] Mac Donald R, P. Dias. Behaviour Equilibrium Exchange Rate Estimates and Implied Exchange Rate Adjustments for Ten Countries [M]. Washington DC: Peterson Institute for International Economics,2007.

[22]Obstfeld M,K. Rogoff. The Unsustainable US Current Account Position Revisited[M]. NBER working paper,2005:no. 10869.

[23]Reinhart, Carmen M. ,Rogoff Kenneth S. This Time is Different: Eight Centuries of Financial Folly[M]. Princeton University Press,2009.

[24]Rogoff K. The Purchasing Power Parity Puzzle[J]. Journal of Economic Literature,1996,34(6):47-68.

[25]Summers, Lawrence. Have We Entered an Age of Secular Stagnation? [J]. IMF Fourteenth Annual Research Conference in Honor of Stanley Fischer, Washington, DC. , IMF Economic Review,2019,63(1): 277-280.

[26]Taylor B. John. Discretion versus Policy Rules in Practice[M]. Carnegie-Rochester Conference Series on Public Policy, 1993,39:195-214.

[27]Williamson J. Estimating Equilibrium Exchange Rates[M]. Washington, DC: Institute for International Economics,1983.

后　记

In the long run, we are all dead.

——John Maynard Keynes

两年前就计划要出本书，收录近年写的宏观经济研究报告和对市场思考的文章，书名拟定为《经济周期和债务周期》，只是没成想本书付印时的2020年，全球经济开启超级债务周期。美国次贷危机后经济学界对于长期增长停滞的讨论，今年一夜之间转变成对全球经济日本化的预期，金融市场却在众人惊呼见证历史之后不断刷新认知。理论和现实的鸿沟，完全不亚于耶稣和巴拉巴的差异，权威如彼拉多理解了缘由也没猜到结局。因此也就不难接受长期资本在俄罗斯的覆灭，经济是如何运行的这个问题短期无解，等等一系列的困惑。于是，最后成书的内容，基本删去了主观的判断，更多的是对经济周期和债务周期的观察。昼夜天地，潮起潮落，才是永恒的主题。

是为后记。